Liberalismo

Liberalismo

Los 10 principios básicos del orden político liberal

JUAN RAMÓN RALLO

EDICIONES DEUSTO

Deusto es un sello editorial de Centro de Libros PAPF, SLU.
Av. Diagonal, 662-664
08034 Barcelona

www.planetadelibros.com

ISBN: 978-84-234-3040-6
Depósito legal: B. 6.589-2019
Primera edición: abril de 2019
Undécima edición: mayo de 2021
Preimpresión: pleka scp
Impreso por Romanyà Valls, S. A.
Impreso en España - *Printed in Spain*

El papel utilizado para la impresión de este libro está calificado como papel ecológico y procede de bosques gestionados de manera sostenible.

Sumario

Introducción

El término «liberalismo» forma parte de nuestro vocabulario político diario. Resulta relativamente habitual que gobernantes, periodistas o analistas se califiquen (o descalifiquen) entre sí como «liberales». Sin embargo, al igual que sucede con otras etiquetas ideológicas tales como «socialista», «fascista» o «populista», la palabra «liberalismo» carece en el imaginario colectivo de un significado preciso y riguroso. En gran medida, ha acabado convirtiéndose en un cajón de sastre dentro del que cabe *casi todo*: para algunos, el liberalismo representa el imperialismo belicoso, el centralismo administrativo, la connivencia con los *lobbies* empresariales, la alianza moral con la Iglesia católica o la ley de la selva; para otros, el liberalismo equivale a un pacifismo suicida, al entendimiento con el nacionalismo disgregador, a la sumisión a los intereses de la oligarquía globalista, al anticlericalismo y al relativismo moral. Aun otros equiparan al liberalismo con la democracia en general o incluso con un cierto talente prudente, dialogante y abierto sin un pensamiento político específico.

El problema es que cuando casi todo es susceptible de ser calificado como «liberalismo», entonces el término liberalismo pasa a no significar absolutamente nada: se convierte ora en una etiqueta resultona, ora en un arma arrojadiza, pero, en cualquier caso, en un vocablo sin contenido programático alguno. El propósito de este libro es enmendar tal situación y demostrar que el liberalismo sí es una filosofía política con unos principios generales muy concretos dirigidos a alcanzar un fin bastante específico: proteger la *libertad* de *cada* persona para escoger cómo desea vivir *su* vida.

No otro, de hecho, ha sido el hilo conductor de la obra de los grandes pensadores liberales que, desde hace más de cuatro siglos, han contribuido a desarrollar un corpus doctrinal que coloca a la persona y a sus intereses en el centro moral del orden político. Y es que, a diferencia de lo que sucede con otras corrientes filosóficas, el liberalismo no busca imponerle al individuo una determinada idea acerca de cómo debe vivir su vida (es decir, no busca imponerle a cada persona una determinada concepción sobre qué es el *bien*), sino que se limita a plantearse bajo qué condiciones normativas pueden los distintos individuos perseguir sus plurales visiones acerca de cómo deben vivir sus propias vidas (es decir, estudia bajo qué condiciones las personas pueden perseguir sus particulares concepciones del bien). Para el liberalismo, el problema central que debe resolver todo orden político es cómo conseguimos que millones de personas, cada una de ellas partiendo de concepciones muy heterogéneas y variadas sobre qué constituye una buena vida o qué es una buena sociedad, puedan coexistir sin que ninguna de ellas le imponga a la otra sus preferencias particulares acerca de cómo vivir y de cómo organizarse: a saber, cuáles son los principios generales indispensables para estructurar un orden político que salvaguarde la coexistencia pacífica.

En las siguientes páginas expondré cuáles son los principios básicos sobre los que se fundamenta el pensamiento liberal según han ido siendo elaborados históricamente por sus principales intelectuales. Paso a paso desarrollaré el edificio moral del orden político liberal, mostrando cómo cada uno de sus principios constituye una consecuencia lógica y necesaria del anterior para así salvaguardar la soberanía de cada persona a la hora de escoger cómo desea vivir su propia existencia. En particular, el liberalismo descansará sobre dos presupuestos éticos —el individualismo político y la igualdad jurídica—, tendrá cuatro pilares centrales en forma de derechos —libertad, propiedad, contratos y reparación del daño—, habilitará la existencia de tres instituciones esenciales para la cooperación social —la libre asociación civil, el libre mercado y el gobierno limitado— y generalizará todo el orden político anterior al conjunto de la humanidad —globalización—: éstos serán los diez principios que expondré a partir de aquí para dar una forma coherente y reconocible al pensamiento liberal moderno.

Antes de empezar, sin embargo, sí querría efectuar una importante aclaración inicial: a lo largo del libro apoyaré e ilustraré frecuentemente mis exposiciones con conceptos, citas o argumentos extraídos de otros autores liberales; eso *no* implica necesariamente que esos autores liberales fueran a suscribir la totalidad de las ideas contenidas en este libro. La filosofía política liberal ha ido desarrollándose a lo largo de los siglos partiendo de tradiciones de pensamiento muy distintas: sería bastante ingenuo imaginar que todos sus autores fueron siempre atinados en cada uno de sus razonamientos, que lograron ensamblar sin ninguna incoherencia el conjunto de las ideas liberales o que pudieron escapar de la totalidad de los dogmas de su época. Tampoco, por cierto, este libro aspira a ello: lejos de pretender convertirse en una sistematización definitiva del pensamiento liberal, tan sólo busca recoger, con los menores errores posibles, cuál es, a juicio del autor, la visión más actualizada y acertada del liberalismo como doctrina política.

I

Los diez principios del liberalismo

1

Individualismo político

Individualismo político

Principio 1: los individuos son sujetos de derecho

El liberalismo es una filosofía política individualista: a saber, es una corriente de pensamiento que reflexiona acerca del orden político tomando como punto de partida al individuo. El sujeto moral del liberalismo no es ni la colectividad, ni la naturaleza, ni la divinidad, sino el ser humano, entendido éste como un agente autónomo que elabora y persigue sus propios proyectos vitales de manera deliberada (Lomasky, 1987: 31-34); esto es, como un individuo que se define y se desarrolla al ejercer su capacidad de agencia. En este sentido, el orden político será juzgado en función de cómo afecte a cada persona individualmente considerada, no en función de cómo afecte a otras entidades distintas del ser humano (Kukathas y Pettit, 1991: 93).

El liberalismo se contrapone, pues, a otras corrientes filosóficas como las diversas variantes del colectivismo, el ecocentrismo o el fundamentalismo religioso, cuyo núcleo moral no está constituido por el individuo, sino por el grupo, por el medio ambiente o por la divinidad: es decir, a diferencia del liberalismo, el colectivismo evaluará el orden político según éste afecte a aquel grupo que repute como moralmente relevante (la comunidad natural, la comunidad política, la nación, la clase trabajadora, el sexo masculino, etc.) y no a los miembros individuales de ese o de otros grupos; el ecocentrismo calificará el orden político según incida sobre el medio ambiente y no únicamente sobre los individuos que forman parte de él; y los diversos fundamentalismos religiosos sancionarán el orden político según colisione con su visión de la divinidad y no con los seres humanos.

El individualismo político propio del liberalismo no debe confundirse ni con el atomismo social, ni con el egoísmo ético, ni con el subjetivismo ético: el atomismo social sostiene que la sociedad sólo está compuesta por individuos y que cada uno de ellos interactúa con el resto sin ningún tipo de influencia externa; el egoísmo ético propugna que los individuos sólo deberían buscar su propio bienestar, despreocupándose del ajeno; y el subjetivismo ético afirma que las proposiciones éticas sólo expresan preferencias personales de cada individuo y no describen, en ningún caso, realidad objetiva alguna que sea independiente de la percepción de cada sujeto.

Lo que el individualismo político no es

El individualismo político no equivale al atomismo social porque es perfectamente compatible considerar al individuo como el centro del análisis moral y, a su vez, reconocer que los grupos existen y que, además, son muy relevantes a la hora de moldear la identidad de una persona: el individualismo político sólo sostiene que, *aun existiendo grupos*, el orden político debe evaluarse según sus repercusiones sobre el individuo y no sobre los grupos (pues, en última instancia, los grupos son valiosos en la medida en que satisfacen las necesidades de los individuos). Por ejemplo, uno de los pensadores liberales más importantes del siglo XX, Ludwig von Mises, era tajante al afirmar que: «El hombre es inconcebible como ser aislado, porque la humanidad no existe sino como fenómeno social, y el hombre ha superado la etapa de la animalidad en la medida en que la cooperación ha estrechado los lazos sociales entre los individuos. La evolución del animal humano a la persona humana se ha efectuado mediante la cooperación social y sólo mediante la cooperación social» (Mises, 1922 [1951]: 292). Pero que los grupos sean esenciales para el individuo no equivale a decir que los grupos sean moralmente más importantes que los individuos.

A su vez, el individualismo político tampoco equivale al egoísmo ético, pues evaluar un orden político según sus repercusiones sobre el individuo no es lo mismo que exhortar a que cada individuo actúe únicamente movido por sus preferencias solipsistas: de hecho, semejante máxima —actúa despreocupándote de los demás— bien podría engendrar un orden político que fuera indeseable para esos mismos individuos. En palabras de otro gran liberal del siglo XX, Friedrich Hayek (1946): «La afirmación de que los individuos se guían y deben guiarse por *sus* intereses y deseos puede malinterpretarse o distorsionarse equiparándolo al falso enunciado de que los individuos actúan y deben actuar únicamente guiados por sus necesidades personales o por sus intereses egoístas: en realidad, lo que queremos decir es que debería permitirse a los individuos esforzarse por conseguir todo aquello que esos individuos consideren deseable [incluyendo "las necesidades de su familia y amigos, o cualquier otra cosa que pueda preocupar a las personas"]».

Y, por último, el individualismo político tampoco es necesariamente igual al subjetivismo ético, pues cabe perfectamente sostener que las proposiciones de la filosofía política liberal se refieren a hechos objetivos al margen de las preferencias personales de cada individuo (Huemer, 2005: 48-65). De hecho, y frente a la perspectiva del subjetivismo ético, el liberalismo no sostiene que el individualismo político —como alternativa al colectivismo, al ecocentrismo y al fundamentalismo— constituya un punto de partida analítico arbitrario para la filosofía política; esto es, que, según cuáles sean nuestras preferencias particulares, quepa escoger entre el individuo, el grupo, la naturaleza o la divinidad como núcleos morales de la filosofía política: al contrario, lo que sostiene el liberalismo es que el punto de referencia de la filosofía política *ha de ser* el individuo por cuanto los grupos, la naturaleza o la divinidad son valiosos sólo en la medida en que lo sean para los individuos (Kukathas, 2003: 67-69) y por cuanto los distintos individuos no tienen por qué compartir un *mismo* estándar de valor impersonal al que otorgarle preponderancia sobre sus propias preferencias personales (Lomasky, 1987: 35). O, dicho de otra manera, dado que las preferencias de los individuos son privativas, plurales y heterogéneas, la filosofía política se centrará en analizar la relación entre el orden político y cada uno de esos individuos con preferencias privativas, plurales y heterogéneas. Es más, aun cuando se evaluara a un determinado orden político en función de otras variables, como el interés del grupo o los designios de la divinidad, en realidad sólo lo estaríamos evaluando con respecto a los estándares morales personales de *algunos* individuos que no serían necesariamente compartidos por otros:

> No existe ninguna entidad social por cuyo bien merezca sacrificarse. Sólo existen personas individuales, personas individuales diferentes, con sus propias vidas individuales. Instrumentar a alguna de estas personas para beneficiar a otras sólo supone usarlo a él y beneficiar a otros. Nada más. Lo que sucede es que se le hace algo a él en el interés de otros. Remitirse a un bien social general sólo encubre (¿intencionadamente?) este hecho. Al utilizar de esta manera a una persona no se la está respetando suficientemente ni se está tomando en consideración que es una persona distinta del resto, y que suya es la única vida que tiene (Nozick, 1974: 32-33).

Soberanía individual y derechos

Convertir al individuo en el punto de referencia moral de la filosofía política implica colocarlo en una posición privilegiada frente al resto del orden político: en una posición de soberanía sobre sí mismo. Así pues, hablar de individualismo político es hablar de la soberanía individual:

> Asociada a la idea de individualismo encontramos la idea de soberanía política del ser humano: la idea de que, dentro de una comunidad política, sus miembros individuales son los soberanos: no la comunidad política en sí misma, ni sus líderes, ni algún representante corrupto. Somos tú y yo, como ciudadanos, los que poseemos la soberanía: los que no nos hallamos sometidos a ningún otro soberano cuya superioridad natural o elección divina le ha otorgado el derecho a gobernar sobre nosotros (Machan, 1998: 163).

Que el individuo sea *el* soberano dentro del orden político implica reconocer la existencia de limitaciones a aquello que puede hacérsele (o no hacérsele) a cada individuo: si tales restricciones no existieran, si a un individuo se le pudiera hacer cualquier cosa, entonces difícilmente podríamos decir que somos soberanos; en realidad, estaríamos a merced de aquello que el orden político quisiera hacernos. Pues bien, a esas restricciones que limitan lo que puede hacérsele (o no hacérsele) a cada individuo las denominaremos «derechos individuales».

A este respecto, conviene recalcar cuál es la diferencia, desde un punto de vista filosófico, entre «licencia» y «derecho» para así poder perfilar más correctamente el significado de este último. El término «derecho» implica la presencia correlativa de un «deber»: un individuo A posee un derecho frente a otro individuo B si el individuo B posee un deber (hacia el individuo A) de hacer o de no hacer algo (llamemos X a ese algo). Licencia implica la ausencia de deber: un individuo A posee la licencia de hacer X si no está sometido al deber de no hacer X; esto es, si otro individuo B no tiene el derecho a impedirle hacer X (Hohfeld, 1913). Por ejemplo, en un combate de boxeo, cada combatiente tiene permitido golpear al otro, pero ninguno de ellos tiene el deber de dejarse golpear por el otro: es decir, los púgiles tienen la licencia de golpear pero no el derecho de golpear. En cambio, si una persona tiene derecho a pasar por una finca, su dueño tiene el deber de permitirle el paso: es decir, la persona tiene un derecho a pasar y el dueño tiene un correlativo deber a dejarla pasar. Así, cuando el liberalismo afirma que los individuos poseen derechos y no licencias está declarando que el orden político (y, por tanto, todos los restantes individuos y asociaciones de individuos que componen ese orden político) carga con deberes frente a cada individuo (Narveson, 1988 [2001]: 41-46). Un orden político sin deberes —en el que todo fueran licencias— sería un orden político *sin limitaciones*: una «ley de la selva» donde unos individuos se impondrían por la fuerza sobre otros individuos. Al cabo, si el sujeto A tiene licencia de hacer cualquier cosa (esto es, si B no tiene el derecho a impedirle hacer nada a A) y si, a su vez, el sujeto B tiene la licencia de hacer cualquier cosa (esto es, si A no tiene el derecho a impedirle hacer nada a B), entonces no existen reglas más allá del poder de cada uno de los sujetos para imponerse sobre el otro. Y un orden político en el que no hubiera restricciones sobre lo que puede hacerse sobre cada individuo sería un orden político que, en última instancia, se despreocuparía del individuo (esto es, donde éste no sería soberano).

En principio, el individualismo político es compatible con la existencia de muchos tipos de derechos individuales: en el tercer capítulo exploraremos cuál es la postura del liberalismo acerca del *contenido* de esos derechos individuales, pero de momento sí es necesario recalcar que, para el liberalismo, los derechos les corresponden a las personas y que tales derechos son vinculantes —deberes— para el resto del orden político (para el resto de las personas). Esta idea de derechos individuales como restricciones impuestas al orden político en favor del individuo es clave dentro de la tradición filosófica del liberalismo. Robert Nozick abre su afamado libro *Anarquía, Estado y utopía* (1974: IX) precisamente con esta proposición: «Los individuos tienen derechos y hay cosas que ninguna persona o grupo puede hacerles (sin violar sus derechos)». De hecho, los pensadores liberales han llegado a hablar en numerosas ocasiones de los «derechos naturales» de las personas para referirse a aquellas restricciones que, a su juicio, deberían ser *consustanciales* a todo orden político. Probablemente, la expresión más clara de esta mentalidad iusnaturalista quepa encontrarla en la propia Declaración de Independencia de Estados Unidos: «Sostenemos como evidentes estas verdades: que todos los hombres son creados iguales; que son dotados por su Creador de ciertos derechos inalienables; que entre éstos están la vida, la libertad y la búsqueda de la felicidad». Esta idea de derechos individuales derivados naturalmente de la soberanía individual que tan bien recoge la Declaración de Independencia de Estados Unidos se halla en la misma génesis del pensamiento político liberal:

> El presupuesto de las ideas de los Padres Fundadores —y del liberalismo— es que los miembros individuales de las comunidades humanas son soberanos, esto es, autodeterminados y autogobernados. Son agentes a cuya soberanía cualquier sistema legal debe adaptarse. [...] El elemento revolucionario en la Declaración de Independencia es que, a diferencia de otros documentos políticos anteriores, considera que son los individuos que conforman una sociedad los que merecen convertirse en el foco de atención político: no el monarca, el caudillo, la tribu, el partido, la clase o ni siquiera la mayoría. Además, la referencia a la inalienabilidad de los derechos le confiere a la Declaración un tono especialmente radical: afirma que la defensa de los derechos de todas las personas es una prioridad absoluta del orden político (Machan, 2005: 3-44).

¿Quiénes son sujetos de derecho?

Por tanto, el individualismo político propio del liberalismo convierte al individuo —a cada individuo— en soberano y, en consecuencia, en *sujeto de derecho* frente al resto del orden político (frente al resto de los individuos y grupos). Ahora bien, ¿qué es un individuo o una persona, a saber, esa categoría a la que el liberalismo convierte en sujeto de derecho? ¿Lo son todos los seres vivos o sólo los seres humanos? ¿Lo son todos los seres humanos o sólo los seres humanos adultos? ¿Lo son también todos los seres humanos no adultos, incluidos aquellos que se encuentran en un estado embrionario? La respuesta a tales cuestiones es, en buena medida, una respuesta que trasciende al liberalismo como tal o que, al menos, no puede responderse únicamente desde dentro de la filosofía política liberal: en concreto, requiere de la participación de otras ramas de la filosofía (como la metafísica, la ética o la filosofía del derecho) y de otras disciplinas científicas (como la biología o la antropología). En todo caso, lo que sí puede hacer el liberalismo al respecto es plantear algunas restricciones a las que, por coherencia interna con su defensa del individualismo político, deberá someterse cualquier respuesta que demos a estas preguntas.

Primero, los derechos se asignan a los individuos en cuanto *agentes*; es decir, en cuanto a entes que persiguen proyectos vitales de manera deliberada y que, de hecho, desarrollan su propia identidad distintiva según ejecutan tales proyectos. Lo que se pretende salvaguardar con los derechos es, justamente, el «espacio moral» (Nozick, 1974: 57) de las personas para desarrollar sus planes vitales. Así pues, los sujetos *plenos* de derecho serán aquellos que cuenten con capacidad plena de obrar, a saber, con la capacidad de tomar decisiones haciendo uso de sus propios derechos y aceptando respetar los derechos de otros agentes. Por eso el liberalismo suele tomar como tipo ideal de sujeto (pleno) de derecho a seres humanos adultos y completamente conscientes y responsables de sus actos. Segundo, y pese a lo anterior, que un agente carezca de una capacidad plena de obrar no implica necesariamente que carezca de cualquier derecho: existen al menos dos razones para reconocer algunos derechos a agentes sin capacidad plena de obrar.

Por un lado, si esos agentes cuentan con una capacidad de obrar parcial —es decir, no son capaces de actuar en todos los ámbitos tomando en cuenta sus derechos y los derechos ajenos—, deberán contar lógicamente con los derechos adecuados a los ámbitos en los que sí pueden configurar sus planes de acción: éste sería el caso de, por ejemplo, los menores de edad o los mayores incapacitados, a los que se les reconocen ciertos derechos (como el derecho a la vida, por ejemplo), pero se les somete a tutela el ejercicio de otros de esos derechos (por ejemplo, la compraventa de bienes inmuebles). También podría ser el caso, por cierto, de los animales (o de algunos animales): es decir, de seres vivos —o, más específicamente, de seres sintientes— con una capacidad de agencia enormemente limitada (sobre todo en lo relativo a configurar planes de acción que se formulen bajo la restricción de respetar los derechos ajenos), pero en todo caso con *alguna* capacidad de agencia que podría hacerles titulares de *algún* derecho (para algunos pensadores animalistas, el derecho a la vida o, como mínimo, a la protección frente a la tortura). Asimismo, éste también podría llegar a ser en el futuro el caso de robots con capacidad para autorreconocerse como agentes autónomos en la elaboración de sus propios planes existenciales.

Por otro, si los agentes no disponen de ninguna capacidad de obrar pero sí del potencial para desarrollarla, entonces podrían contar con derechos expresamente dirigidos a proteger el desarrollo de esa potencialidad (por ejemplo, el derecho a la vida o incluso el derecho a la manutención frente a aquellas personas responsables de su situación): éste podría ser el caso del nasciturus o de personas que se hallan en coma. En ambos casos, estamos ante seres vivos con una nula capacidad de obrar pero que, no obstante, podrían terminar desarrollándola bajo determinadas condiciones que son las que acaso podrían tratar de proteger sus (limitados) derechos.

En otras palabras, dadas estas restricciones consustanciales al individualismo político, existirán diversas respuestas potencialmente compatibles con el liberalismo acerca de qué seres han de ser considerados sujetos de derecho: por eso podemos encontrar a liberales que se oponen a los derechos de los animales (Rothbard, 1982a [1998]: 155-157) y liberales partidarios de los derechos de los animales (Nozick, 1974: 35-42; Huemer, 2018); o a liberales que niegan cualquier tipo de derecho a los embriones y que, por tanto, no caracterizan el aborto del embrión como ninguna conculcación de derecho individual alguno (Rand, 1979), o a liberales que sí reconocen al embrión como sujeto de ciertos derechos y que, en consecuencia, caracterizan generalmente el aborto del embrión como una conculcación de sus derechos (Esplugas, 2004). Más que proporcionar respuestas cerradas y dogmáticas a cada una de estas cuestiones, cada liberal debería, en primer lugar, tratar de buscar una respuesta lo más ajustada posible a la mejor evidencia disponible en el resto de las disciplinas científicas; y, finalmente, integrar aquellas comunidades políticas que apliquen los distintos principios del liberalismo del modo más cercano a la respuesta que haya otorgado a cada una de esas preguntas (como ya estudiaremos en los siguientes capítulos, el orden político liberal admite una pluralidad de comunidades políticas distintas pero igualmente compatibles con sus principios generales).

Por consiguiente, lo que el liberalismo sostiene es que, dado un concepto de individuo o de *agente* moral, éste será sujeto de derecho. De hecho, la alternativa a que el individuo sea sujeto de derecho implicaría que el individuo fuera *objeto de derecho* (es decir, que el individuo se subordinara a la mayoría, a la clase, a la nación, etc.) o, simplemente, a que no hubiera derecho alguno (que todo fueran licencias) y que, por tanto, diéramos por moralmente válidos cualesquiera hechos que tuvieran lugar («ley de la selva»). Y considerar al individuo como objeto de derecho sí es frontalmente incompatible con el liberalismo, puesto que supone pisotear su soberanía y desentenderse de la salvaguarda de su espacio moral.

La trampa de las filosofías antiindividualistas

En el fondo, y como ya hemos indicado, todos aquellos pensadores que históricamente han defendido que los individuos deben subyugarse a otro tipo de ideales o entes colectivos, en realidad sólo han estado defendiendo que algunos individuos son objetos de derecho que deben subordinarse a las ideas o intereses de otros individuos. Esto es justamente lo que denunciaba Auberon Herbert: «Cuando colocamos a un ente social frente al individuo, ¿no nos estamos engañando a nosotros mismos? ¿Acaso no estamos en realidad colocando a unos individuos frente a otros individuos? Si una persona es manipulada y transformada por ese ente social, en realidad sólo está siendo manipulada y transformada por otros individuos» (Herbert, 1885 [1978]: 110).

Baste analizar algunas ideologías típicamente antiindividualistas para, por contraste, resaltar la importancia crucial que el individualismo político desempeña dentro de la tradición liberal. Por ejemplo, el teólogo neocalvinista Abraham Kuyper (1898: 50-51) afirmaba que los individuos debíamos someternos a su particular fe religiosa, la cual constituía el centro moral de su filosofía política (fundamentalismo religioso):

> La autoridad sobre los hombres no puede surgir de los hombres. Tampoco de una mayoría sobre una minoría, pues la historia demuestra, casi en cada página, que con mucha frecuencia la minoría tenía la razón. Y, por tanto, a la primera declaración calvinista de que sólo el pecado hizo necesaria la institución de gobiernos, añadimos esta segunda declaración no menos impactante, a saber, que toda la autoridad de los gobiernos en la tierra se origina únicamente en la soberanía de Dios. Cuando Dios me dice: «Obedece», entonces yo humildemente inclino mi cabeza, sin comprometer en lo más mínimo mi dignidad personal como hombre. En la misma medida como usted se degrada cuando se inclina ante un hijo del hombre, así usted se eleva cuando se somete a la autoridad del Señor del cielo y de la tierra.
>
> Así dice la Escritura: «Por mí gobiernan los reyes»; o como declara el apóstol: «Las autoridades que están, son ordenadas por Dios. Por tanto, el que resiste contra la autoridad, se opone a las órdenes de Dios». El gobierno es un instrumento de la «gracia común» para contrarrestar todo libertinaje y transgresión, y para proteger al bueno contra el malo. Pero el gobierno es incluso más que eso: es instituido por Dios como Su siervo, para proteger de la destrucción total a la obra gloriosa de Dios consistente en crear la humanidad. El pecado ataca la obra de Dios, el plan de Dios, la justicia de Dios, la honra de Dios, como el arquitecto y constructor supremo. Así, estableciendo las autoridades para mantener por medio de ellas Su justicia contra los intentos del pecado, Dios dio a los gobiernos el terrible derecho sobre vida y muerte. Por tanto, todas las autoridades que existen, sea en forma de imperios o de repúblicas, de ciudades o de estados, gobiernan «por la gracia de Dios». Por la misma razón, la justicia tiene un carácter santo. Y por el mismo motivo, cada ciudadano es obligado a obedecer, no sólo por el temor al castigo, sino por causa de su propia conciencia.

Asimismo, Benito Mussolini en *La doctrina del fascismo* (1932 [1933]) negaba toda autonomía moral al individuo, quedando en consecuencia sometido al Estado fascista y, claro está, a las élites fascistas que lo manejaban:

> La piedra angular del fascismo es su concepción del Estado: su esencia, sus funciones y sus objetivos. Para el fascismo, el Estado es absoluto, mientras que el individuo y los grupos son relativos. Individuos y grupos son sólo admisibles en la medida en que existan dentro del Estado.

También Karl Marx (1843 [1970]: §308) rechazó frontalmente el individualismo como fundamento político de la sociedad, abogando por la prevalencia de la comunidad organizada sobre la autonomía personal (llegando a reducir a la categoría de *animal* a aquel que tratara de anteponer su soberanía individual a la del Estado):

> Los asuntos políticos de interés general son del interés del Estado, del Estado como un interés real. La deliberación y la toma de decisiones son la realización del Estado como ese interés real. Por tanto, es evidente que todos los miembros del Estado guardan una relación con él por representar su interés real. Ya el concepto de miembro del Estado presupone que cada uno es parte del Estado y que éste los asume como partes suyas. Ahora bien, si éstos son parte del Estado, entonces su misma existencia social evidentemente se materializará a través de su participación efectiva en éste. No sólo son parte del Estado, sino que el Estado es su parte integral. Ser conscientemente una parte integral de algo es participar conscientemente en él, integrarse conscientemente en él. Un miembro del Estado que careciese de esta consciencia sería un animal.

O, finalmente, el ecologista Aldo Leopold (1949) también defendió que el ser humano debía someterse a la promoción del bienestar de la naturaleza: «Algo es correcto si contribuye a preservar la integridad, la estabilidad y la belleza de la comunidad biótica. Es incorrecto si tiende a lo opuesto». Como si el ser humano no formara parte de la naturaleza o como si el patrón para juzgar el carácter íntegro, estable y *bello* de la naturaleza no fuera un patrón eminentemente humano.

El liberalismo rechaza de raíz todas estas cosmovisiones antiindividualistas por cuanto, como decíamos, sólo camuflan la imposición de las preferencias personales de algunos individuos —preferencias acerca de cómo debería organizarse la sociedad o la naturaleza— sobre otros individuos. Si cada persona es un sujeto de derecho, entonces ninguna posee el derecho a imponerse sobre las demás: el orden político no estará caracterizado por la imposición de unos sobre otros, sino por la necesaria coexistencia de todos los sujetos soberanos en el ejercicio de sus derechos.

En definitiva, el individualismo propio del liberalismo nos conduce a un orden político que reconoce al individuo como sujeto de derecho y en el que, por tanto, sus derechos constituyen un límite al tipo de comportamientos que son políticamente aceptables desde y hacia el resto de los individuos.

2

Igualdad jurídica

Igualdad jurídica
Individualismo político

Principio 2: todos los individuos poseen los mismos derechos

El individualismo político que define al liberalismo no establece distinciones jurídicas entre los individuos: reputa a *cada* individuo como un sujeto de derecho y de *igual* derecho al resto. Una vez que se reconoce que *cada* individuo es soberano sobre sí mismo también se está reconociendo implícitamente que todos esos individuos soberanos son sujetos jurídicamente iguales entre sí: si cada individuo es un centro de soberanía indistinguible de los demás, entonces cada individuo será titular de los *mismos* derechos que el resto. O, expresado con otras palabras, los derechos que un individuo posea frente al resto de los individuos habrán de ser simétricos a los derechos que el resto de los individuos posean frente a él. A esta característica del orden político liberal según la cual todos los individuos, con independencia de sus rasgos particulares, poseen los mismos derechos —y, en consecuencia, se someten a las mismas normas generales de justicia (Godwin, 1793: 104-108)— se la suele conocer como isonomía, igualdad jurídica, igualdad moral o igualdad ante la ley.

El liberalismo extiende semejante igualdad jurídica a la totalidad de las personas con independencia de su religión, raza, sexo, orientación sexual o nacionalidad. Es decir, desde un punto de vista jurídico, no es admisible ningún tipo de discriminación entre las personas. No en vano, una de las mayores batallas libradas por esta corriente de pensamiento a lo largo de su historia ha sido la de promover esta igualdad ante la ley entre todas las personas de distintas religiones, razas, sexos, orientaciones sexuales o nacionalidades: «La lucha por la igualdad formal y contra toda discriminación basada en el origen social, la nacionalidad, la raza, el credo, el sexo, etc., sigue siendo una de las características más importantes de la tradición liberal» (Hayek, 1978: 142).

Así, John Locke, en su *Primera carta sobre la tolerancia* (1689a), denunció que «nadie, ninguna persona, ninguna iglesia, ni tampoco ninguna comunidad, posee justo título para invadir los derechos civiles y los bienes terrenales ajenos bajo el pretexto de la religión». Y en su *Segunda carta sobre la tolerancia* (1690) se manifestó abiertamente a favor de esa igualdad de derechos entre todas las personas con independencia de sus creencias religiosas: «Si, como debería suceder, las leyes de un país se redactaran de manera igualitaria para todos los sujetos, sin distinción entre las distintas confesiones religiosas [...], lograríamos inmediatamente una perfecta tolerancia que mostraría la inutilidad del uso de la fuerza en materia de religión». De manera aún más clara, en su *Segundo tratado sobre el gobierno civil*, Locke (1689b: §54) afirmó que «todos los hombres son iguales por naturaleza [...] en lo referente a su jurisdicción y control de unos sobre otros».

Por su parte, el gran liberal abolicionista William Lloyd Garrison tenía bien claro que la esclavitud no era legítima en Estados Unidos porque atentaba contra los derechos de los individuos, siendo esos derechos iguales entre ciudadanos y esclavos: «Todo hombre tiene derecho a su propio cuerpo, a los productos de su trabajo, a la protección jurídica y a las ventajas comunes de la sociedad. Es un acto de piratería comprar o robar a un africano nativo y someterlo a servidumbre. A buen seguro, es un pecado tan grave esclavizar a un americano como a un africano» (Garrison, 1833). Asimismo, Frederick Douglass, ensayista afroamericano que nació esclavo y fue amigo de Lloyd Garrison, le escribió a su antiguo dueño, Thomas Auld, una carta en la que le explicó los motivos por los que lo abandonó; y su argumento fue esencialmente que la esclavitud atentaba contra la igualdad de derechos entre los hombres:

> Yo soy yo; tú eres tú; somos dos personas distintas, pero a la vez dos personas iguales. Lo que tú eres, también lo soy yo. Tú eres un hombre, y también lo soy yo. Dios nos creó a ambos como seres humanos independientes. Yo no me hallo por naturaleza ligado a ti, ni tampoco tú a mí. La naturaleza no hizo que tu existencia dependiera de la mía, ni la mía de la tuya. Yo no puedo caminar con tus piernas, ni tampoco tú con las mías. Yo no puedo respirar por ti, ni tampoco tú por mí. Yo debo respirar por mí mismo y tú por ti mismo. Somos personas diferentes, pero ambos estamos igualmente dotados con las facultades para existir individualmente. Al abandonarte, no te estoy quitando nada salvo lo que me pertenecía a mí mismo, y de ningún modo te resté medios para disfrutar de una vida *honestamente*: tus facultades siguen siendo tuyas, y las mías comenzaron a serle útiles a su legítimo propietario [yo mismo]. [...] Yo soy tu prójimo, no tu esclavo (Douglass, 1847).

También la igualdad jurídica entre sexos fue una causa que rápidamente entroncó con el pensamiento liberal. La pensadora liberal Mary Wollstonecraft, esposa del ensayista igualmente liberal William Godwin, redactó el libro *Vindicación de los derechos de la mujer* (1792: 451), donde exigía lo siguiente: «Dejemos que la mujer comparta derechos con los hombres y así ella también emulará sus virtudes, pues se perfeccionará si se emancipa». A su vez, la activista Angelina Grimké llegó a la conclusión de que a las mujeres les correspondían iguales derechos que a los hombres justamente tras reflexionar acerca de por qué la esclavitud atentaba contra la igualdad jurídica del género humano:

> Mi investigación sobre los derechos de los esclavos me ha llevado a una mejor comprensión de mis propios derechos. [...] Los seres humanos tenemos derechos porque somos seres morales: los derechos de todos los seres humanos brotan de su naturaleza y como todos ellos poseen la misma naturaleza, todos tienen los mismos derechos. Estos derechos pueden serle arrebatados al esclavo pero no pueden serle anulados. Pues bien, si los derechos se fundamentan en nuestra naturaleza como seres morales, entonces la mera circunstancia del sexo no le otorga al hombre mayores derechos y responsabilidades que a la mujer (Grimké, 1837).

En este mismo sentido se expresó John Stuart Mill en la primera página de su libro *La esclavitud de la mujer* (1869):

> El principio que actualmente regula las relaciones sociales existentes entre ambos sexos —la subordinación de un sexo al otro— es erróneo y constituye uno de los principales obstáculos al progreso humano: es un principio que debería ser reemplazado por el de la perfecta igualdad entre sexos, merced al cual no se permita ningún poder ni privilegio de un lado, ni ninguna incapacidad del otro.

Asimismo, la igualdad jurídica de los homosexuales también fue defendida originalmente por los liberales-anarquistas individualistas alemanes a finales del siglo XIX. El individualista Adolf Brand fundó en 1896 la primera revista gay de la historia, *Der Eigene*; revista que estaba dedicada a defender los derechos de los homosexuales bajo la inspiración de la obra del anarquista individualista Max Stirner. De hecho, en su número 10, de 1920, manifestó lo siguiente: «Cualquiera que haya leído con atención los principales artículos de esta revista sabrá que *Der Eigene* se ubica en la vanguardia del anarquismo individualista y que consideramos las cosmovisiones de Max Stirner y de Friedrich Nietzsche como los grandes paradigmas del futuro. *Der Eigene* está comprometido con el derecho a la libertad personal y a la soberanía individual hasta sus últimas consecuencias» (Oosterhuis, 1992: 22).

Asimismo, el historiador y miembro del Partido Libertario estadounidense Ralph Raico (1976), constataba cómo los miembros de esta formación política suscribieron desde su mismo nacimiento esta defensa de la igualdad jurídica entre las personas de cualquier orientación sexual:

> La acción política es necesaria para alcanzar un marco jurídico básico en el que impere la igualdad de derechos individuales: es a partir de ese marco desde donde podremos avanzar a través de la acción voluntaria para lograr una completa aceptación e integración social en una cultura libre. ¿Qué podemos hacer al respecto? Dentro del Partido Libertario, a diferencia de lo que sucede en otros grupos políticos, nunca fue necesario dedicar mucho tiempo a despertar la conciencia acerca de la liberalización homosexual, ni tampoco librar una intensa batalla interna para finalmente reconocer la humanidad y la ciudadanía de primera clase a los hombres y mujeres homosexuales. Al contrario, el Partido Libertario nació creyendo en los derechos de los homosexuales.

Igualdad frente a privilegios

Que el orden político liberal se asiente sobre el principio de igualdad jurídica implica, en contrapartida, que el orden político liberal es incompatible con la existencia de privilegios jurídicos. La palabra «privilegio» tiene su raíz etimológica en el latín, *privus* + *lex*; es decir, ley particular: algo a lo que se opone el liberalismo, que aboga por la igualdad y universalidad de la estructura básica de los derechos (si bien, como estudiaremos más adelante, las personas sí pueden generar entre ellas derechos derivados con un carácter particular). Por consiguiente, la lucha del liberalismo también ha sido históricamente una lucha contra la desigualdad jurídica, esto es, contra los privilegios de cualquier individuo o grupo de individuos:

> Con la llegada del liberalismo también llegó la exigencia de abolir todos los privilegios especiales. La sociedad basada en la casta y los estamentos tuvo que ser abandonada en favor de un nuevo orden político en el que sólo habría ciudadanos con iguales derechos. Lo

> que el liberalismo pretendía atacar no eran sólo los privilegios particulares de las diferentes castas, sino la existencia misma de privilegios. El liberalismo derribó las barreras del rango y del estamento para liberar al ser humano de todas las restricciones que el *Ancien Régime* le había impuesto (Mises, 1927 [1985]: 159).

Sin igualdad jurídica, cualquier orden político individualista implicaría un conflicto estructural entre las personas que lo integren: un conflicto entre aquellos individuos que gocen de privilegios y aquellos otros individuos que padezcan las cargas derivadas de tales privilegios. Una sociedad de castas jurídicas es una sociedad en la que los proyectos vitales de algunas personas —sólo *por ser* los proyectos de *esas* personas— merecen una mayor consideración ética que los de otras, lo que inexorablemente generará una tensión esencial entre ellas (Rasmussen y Den Uyl, 2005: 78-79).

Y justamente porque el liberalismo se opone a *toda* desigualdad ante la ley, también se opone a aquellas desigualdades jurídicas que supuestamente van dirigidas a compensar o reparar desigualdades jurídicas pasadas contra determinados colectivos de individuos (normalmente denominadas «discriminación positiva»). Desigualdades jurídicas pasadas no justifican desigualdad jurídicas presentes, sino más bien igualdades jurídicas presentes: y no lo hacen ni en materia de sexo, ni de orientación sexual, ni de raza, ni de religión (en todo caso, como exploraremos en el capítulo 6, si algunos individuos particulares han generado un daño a otros individuos particulares, se justificará la reparación de ese daño causado). En palabras de la feminista liberal Wendy McElroy (1992): «Igualdad significa "igual trato", no privilegio. [...] La justicia requiere que todos los seres humanos reciban aquello que individualmente merecen. Hasta ahora, la discriminación positiva sólo ha significado discriminación institucionalizada».

En definitiva, para el liberalismo *todos* los individuos son sujetos de los *mismos* derechos, lo que en última instancia supone reconocer que nadie posee una prerrogativa natural a gobernar sobre los demás; esto es, nadie posee un derecho exclusivo a imponerse sobre los demás (Gaus, 2011: 15-17). Tal como expuso

John Locke (1689b: §4): «[El estado de naturaleza] es también un estado de igualdad, donde nadie tiene más poder y autoridad que los demás. Es evidente que criaturas de la misma especie y rango, nacidas todas ellas para disfrutar de las mismas ventajas naturales y para hacer uso de las mismas facultades, deben reputarse como iguales entre sí, sin subordinación ni sujeción de unas sobre otras».

La igualdad jurídica rechaza, por consiguiente, la existencia de autoridad política de carácter natural: a saber, no existe el privilegio de algunas personas —o agrupaciones de personas— a comportarse de un modo que no les está permitido a las demás (Huemer, 2013: 3-19). El liberalismo rechaza la existencia de individuos, familias o grupos con una prerrogativa natural para gobernar al resto, pues todas las personas se someten al mismo imperio de la ley en condiciones de igualdad: «Algunos dicen, ¿quién es el Rey de Estados Unidos? [...] En Estados Unidos la Ley es el Rey. Si en los Estados absolutistas el Rey es la Ley, en las sociedades libres la Ley —y nadie más— debería ser el Rey. Y para que no se le dé ningún mal uso, rompamos la Corona al final de la ceremonia y dispersémosla entre todos los sujetos de derecho» (Paine, 1776).

Ahora bien, aceptando que los derechos individuales son individuales y simétricos para todas las personas —y que, por tanto, nadie goza naturalmente de privilegios políticos sobre otros—, queda por determinar una cuestión clave: ¿cuál es el contenido de esos derechos individuales?

3

Libertad personal

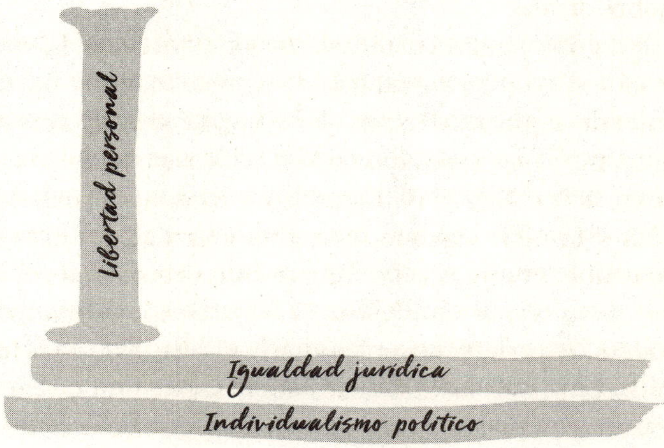

Principio 3: el derecho más básico de toda persona es la libertad

Si cada individuo es sujeto de derecho y además todos los individuos poseen los mismos derechos, entonces cabrá plantearse cuáles son esos derechos igualitariamente disfrutados por todos. Y en la medida en que hemos caracterizado al individuo como un agente autónomo que elabora y persigue soberanamente sus propios proyectos vitales, el más nuclear de sus derechos será aquel que salvaguarde esa soberana capacidad de agencia; es decir, aquel que le proporcione un espacio moral dentro del que poder actuar: «Sólo hay un derecho fundamental (y todos los demás son corolarios de éste): el derecho del hombre a su propia vida. La vida es un proceso de acción para sostenerse y generarse a uno mismo; el derecho a la vida implica el derecho a ejecutar todas aquellas acciones dirigidas a sostenerse y a generarse a uno mismo» (Rand, 1964: 124). Pero ¿cómo salvaguardar ese espacio moral de una persona en el que pueda desplegar sus propios proyectos?

La libertad como derecho negativo

Como ya hemos expuesto, todo derecho faculta a su titular a reclamar que otras personas hagan o se abstengan de hacer algo. Los derechos a reclamar que otros hagan algo se denominan «derechos positivos»; los derechos a reclamar que otros se abstengan de hacer algo se denominan «derechos negativos». En principio, un orden político individualista e igualitario podría ser compatible con el reconocimiento de derechos individuales positivos y de derechos individuales negativos: a saber, cada persona podría tener derecho a reclamarle al resto que hicieran algo en su favor para así poder desarrollar su capacidad de agencia o, por el contrario, podría tener derecho a reclamarle al resto que se abstuvieran de hacer algo para así poder desarrollar su capacidad de agencia.

En verdad, no estamos ante opciones necesariamente excluyentes: cada individuo podría ser titular tanto de derechos positivos como de derechos negativos, lo que en última instancia acaso nos condujera a pensar que idealmente un individuo debería poseer tantos derechos positivos y derechos negativos como fuera posible. Ahora bien, fijémonos en que aun cuando sí quepa una cierta compatibilidad entre derechos positivos y negativos, esa compatibilidad no resulta ilimitada: si le reconocemos al individuo A el derecho positivo a que el individuo B haga X, no podremos reconocerle al individuo B el derecho negativo a que A no le exija hacer X. Por ejemplo, si reconocemos a cada persona el derecho a imponerle a los demás qué libros leer, no podremos reconocerle a cada persona el derecho a escoger por sí mismo qué libros leer (o el derecho a que los demás *no* le impongan qué libros leer). Por eso, históricamente, ha habido pensadores individualistas que han apostado por reconocerle esencialmente —aunque no exclusivamente— derechos positivos al individuo (por ejemplo, John Rawls [1971]), mientras que otros han apostado por reconocerle esencialmente —aunque no exclusivamente— derechos negativos (por ejemplo, Robert Nozick [1974]).

El liberalismo se decanta decididamente por la segunda de estas alternativas: los derechos individuales son esencialmente derechos negativos en virtud de los cuales cada individuo puede reclamarle al resto que se abstengan de ejecutar determinadas acciones en su contra: y, más en particular, cada individuo puede reclamarle al resto que se abstengan de realizar aquellas acciones que interfieren con sus planes de acción. Lemas estrechamente vinculados con esta concepción liberal de los derechos pueden ser el «Laissez faire, laissez passer» [Deja hacer, deja pasar], que utilizaban los fisiócratas franceses, o el «Don't tread on me» [No me pisotees], que puede leerse en la histórica bandera Gadsden empleada durante la revolución estadounidense. Justamente por ello, muchos liberales suelen afirmar que el axioma básico del liberalismo es el llamado «principio de no agresión», a saber, el derecho de cada individuo a no ser agredido por el resto: «El credo liberal descansa sobre un axioma central: que ninguna persona ni grupo de personas puede agredir a otra ni a su propiedad» (Rothbard, 1973 [2006]: 27). En realidad, este derecho fundamental tiene un nombre mucho más sencillo y asequible: libertad de acción o, simplemente, libertad personal.

Por «libertad» cabe entender el derecho negativo de cada individuo a que el resto se abstengan de interferir violentamente en sus planes de acción, salvaguardando así sus propios proyectos vitales: «Podemos decir que soy libre en la medida en que ningún ser humano interfiera con mis acciones. La libertad política es simplemente aquel espacio en el que un ser humano puede actuar sin la interferencia de otros» (Berlin, 1958). Por interferencia violenta no cabe entender únicamente las agresiones físicas (coacciones), sino también las amenazas de agresiones físicas e incluso los comportamientos que exponen a un alto riesgo la integridad física de otras personas. La libertad personal es el más elemental y omnicomprensivo de todos los derechos negativos: como principio general, nadie debe abortar los planes de acción de otra persona (lo que evidentemente implica que ninguna persona debería construir planes de acción que consistan en abortar los planes de acción de otro individuo).

En apariencia, se trata de un deber bastante poco exigente hacia el resto de los individuos: apenas requiere de una actitud pasiva de indiferencia hacia los demás, a saber, de abstenerse de interferir en las vidas ajenas. En la práctica, sin embargo, respetar aquellos comportamientos ajenos con los que no estamos de acuerdo, y que incluso podemos llegar a detestar, constituye una actitud enormemente exigente para muchos individuos, especialmente en la medida en que juzguemos que esos comportamientos resultan incompatibles con nuestros valores o con nuestros intereses; lo instintivo en el ser humano no es respetar a los demás, sino forzar a los demás a que se sometan a los valores o a los intereses propios:

> Lo que normalmente nos resulta muy fácil es meternos en los asuntos de otros y lo que realmente constituye un logro y una virtud dentro de una sociedad libre es entender que los asuntos de otros son sus asuntos y que hemos de evitar interferir en ellos. [...] Para alcanzar semejante logro, hemos de reconocer que cada uno vamos a vivir en condiciones de igualdad pública con otras personas que no nos agradan (que incluso podemos odiar) y que no podemos cooptarlos como herramientas para nuestros propios proyectos; es decir, se necesita de una sociedad en la que se haya generalizado una autonomía moral mínima, en la que seamos capaces de confiar razonablemente en que otros pueden mantener ideas peligrosas sin por ello convertirse en criminales, y que otros pueden tratarme despectivamente aun cuando respeten mi personalidad civil (Gaus, 1997).

Así pues, respetar la libertad personal ajena supone respetar el espacio moral ajeno y no coaccionar a otros ni siquiera para que se comporten de un modo que subjetivamente consideremos virtuoso, esto es, implica «que los individuos no pueden ser coaccionados para desarrollar acciones que consideremos virtuosas [...] o que promuevan el bien común; tampoco cabe prohibirles aquellas acciones que consideremos moralmente incorrectas.

Las personas han de ser libres de *escoger* incluso aquellos cursos de acción que sean moralmente equivocados» (Rasmussen y Den Uyl, 2005: 77). Desde esta perspectiva, el derecho de libertad prevalece sobre cualquier concepción del bien o de la virtud moral que personalmente podamos abrazar: es lo que Rawls (1988) denominó «la prioridad del derecho sobre el bien»; primero, el derecho de libertad y, sólo una vez respetado éste, la virtud moral según la entendamos subjetivamente cada uno de nosotros (Rasmussen y Den Uyl, 2005: 89-91). El liberalismo, pues, es una filosofía política que protege a las minorías —por ejemplo, a las minorías religiosas, culturales, lingüísticas, ideológicas, etc.— frente a aquellas mayorías que quieran aplastarlas para someterlas e integrarlas en la cosmovisión moral mayoritaria. Ahora bien, protege a las minorías no como colectivos morales irreductibles, sino como agrupaciones voluntarias de individuos que cuentan, cada uno de ellos, con derecho de libertad: no en vano, «la menor minoría sobre la Tierra es el individuo» (Rand, 1966 [1967]: 61) y, por tanto, es en última instancia al individuo (y a cada agrupación de individuos) a quien debe reconocérsele un espacio moral propio e inatacable. Es aquí, por cierto, donde encaja el derecho inalienable «a buscar la felicidad» que aparece en la Declaración de Independencia de Estados Unidos: el derecho a que cada cual viva la vida como considere oportuno sin intromisiones ajenas.

En definitiva, un orden político fundamentado sobre el principio de libertad será un orden político cuya norma constituyente será ese derecho individual a la no interferencia: nadie deberá interferir («agredir») en la vida del resto de las personas, de modo que cada una de ellas tendrá derecho a desarrollar autónomamente sus propios planes de acción. Libertad es un derecho de no ser interferido cuyo correlativo es el deber de no interferir a otros. En palabras de John Stuart Mill en su ensayo *Sobre la libertad* (1859 [2001]: 16):

> El principio de la libertad humana requiere la libertad de gustos y de inclinaciones, la libertad de organizar nuestra vida siguiendo nuestro modo de ser, de hacer lo que nos plazca, sujetos a las

> consecuencias de nuestros actos, sin que nuestros semejantes nos lo impidan, en tanto que no les perjudiquemos, e incluso, aunque ellos pudieran encontrar nuestra conducta tonta, mala o falsa. [...] La única libertad que merece este nombre es la de buscar nuestro propio bien a nuestra propia manera, en tanto que no intentemos privar de sus bienes a otros, o frenar sus esfuerzos para obtenerla.

O en palabras de Hayek en *Los fundamentos de la libertad* (1960 [2011]: 61): «La libertad presupone que el individuo tiene garantizada una esfera privada dentro de la que actuar, esto es, que existe un conjunto de circunstancias en su entorno sobre las que el resto no pueden intervenir». Nótese, eso sí, que la libertad de acción va indisociablemente unida a la responsabilidad individual por las acciones emprendidas, y lo hace en un doble sentido: por un lado, y a un nivel muy elemental, el derecho de libertad lleva aparejado el deber correlativo de respetar la libertad ajena, y la violación de semejante deber conllevará la obligación de reparar ulteriormente el daño causado (tal como expondremos en el capítulo 6); por otro, y derivado de la idea misma de libertad personal, si bien cada persona es libre de tomar sobre su vida aquellas decisiones que considere oportunas, los demás también son libres de no querer interactuar con quienes han tomado decisiones que juzgan inaceptables (es decir, tomar ciertas decisiones puede repercutir en que otros no quieran relacionarse con nosotros). Por eso, en una sociedad que reconoce a todo el mundo la libertad de tomar sus propias decisiones —incluyendo la decisión de relacionarse o dejar de relacionarse con otros—, libertad personal y responsabilidad individual van necesariamente de la mano.

A su vez, si combinamos el derecho de libertad con el principio de igualdad jurídica, llegaremos a la conclusión necesaria de que el liberalismo le reconocerá a cada persona la mayor esfera de libertad posible que sea *igual* a la mayor esfera de libertad del resto de los individuos: cada cual carga con el deber de respetar la libertad ajena a cambio del simétrico derecho sobre los demás de que su propia esfera de libertad sea respetada. «Vive y deja vivir.» Esto es justo lo que Herbert Spencer (1851: 206) denominó «la ley de la igual libertad»: «Todo hombre tiene derecho a reclamar la más amplia libertad para el ejercicio de sus facultades que sea compatible con la posesión de esa misma libertad por el resto de los hombres». John Rawls (1971: 11) en su defensa del principio de libertad, y aun desde posiciones no enteramente liberales, llegó a la misma máxima: «Cada persona ha de tener un igual derecho al esquema más extenso de libertades básicas que sea compatible con un esquema semejante de libertades para los demás».

Libertad frente a derechos positivos

La estricta defensa liberal de los derechos negativos de los individuos (de sus libertades personales) contrasta aparentemente con su frontal rechazo hacia los llamados «derechos positivos»; esto es, con su frontal rechazo hacia la imposición a cada individuo de la obligación de desarrollar algún tipo de acción en favor de los demás. La oposición liberal a unos amplios derechos positivos no es casual: tal como explicamos anteriormente, la extensión de derechos positivos es en gran medida incompatible con el reconocimiento de derechos negativos, a saber, con la salvaguarda de esferas de libertad personal dentro de las cuales cada persona pueda desarrollar sus propios planes de acción. Cuanto mayor sea el número de obligaciones positivas que cada individuo mantiene en favor de los demás, menor será su espacio moral para desarrollar sus *propios* proyectos vitales: más bien, sus proyectos vitales quedarían sometidos a los proyectos vitales ajenos. Por ejemplo, si cada persona estuviera obligada a formar parte de aquellas asociaciones que otros le exigieran integrar, entonces nadie podría dedicar tanto tiempo como deseara a las asociaciones que él prefiriera integrar. Es decir, las obligaciones positivas limitan la capacidad de agencia de los individuos que las soportan. De ahí que el liberalismo, como filosofía individualista que es, rechace la proliferación de derechos positivos contrarios a la capacidad de agencia de las personas: «Sería contradictorio decir que todo el mundo tiene el derecho a hacer lo que quiera, si bien algunos tienen derecho a forzar a otros a hacer lo que no quieran» (Narveson, 1988 [2001]: 60).

Sin embargo, aquellos autores —algunos de ellos incluso autodenominados liberales— que le reconocen derechos positivos al individuo también lo hacen precisamente porque creen que esos derechos positivos son *imprescindibles* para que la persona pueda desarrollar su capacidad de agencia. Según la visión de estos pensadores, las personas ven anulada su capacidad de agencia a menos que reciban asistencia del resto de personas para garantizarse el acceso a ciertos bienes y servicios fundamentales. Por ejemplo, un individuo morirá de hambre, de frío o de enfermedad salvo que el resto de personas le proporcionen comida, ropa o medicinas; asimismo, también cabría afirmar que un individuo carecerá de capacidad *informada* para escoger sus fines vitales a menos que reciba una buena educación. Por tanto, parecería que llegamos a un callejón sin salida: quienes buscan salvaguardar la capacidad de agencia del individuo disponen de argumentos tanto para rechazar los derechos positivos como para promoverlos activamente. Pero, en realidad, el argumento de los defensores de los derechos positivos es bastante menos sólido de lo que inicialmente podría parecer.

Primero porque no puede equipararse el comportamiento activo de una persona dirigido a interferir en los planes de otro individuo (agresión) con la actitud pasiva de una persona a la hora de abstenerse de impulsar los planes de otro individuo (no cooperación): no interactuar con otro individuo no equivale a anular su capacidad de agencia, simplemente supone no contribuir a promover sus planes vitales (Narveson, 1988 [2001]: 29-31).

Segundo, el derecho negativo a la no interferencia, a la libertad, es el presupuesto que necesitan todas las personas para priorizar cuáles son sus fines vitales y, por tanto, cuáles son los medios que necesitan para satisfacerlos: no se trata de que la libertad sea, ni mucho menos, lo único realmente valioso o importante en nuestras vidas, pero sí es el presupuesto indispensable para que podamos determinar qué es aquello que consideramos personalmente valioso. Tal como expresa Loren Lomasky (2000):

> El liberalismo tradicional privilegia la libertad por encima de todos los otros bienes morales, pero no lo hace porque estos liberales

no se hayan dado cuenta de la crucial importancia de poseer aquellos otros bienes de los que depende nuestro bienestar. Aun reconociendo que la comida, la vivienda, la sanidad o similares son tan fundamentales como lo es la libertad para que una persona pueda disfrutar de una buena vida, existen aspectos formales que los diferencian en sus implicaciones sobre los principios de asociación política. El estatus especial de la libertad dentro del liberalismo clásico deriva, no como sus críticos suelen afirmar, de sus errores o de sus prejuicios de clase, sino de la lógica de los derechos en sí misma. Si lo que las personas podemos razonablemente exigir y ofrecer a otras es espacio moral, entonces el derecho primario moral es que nos dejen en paz. Uno puede hacer más que respetar la libertad de otros, pero no debe hacer menos. No es arbitrario colocar la libertad por encima del resto de los valores: al contrario, es una mera consecuencia de reconocer que, sea lo que sea aquello a lo que uno le otorga valor, se necesita de libertad para perseguirlo: necesitamos ser libres frente a los demás y que los demás sean libres frente a nosotros. En otras palabras, la prioridad de la libertad se fundamenta en su universalidad, general y reciprocidad. En lugar de coronar unos valores específicos por encima de otros, el orden liberal descentraliza las disputas sobre los valores, dejando su resolución a la iniciativa privada de los individuos. Ser libre de la interferencia ajena es ser libre para actuar de acuerdo con nuestro propio criterio acerca de qué debe ser apreciado y qué debe ser despreciado. Es una expresión de un individualismo que es a la vez principial y profundo.

Y tercero, porque no es cierto que una persona necesite coaccionar al resto para desarrollar su capacidad de agencia: los individuos también contamos con la opción de cooperar con otros *sin necesidad de obligarlos a ello*. Es decir, podemos cooperar *voluntariamente* con otros, pidiéndoles que nos ayuden, ya sea de manera desinteresada o a cambio de que, a su vez, nosotros les ayudamos a ellos en la consecución de alguno de sus proyectos vitales. Frente a los derechos positivos que *obligan* a que una persona coopere con otras (en condiciones que esa persona puede reputar insatisfactorias o inmorales), el liberalismo promueve el derecho negativo —la libertad— a que cada cual decida los términos de su cooperación con los demás.

Libertad y justicia distributiva

Ésta es la razón de fondo de por qué concepciones igualitaristas de la justicia distributiva —es decir, de la rama de la justicia que valora el reparto de los bienes dentro de una sociedad— por necesidad han de conculcar la igual libertad de las personas y, por tanto, resultan incompatibles con el liberalismo. Si las decisiones libres, y soberanas, de los individuos dan lugar a distribuciones sociales de los bienes que tienen un carácter desigualitario, será necesario conculcar forzosamente las libertades de las personas para *deshacer* el resultado desigualitario de sus decisiones voluntarias. Si una persona A, una persona B y una persona C desean libremente relacionarse con otra persona D, la persona D *acaparará* desigualitariamente muchas relaciones sociales, pero para evitar que las *acapare* habría que reprimir la libertad de A, de B y de C en virtud de la cual desean relacionarse con D. De acuerdo con Nozick (1974: 163): «Ninguna concepción de justicia distributiva basada en estados finales [esto es, en cómo deberían estar distribuidos los recursos] puede materializarse sin intervenir continuamente en la vida de las personas. Cualquier distribución ideal de los recursos puede ulteriormente dar paso a una distribución no ideal de ellos si la gente toma determinadas decisiones [si no se *evita* que la gente tome determinadas decisiones]». O, asimismo, en palabras de Erik von Kuehnelt-Leddihn (1952: 3):

> «Lo natural» (es decir, la situación que se da cuando el ser humano no interviene) es cualquier cosa menos igualitario: si quisiéramos crear una llanura absoluta, deberíamos destruir las montañas y rellenar los valles; es por ello que la igualdad [el igualitarismo] presupone el uso continuo de la fuerza que, como principio, se opone a la libertad. Libertad e igualdad son contradictorios en su misma esencia.

En este sentido, de hecho, la máxima de justicia distributiva comunista —«de cada cual según sus capacidades, a cada cual según sus necesidades» (Marx, 1875)— sacrifica la igualdad jurídica de las personas, así como su libertad, cuando modula los derechos individuales en función de las diferentes capacidades o necesidades de las personas: cada individuo tiene la obligación de hacer aquello que pueda hacer y que los demás necesiten que haga; y, a su vez, cada persona tiene derecho a exigirles a los demás que hagan lo que ella necesita que le hagan. A saber, cada individuo se convierte en un esclavo del resto de la sociedad. Por el contrario, la visión liberal de la justicia distributiva se limita a postular un simple «de cada cual cómo escoja, a cada cual cómo sea escogido» (Nozick, 1974: 160): es decir, cada cual puede hacer lo que quiera (respetando la libertad de acción ajena) y, a su vez, cada cual tiene derecho a recibir aquello que los demás libremente decidan darle. Y cualquier distribución social de los recursos que derive de esa interacción *libre* entre las personas será una distribución aceptable para el liberalismo. En otras palabras, desde el punto de vista liberal, la justicia distributiva se halla procedimentalmente subordinada a una concepción de justicia conmutativa —es decir, la rama de la justicia que valora cómo deben efectuarse las interacciones entre las personas— que se halle asentada sobre el derecho negativo a la libertad: cualquier forma que adopte la sociedad es aceptable siempre que sea el resultado de decisiones libres de los individuos que la componen. O, como ya la definiera el jurista Ulpiano hace casi dos milenios, *Iustitia est constans et perpetua voluntas ius suum cuique tribuendi*: «La justicia es la constante y perpetua voluntad de otorgar a cada uno su derecho»; esto es, respetar su libertad.

La libertad sometida a tutela

Existe, sin embargo, una excepción al derecho de libertad caracterizado como un derecho esencialmente negativo a la no interferencia: las personas cuya libertad se somete a tutela. Como ya hemos indicado, la libertad de acción es un derecho individual correlativo al deber de respetar los derechos individuales ajenos; es decir, la libertad personal está indisociablemente unida a la responsabilidad por las acciones ejecutadas. Algunas personas, sin embargo, pueden hallarse física o mentalmente incapacitadas para actuar respetando la restricción moral de no conculcar las libertades ajenas. En tal caso, la libertad de esos individuos ha de quedar sujeta a tutela por parte de un tercero: el tutor habrá de orientar el comportamiento de su pupilo en una dirección compatible con el interés de ese pupilo pero evitando la violación de las libertades ajenas. Y, obviamente, el mayor interés del pupilo es desarrollar la capacidad autónoma de respetar las libertades ajenas para así dejar de estar bajo tutela y poder ejercer plenamente su libertad (escogiendo qué proyectos vitales son aquellos que valora personalmente más). Como dice John Locke (1689b: §59): «¿Qué es lo que vuelve jurídicamente libre a una persona en el estado de naturaleza? ¿Qué le otorga la libertad para disponer de su propiedad como considere oportuno y dentro de los límites del derecho? Respondo: un estado de *madurez* en el que se supone que es capaz de conocer las normas dentro de las que ha de restringir sus acciones. [...] Hasta ese momento, ha de ser guiado por otra persona que sí conozca cuáles son los límites jurídicos de la libertad». Ejemplos de individuos que legítimamente podrían ser sometidos a tutela son las personas que sufren algún tipo de enajenación grave (Locke, 1689b: §60) y, con mucha más claridad, los niños.

Los niños son personas *transitoriamente* inmaduras para perseguir responsablemente sus propios proyectos dentro de una sociedad: no entienden su condición de sujetos de derecho ni, tampoco, la condición de *iguales* sujetos de derecho del resto de las personas. La misión de su tutor es, por tanto, acompañarle en el proceso de maduración, para que no se dañe a sí mismo ni tampoco dañe a otros, «hasta que sean capaces de entender las reglas por las que han de regirse» (Locke, 1689b: §170). Dicho con otras palabras, los menores devienen sujetos de pleno derecho cuando *entienden* su condición de sujetos de derecho así como la simétrica condición de sujeto de derecho del resto de los individuos. El niño se convierte en adulto cuando puede vivir responsablemente en sociedad. La cuestión, claro está, es quiénes han de ser los tutores de los menores y cuáles son los derechos *y obligaciones* de los tutores para con los menores: es decir, quién y cómo ejerce la denominada *patria potestad.*

En cuanto a la cuestión de quién es el titular de la patria potestad, los tutores naturales de un niño son sus padres. Existen al menos tres razones para ello (Lomasky, 1987: 165-169). Primero, los padres son *causalmente* responsables de la existencia del menor y, en consecuencia, son quienes cargan con el *deber* más inmediato de tutelar su desarrollo. Segundo, uno de los proyectos existenciales de los padres puede ser, precisamente, el de engendrar un menor y tutelar su desarrollo hasta la madurez (o dicho con palabras menos rimbombantes: su proyecto vital puede ser el de «formar una familia»): en consecuencia, el resto de los individuos cargamos con el deber de respetar su libertad personal para ejercer como tutores de aquellos seres humanos que causalmente han engendrado. Y tercero, la familia constituye *por necesidad* la primera relación social que establece un menor cuando llega al mundo: un vínculo asociativo primigenio de enorme relevancia que, presuntamente, tanto los padres como el menor tendrán un interés legítimo en preservar como parte de sus proyectos vitales subsiguientes (salvo que alguna de las partes desee disolver ese vínculo) y que, por tanto, merece el respeto del resto de las personas.

Las reflexiones anteriores no implican, sin embargo, que la tutela de un menor *siempre* vaya a ser ejercida por sus padres naturales. Por un lado, puede haber padres que no se sientan capacitados para ejercer adecuadamente la tutela de sus hijos o incluso mujeres que hayan iniciado desde un principio la gestación de un menor como parte del proyecto vital de otra pareja (por ejemplo, a través del procedimiento de la gestación subrogada): en tales casos, es posible transferir la tutela a otras personas mediante el mecanismo de la adopción o incluso reconocer que, desde un comienzo, la tutela no le correspondió a la gestante sino a aquella pareja que ha promovido activamente el proyecto de concebir al menor. La única restricción a tales prácticas debería ser la de no perjudicar al menor colocándolo bajo una tutela peor que aquella que fueran a ejercer sus padres naturales (algo que será difícil que suceda en aquellos casos en los que son los propios padres naturales quienes *reniegan* racionalmente de hacerse cargo de ese menor). Por otro, los padres naturales podrían ser privados de la tutela del menor si abusan de ella para perjudicar gravemente a su pupilo: algo que nos remite a la segunda de las cuestiones planteadas, a saber, cuáles son los derechos y las obligaciones de los tutores para con los menores.

La patria potestad es, sobre todo, un *deber* del tutor para con el pupilo: concretamente, un deber de promover su maduración física y cognitiva para que el menor devenga un sujeto propio de pleno derecho capaz de vivir en sociedad respetando al resto de las personas. Ese deber está compuesto por obligaciones negativas hacia el menor (no maltratarlo, por ejemplo) y también por obligaciones positivas (proporcionarle aquellos medios que necesita para madurar física y mentalmente: alimento, seguridad, educación, etc.). Es decir, aun cuando entre sujetos de pleno derecho el único deber es el de no interferencia (derecho negativo), entre un tutor y su pupilo sí existen adicionalmente obligaciones positivas que son instrumentales y limitadas temporalmente a conseguir el objetivo perseguido por la institución de la tutela (la maduración del menor). Si un tutor incumple sus obligaciones, la comunidad política puede forzarlo a que las cumpla y, en el extremo, a que abandone su condición de tutor y sea reemplazado por otros que quieran asumir semejante rol de un modo diligente.

Ahora bien, la patria potestad no está integrada únicamente por deberes, sino también por derechos: muy en especial, por el derecho a determinar el proceso por el que se conducirá al menor hacia su maduración física y mental. A la postre, no existe sólo una forma —sino múltiples y muy variadas— de conseguir que un menor se desarrolle con el paso del tiempo en sujeto de pleno derecho: no existe un solo tipo de comida que pueda dársele para que crezca de manera saludable; no existe un solo tipo de vestimenta que pueda ofrecérsele para protegerle del entorno; no existe un solo tipo de vivienda en la que pueda residir para resguardarle del clima y para socializar; no existe un solo tipo de educación para despertar sus habilidades cognitivas y permitirle interiorizar las normas básicas de coexistencia en sociedad. Y dado que no existe una sola forma de ejercer el *deber* de la patria potestad, es al tutor —y no a la sociedad en su conjunto— a quien le corresponde el *derecho* a escoger cuál de entre todas las plurales formas de lograr la maduración del menor es la que desea utilizar (Lomasky, 1987: 165-181). Sólo si el ejercicio de ese derecho frustrara el cumplimiento de su deber, es decir, sólo si el tutor desarrollara sus obligaciones de un modo que no lograra la maduración del menor (si, por ejemplo, los padres alimentaran deficientemente a sus hijos o les proporcionaran una educación que no les permitiera integrarse en sociedad respetando los derechos ajenos [Lomasky, 1987: 181-187]) cabría limitar tal discrecionalidad del tutor (por violar los deberes inherentes en la patria potestad). Los deberes de los tutores hacia el menor tienen prioridad sobre sus derechos contra el menor: el niño no es un esclavo de los padres porque goza del derecho de libertad como ser humano que es; sólo sucede que el ejercicio de ese derecho de libertad está tutelado hasta que consiga disfrutar de él responsablemente en sociedad.

En definitiva, el derecho de libertad de aquellas personas incapaces de cumplir con su deber correlativo de respetar la libertad ajena puede ser parcialmente limitado sometiéndolo a la tutela de un tercero con el propósito de evitar que sus comportamientos violen la libertad ajena así como para conseguir que desarrollen la capacidad de respetar por sí mismos las libertades ajenas. En el caso paradigmático de los menores, el ejercicio de la tutela les corresponderá prima facie a sus padres, y éstos contarán con la más amplia discrecionalidad en el ejercicio de su patria potestad que no frustre el objetivo de su deber de tutela. Una vez que el pupilo devenga capaz de actuar respetando el espacio moral de los demás, la tutela se extinguirá: «Lo que los hijos necesitan —y lo que los padres están obligados a proporcionar— es que sus mentes sean formadas y que sus acciones sean gobernadas mientras sigan siendo jóvenes e ignorantes; cuando les llega la razón, sus padres son liberados de semejante carga» (Locke, 1689b: §58).

Así pues, la piedra angular de la filosofía política liberal es la defensa de la libertad personal entendida como la protección jurídica de aquellos planes de acción personales que no consistan en impedir violentamente los planes de acción de otros seres humanos. Por consiguiente, cada individuo podrá exigirles al resto de los individuos que se abstengan de obstaculizar aquellos proyectos vitales propios que no impliquen violentar los proyectos vitales ajenos. Y aquellos inherentemente incapaces de cumplir con semejante exigencia deberán someter su libertad personal a tutela. En un mundo sin recursos escasos, esto último se lograría apenas impidiendo que la acción de unas personas se dirigiera a agredir a otras personas (de ahí la tradicional equiparación de libertad y «principio de no agresión»): toda interacción entre personas debería ser voluntaria para así respetar la libertad de cada sujeto. Sin embargo, en un mundo con recursos escasos, los planes de acción de unos individuos necesariamente entrarán en conflicto con los planes de acción de otros individuos cuando ambos pretendan utilizar un mismo recurso. Por ello, será necesario analizar cómo cabe aplicar el principio de libertad de acción en aquellos conflictos interpersonales que emerjan a propósito de la utilización de un mismo recurso.

4

Propiedad privada

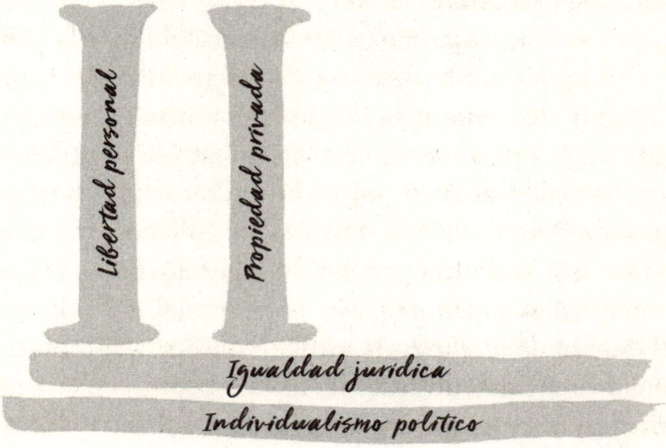

Principio 4: la libertad comprende el derecho de usar, disfrutar y disponer de los bienes que hemos adquirido pacíficamente

La práctica totalidad de los proyectos vitales de cualquier ser humano requiere de la utilización de medios materiales. Incluso las aspiraciones más intelectuales o espirituales suelen necesitar del uso de algún recurso físico (libros, imprentas, tinta, estanterías, salas de reunión y debate, mesas, sillas...). ¿Cómo respetar, por ejemplo, la libertad religiosa sin biblias, o la libertad artística sin lienzos, o la libertad de prensa sin imprentas? Sin medios materiales, la libertad de acción de los individuos apenas abarcaría la libertad de pensamiento y acaso de expresión: las personas podrían pensar lo que quisieran sin interferencia ajena —incluso podrían verbalizarlo a los demás—, pero poco más. Los individuos, en suma, tenemos que utilizar nuestro entorno para poder perseguir nuestros fines a través de él: el espacio moral de las personas también ha de abarcar el uso de nuestro entorno (Lomasky, 1986: 121).

En un mundo donde los recursos fueran ilimitados, el liberalismo defendería el derecho de cada individuo a usar como quisiera ese ilimitado entorno, esto es, el derecho de cada persona a que nadie interfiriera ni sobre sus proyectos vitales ni tampoco sobre los medios materiales que extrajera de ese ilimitado entorno (pues éstos formarían parte inseparable de sus proyectos vitales). Sin embargo, la mayoría de los recursos existentes no son ilimitados con respecto a sus usos potenciales, de modo que su utilización por parte de un individuo impide su utilización simultánea por parte de otros individuos: dos personas no pueden comerse la misma manzana o utilizar el mismo ordenador a la vez. En tal caso, la norma general del liberalismo —el derecho a la no interferencia— será *insuficiente* para delimitar la esfera de libertad dentro de la que cada individuo estará legitimado a desarrollar su capacidad de agencia: al cabo, para que una persona pueda exigirle al resto que no interfieran en el uso que está efectuando de un determinado recurso escaso, será necesario determinar previamente si esa persona posee el *derecho* a utilizarlo o no. Sólo una vez que hayamos establecido quién tiene derecho a emplear un determinado recurso podremos, a su vez, determinar si alguien está interfiriendo ilegítimamente sobre los planes vitales de otra persona cuando hace un *uso ilegítimo de* ese recurso.

Denominaremos «derecho de propiedad» al derecho completo de uso, disfrute y disposición sobre un determinado bien. Más concretamente, el derecho de propiedad sobre un bien incluirá de manera *permanente* los siguientes derechos (Gaus, 2012):

1. El derecho del propietario a utilizar el bien (y el deber de los no propietarios a respetar el uso que efectúa el propietario).
2. El derecho del propietario a impedir que los no propietarios utilicen el bien (y el deber de los no propietarios a respetar esa exclusión). En consecuencia, los no propietarios sólo podrán utilizar el bien si el propietario consiente en que lo utilicen.

3. El derecho del propietario a recibir una indemnización si un no propietario daña el bien (y el deber de los no propietarios a compensar al propietario si le causan algún daño a su bien).
4. El derecho del propietario a destruir o transformar el bien (y el deber de los no propietarios a respetar la destrucción o transformación que efectúa el propietario de su bien).
5. El derecho del propietario a quedarse con la renta que genera el bien (y el deber de los no propietarios a no interferir en la disposición de esa renta).
6. El deber del propietario a entregar subsidiariamente el bien para hacer frente a sus deudas (y el derecho de los no propietarios acreedores a apropiarse subsidiariamente del bien para cobrar sus créditos contra el propietario).
7. El derecho a transferir permanentemente la totalidad o sólo algunos de los anteriores derechos a otra persona (y el deber de los no propietarios a respetar esa transmisión parcial).

Sin derechos de propiedad sobre el entorno resultaría imposible determinar quién está conculcando el derecho de libertad de quién. Por ejemplo, si observamos que una persona A expulsa a otra persona B de una vivienda, no podemos determinar *a priori* si esa persona A está conculcando el derecho de B a utilizar la vivienda (si bien posee el derecho de uso sobre la vivienda) o si, en cambio, se está restableciendo el derecho de la persona A a utilizar la vivienda (si A está ejerciendo su derecho de uso exclusivo sobre la vivienda). La persona A podría ser un okupa violento que tratara de expulsar a B de su vivienda (si el derecho de propiedad del inmueble recae sobre B) o, en cambio, el okupa podría ser B, de modo que A sólo estuviera recuperando su vivienda (si el derecho de propiedad del inmueble recae sobre A). En definitiva, aquella persona que utilice un recurso que no tiene derecho a utilizar y que, por consiguiente, le impide utilizarlo a la persona que sí tiene derecho a hacerlo será quien interfiera ilegítimamente sobre los proyectos vitales ajenos: quien viole la propiedad privada ajena será quien vulnerará la libertad ajena.

En este sentido, el liberalismo deberá pronunciarse sobre tres aspectos fundamentales de ese derecho de propiedad sobre los bienes. El primero: ¿qué constituye un bien susceptible de ser apropiado?; el segundo: ¿cómo surge la propiedad?; y el tercero: ¿a qué limitaciones se ven expuestos los derechos del propietario (si es que se ven expuestos a alguna)? O dicho de otro modo, cuál es el objeto del derecho de propiedad, cómo se determina su titularidad y cuáles son las fronteras de su configuración.

El objeto de la propiedad

En cuanto a la primera cuestión, bienes objeto de apropiación son incuestionablemente todos los recursos escasos con respecto a sus usos potenciales: los denominados «bienes rivales» (bienes que no pueden ser usados simultáneamente por más de una persona). Como ya hemos expuesto, si dos personas no pueden usar el mismo bien en sus divergentes planes vitales, entonces habrá que especificar derechos de uso sobre tales bienes rivales: y ese derecho de uso, en sentido amplio, es el derecho de propiedad. Ahora bien, ¿qué sucede con los bienes no rivales, es decir, con aquellos que sí son susceptibles de ser utilizados de manera simultánea por más de una persona? Un ejemplo claro de bien no rival son las ideas: dos músicos pueden reproducir la misma melodía, dos arquitectos pueden usar el teorema de Pitágoras o dos químicos pueden emplear la composición de un medicamento para sintetizarlo separadamente. En ninguno de los casos anteriores, usar una idea (melodía, teorema de Pitágoras, composición del medicamento) impide que otras personas utilicen esa misma idea a la vez; de hecho, sería más bien al revés: para impedir que una persona haga uso de una idea deberíamos limitar su libertad de acción así como su derecho de propiedad privada sobre los bienes materiales que posee y sobre los que quiere aplicar esa idea. De ahí que el liberalismo haya restringido históricamente el derecho de propiedad a los bienes rivales, descartando en consecuencia cualquier posible justificación de la llamada «propiedad intelectual» (Palmer, 1990; Long, 1995;

Kinsella, 2008). Algunos liberales, empero, sí han defendido algunas formas de propiedad intelectual (patentes y *copyrights*) como vías para establecer el control sobre el producto de la mente humana (Rand, 1966: 130). Ambas posturas podrían llegar a encontrar un encaje con el liberalismo —dependiendo de cuán latamente se defina el derecho de propiedad—, pero es verdad que la defensa de la propiedad intelectual es más difícil de compatibilizar con el propósito último del liberalismo (salvaguardar la coexistencia pacífica de los proyectos vitales de distintos individuos cuando tales proyectos vitales no entran estrictamente en conflicto por implicar el uso de bienes no rivales).

El origen de la propiedad

En cuanto a la segunda cuestión —cómo se asigna la titularidad de los derechos de propiedad— cabe pensar en al menos tres grandes mecanismos para establecer derechos de propiedad: el primero es un reparto igualitario de todos los recursos naturales entre todos los individuos; el segundo, un reparto de los recursos en función de la importancia que esos recursos tienen para el individuo; y el tercero, un reparto de los recursos en función de su primera ocupación pacífica. El economista Amartya Sen (2009: 12-15) ilustra estos tres criterios con un ya famoso ejemplo de una flauta sin dueño y cuya propiedad puede asignarse potencialmente o al niño que carezca de flautas (reparto igualitario), o al niño que pueda darle un mejor uso (reparto en función de la utilidad), o al niño que haya fabricado esa flauta (reparto en función de la ocupación pacífica): ¿a cuál de todos ellos debería corresponderle la propiedad?

El primer mecanismo para asignar derechos de propiedad —reparto igualitario— es bastante problemático por cuanto en un mundo con recursos heterogéneos no es fácil repartirlos igualitariamente: ¿a cuántos metros de suelo en la provincia de Toledo equivale un automóvil recién fabricado o 20 ovejas o una tienda de ultramarinos en Bagdad? Una forma de esquivar esta dificultad sería que todos los recursos del universo fueran considerados propiedad colectiva de todos los seres humanos, pero en ese escenario los planes vitales de cada persona quedarían absolutamente a merced del consentimiento del resto (cualquier uso que quisiera hacer cualquier persona sobre cualquier recurso requeriría de la aprobación de todos los restantes copropietarios). Otra forma de lograrlo sería dividir todos los recursos naturales en paquetes con un valor de mercado equivalente y repartirlos entre cada individuo; sin embargo, esta solución tampoco es viable: primero, porque el valor de mercado de los recursos no es idéntico antes y después de repartirlos (el valor de los recursos depende de quién los utilice y de cómo los utilice); segundo, porque el valor de mercado de los recursos no es estable en el tiempo, de manera que cualquier reparto igualitario en un arbitrario momento equivaldría a un reparto desigualitario en otro arbitrario momento; y tercero, porque este principio exigiría redistribuir parte de las propiedades ya constituidas hacia las nuevas personas conforme éstas fueran naciendo, perjudicando los proyectos vitales de quienes optan por no tener hijos (o por tener menos hijos) en favor de quienes escogen tenerlos.

El segundo mecanismo —reparto en función de la utilidad— también es harto inconveniente. Todas las personas tenemos distintos fines a los que otorgamos diversos grados de importancia y que estructuran nuestros proyectos de vida, pero no es posible comparar y jerarquizar la importancia que distintas personas le otorgan a esos distintos fines (Rothbard, 1956). Algunos individuos pueden estar dispuestos a entregar incluso su vida por defender y promover unas determinadas creencias políticas o religiosas; en cambio, otros pueden otorgarle nula relevancia a tales creencias; asimismo, los hay que prefieren vivir vidas más cortas e intensas (deportes de riesgo, uso de sustancias psicotrópicas, promiscuidad, alimentación copiosa, etc.) frente a otros que prefieren vidas más prolongadas y previsibles. Si no nos es posible consensuar unánimemente qué fines son preferibles a cuáles otros, tampoco será posible asignar títulos de propiedad sobre los recursos en función de la prioridad de los fines insatisfechos de las personas: si lo hiciéramos, de hecho, les estaríamos imponiendo a unas personas el sometimiento a los proyectos vitales de otras personas en función de algún estándar arbitrario de valor.

Cabe, sin embargo, una tercera posibilidad para asignar derechos de propiedad: que los recursos que nadie está empleando pasen a integrar la propiedad de aquella persona (o de aquel grupo de personas) que los ocupa primero para utilizarlos dentro de sus proyectos vitales. *Finders, keepers* («quien lo encuentra, se lo queda»). El principio podría parecer tan arbitrario como los anteriores, pero dista de serlo: si un recurso natural no está siendo utilizado por nadie para satisfacer ninguno de sus fines personales, entonces por definición nadie está pisoteando el proyecto vital de nadie al *apropiarse* de él. Dicho de otra forma, otorgar el derecho de propiedad al primer ocupante es del todo compatible con la libertad personal: es, de hecho, la extensión lógica de este principio en lo relativo a nuestras interacciones con el entorno. Respetamos escrupulosamente los planes que emprende un individuo al no arrebatarle ninguno de los medios que haya adquirido pacíficamente y que esté utilizando para tales fines. Tal como señalaba Thomas Jefferson (1816):

> El derecho de propiedad se fundamenta en nuestros deseos naturales, en los medios con los que estamos dotados para satisfacer estos deseos y en el derecho a lo que adquirimos por esos medios sin violar los derechos similares de otros seres sensibles.

Y, en ese mismo sentido, James Madison (1792):

> Estrictamente, el término propiedad se refiere al «dominio que un individuo reclama y ejerce sobre los objetos del mundo exterior, excluyendo de éstos al resto de los individuos». De manera más general y apropiada, cabe considerar la propiedad como todo aquello a lo que el ser humano le confiere valor y a lo que tiene derecho, al tiempo que respeta ese mismo derecho para todos los demás.

A su vez, y como ya hemos destacado, el propietario también posee la potestad de transferir su propiedad a terceros. Por tanto, en la práctica, la propiedad no sólo se adquirirá por ocupación pacífica de aquellos recursos sin propietario previo, sino también por la transferencia del título de propiedad efectuada por el propietario en favor de terceros (donación o venta). Y entre esos terceros a los que se les puede transferir la propiedad por donación o por venta también se incluyen sus herederos, esto es, aquellas personas a las que el propietario decide transferirles su propiedad (en ocasiones, subordinada a determinadas condiciones) una vez que él haya fallecido. Aun cuando cabría defender desde posiciones liberales que no existen herederos naturales (esto es, personas que tengan un derecho prioritario a las propiedades del causante en aquellos casos en los que éste no hubiese expresado explícitamente su voluntad de transferirles su propiedad: por ejemplo, sus descendientes), desde luego lo que no cabe defender desde posiciones liberales es que el propietario no posea el derecho absoluto a transmitir testamentariamente sus propiedades a quienes él designe como herederos:

> Si todo el mundo posee un derecho absoluto a la propiedad privada, todo el mundo posee el derecho a intercambiar sus propiedades por otras y también el derecho a donar sus propiedades a cualquier persona que escoja (siempre que el receptor esté de acuerdo con ello, claro); y, por tanto, el derecho a entregar en herencia, así como el derecho del beneficiario a recibir en herencia (Rothbard, 1971).

La vinculación entre la libertad personal y el derecho de propiedad es tan estrecha que algunos pensadores liberales han llegado al extremo de denominar «derecho de autopropiedad» a la libertad personal: «Libertad es igual a propiedad, de manera que la tesis liberal es realmente que el único derecho fundamental que existe es nuestro derecho de propiedad sobre nuestras personas» (Narveson, 1988 [2001]: 66). Dejando de lado la conveniencia o no de denominar «derecho de autopropiedad» a la libertad, la idea básica que estructura el pensamiento liberal es que el derecho individual a la no interferencia se extiende no sólo sobre el cuerpo de cada persona sino sobre aquellos recursos naturales que cada individuo utilice para alcanzar sus proyectos vitales. Sin un derecho de propiedad compatible con la ocupación pacífica de los recursos naturales, el derecho individual a la libertad quedaría vaciado de contenido: formalmente tendríamos derecho a desarrollar nuestros proyectos vitales, pero materialmente ese derecho no podría encontrar expresión real. Nuestro espacio moral propio sería, a todos los efectos, eliminado. El derecho de propiedad, por tanto, es sólo la extensión del derecho de libertad a perseguir nuestros propios proyectos vitales sin interferencia de terceros. El propio John Locke explicaba el origen de la propiedad justamente en estos términos; cuando el ser humano mezcla su trabajo con los recursos naturales (es decir, les da un uso), éstos se convierten en su propiedad:

> Cada hombre es propietario sobre su propia persona; eso es algo sobre lo que nadie más tiene derecho. En este sentido, cabría decir que el trabajo de su cuerpo y el producto de sus manos son estrictamente de *su* propiedad: cuando una persona toma algo del estado en el que la naturaleza lo ha dejado y mezcla su trabajo con ello, lo convierte también en su propiedad por cuanto está uniendo a la naturaleza algo que es suyo (Locke, 1689b: §27).

También, en este mismo sentido, el filósofo inglés Auberon Herbert:

> Afirmamos que el individuo no es sólo dueño de sus facultades personales, sino también de su propiedad: porque la propiedad es directa o indirectamente un producto de sus facultades personales, inseparable de ellas, y por tanto ha de gozar del mismo estatus moral, y ser regulado por las mismas normas morales, que las facultades personales. [...] Sería del todo vano e ilusorio hablar de un individuo que es dueño de sí mismo y de sus facultades sin al mismo tiempo permitirle retener los derechos más completos y perfectos sobre sus propiedades lícitamente adquiridas (sin uso de la fuerza o el fraude) o heredadas de aquellos que las han adquirido lícitamente (Herbert, 1885 [1978]: 167).

El derecho de propiedad permite, pues, que cada propietario extraiga de los bienes el máximo valor posible en la realización de sus proyectos vitales: es decir, cada propietario tenderá a utilizar sus dominios del modo más diligente posible en la satisfacción de aquellos fines personales que le resultan más importantes. Por ello, a la hora de establecer derechos de propiedad, no es necesario que comparemos la importancia de los fines de distintas personas: basta con que sepamos que cada propietario utilizará sus dominios del modo en que él crea que está generando un mayor valor para su vida. Nótese que si, por el contrario, los no propietarios pudieran determinar cómo se utiliza la propiedad ajena, el resultado sería que ni habría un uso diligente del bien (las propiedades ajenas tenderían a sobreexplotarse dado que las pérdidas repercutirían sobre el propietario) ni ese bien se destinaría a generar el máximo valor posible para el propietario (normalmente se destinaría a generar el máximo valor posible para aquella persona legitimada a determinar cómo utilizarlo). Adaptando la famosa matriz de Milton Friedman (1980: 116) al caso general de la propiedad privada, podemos decir que otorgar al propietario la facultad plena de uso de su bien contribuye a maximizar tanto la diligencia con la que se emplea ese bien (ahorro, responsabilidad, economización, sostenibilidad, etc.) como el valor que proporciona a sus propietarios:

	... en tu interés	**... en el interés de otro**
Si utilizas tu propiedad...	Uso diligente. Máximo valor para ti.	Uso diligente. No máximo valor para ti.
Si utilizas la propiedad de otro...	Uso no diligente. Máximo valor para ti.	Uso no diligente. No máximo valor para ti.

Así pues, el marco jurídico que atribuya derechos de propiedad a través de su ocupación pacífica y de su transferencia voluntaria maximizará la diligencia y el valor que los individuos que componen una sociedad pueden extraer de la totalidad de los recursos físicos existentes (Hoppe, 1993 [2006]: 376-377). Lo anterior no significa, empero, que toda propiedad privada que no esté controlada exclusivamente por un solo individuo esté abocada al uso irresponsable y destructor de valor; es decir, lo anterior no significa que la propiedad privada grupal sea disfuncional.

El origen de la propiedad privada comunal

A este último respecto, comencemos constatando que la propiedad sobre un bien puede haber emergido de manera grupal: un bien puede haber sido ocupado pacíficamente por un grupo entero (por ejemplo, una parcela de tierra puede haber sido ocupada por una familia o por un clan entero, y no por individuos aislados) o un grupo puede haber adquirido la propiedad conjunta sobre un bien mediante transferencia (por ejemplo, algunas personas pueden haber cedido sus bienes a una comunidad religiosa). En tales casos, el derecho de propiedad privada lo ejercerá mancomunadamente todo el grupo, no personas a título individual: pero nótese que esta propiedad comunal (o copropiedad) seguirá siendo un tipo más de propiedad *privada*. En palabras de Margaret McKean (2000: 30-36): «Los regímenes de propiedad comunal son un sistema de derechos de propiedad en los que los usuarios de un recurso comparten derechos y obligaciones sobre ese recurso. [...] La propiedad comunal es propiedad privada compartida». Es decir, propiedad privada comunal no equivale a que todo el mundo posea el derecho a utilizar un determinado bien, sino a que son los miembros de un grupo quienes tienen el derecho a utilizar en exclusiva un determinado bien (frente a otras personas que no formen parte de ese grupo).

Es verdad que la propiedad privada comunal puede entrañar problemas de coordinación entre los diversos copropietarios: si ninguno de ellos asume la responsabilidad de conservar el bien en un estado adecuado (gestión diligente) y, por el contrario, todos tratan de instrumentalizarlo en sus propios intereses cortoplacistas (maximización individual del valor), entonces es cierto que el bien puede terminar deteriorándose. Por ejemplo, una tierra de labranza donde las cosechas se repartan igualitariamente entre sus copropietarios con independencia del esfuerzo que hayan dedicado a generarlas será un régimen de copropiedad que tenderá a volver la tierra improductiva: todos minimizarán su esfuerzo laboral conscientes de que obtendrán el mismo resultado final en función de su cotitularidad sobre la tierra. Es lo que se conoce como «tragedia de los comunes» (Hardin, 1968): si los costes son comunes pero los beneficios son individuales o si los costes son individuales pero los beneficios comunes, tenderemos o a maximizar los costes (incrementar al máximo los costes comunes para, a su vez, incrementar al máximo el beneficio que recibo individualmente) o a minimizar los beneficios (reducir al mínimo el coste que asumo personalmente aun a costa de minimizar los beneficios comunes). La tragedia es fácilmente ilustrable con dos simples ejemplos. Primero, supongamos que 100 personas acuden a un restaurante y acuerdan dividir por barba el pago de la cuenta final: lo más probable es que (casi) todos los comensales incrementen sus comandas ante la posibilidad de trasladar ese coste al resto de los comensales (como los costes son comunes y los beneficios individuales, los beneficios individuales tienden a maximizarse aun maximizando el coste común). Segundo, supongamos que un profesor anuncia a sus 100 alumnos que impondrá a todos la misma calificación y que ésta coincidirá con la nota media de la clase: lo más probable es que (casi) todos los estudiantes dejen de estudiar ante la expectativa de recibir una calificación que dependerá de los logros ajenos (como los costes son individuales y los beneficios comunes, los costes individuales tienden a minimizarse aun minimizando el beneficio común).

Pero la tragedia de los comunes no es una inevitabilidad a la que esté sometida toda propiedad privada comunal. Si los copropietarios se organizan *internamente* para coordinarse de manera adecuada, sobreponiéndose a los incentivos perversos que puede generar la propiedad privada comunal, ésta puede ser enormemente funcional. La premio Nobel de Economía Elinor Ostrom (1990: 90) descubrió que las propiedades privadas comunales podían funcionar correctamente si respetaban siete principios: 1) definición clara de qué personas pueden utilizar el bien y hasta qué punto pueden usarlo; 2) congruencia entre los criterios de aprovechamiento del bien y la propia naturaleza del bien; 3) aprobación colectiva de las normas internas que regulan el aprovechamiento del bien; 4) supervisión directa del grado de cumplimiento de las normas internas; 5) sanciones graduadas en caso de incumplimiento; 6) mecanismos baratos de resolución de conflictos entre los copropietarios, y 7) autonomía organizativa frente a sujetos externos a la copropiedad. En otras palabras, no toda copropiedad está condenada al fracaso si estas reglas se aplican a su gobernanza interna.

De hecho, en determinadas situaciones, la propiedad privada comunal tenderá a ser bastante más prevalente y eficiente que la propiedad privada individual: en concreto, cuando el bien sea funcionalmente indivisible (por ejemplo, un alcantarillado); cuando los costes de gestión y coordinación de propiedades individuales separadas sean muy superiores a los de una propiedad comunal integrada (por ejemplo, varias pequeñas empresas podrían fusionarse en una sola para minorar sus costes de administración); cuando las acciones individuales sobre una propiedad generen múltiples daños o beneficios sobre otras propiedades que resulten muy costosas de evitar o de fomentar de manera descentralizada (sería el típico caso de las externalidades positivas o negativas dentro de los ecosistemas, en los que todos los elementos están fuertemente interrelacionados); o cuando haya una enorme incertidumbre y aleatoriedad productiva entre varios bienes que aconsejen su tenencia en común para mutualizar el riesgo de sus propietarios (por ejemplo, si la cosecha de cuatro parcelas contiguas de tierra es completamente aleatoria e independiente entre sí, entonces podría interesar a los cuatro propietarios devenir copropietarios para minimizar el riesgo de quedarse sin cosecha). En todos esos supuestos, la propiedad privada comunal puede ser un instrumento más adecuado para satisfacer los objetivos vitales de los individuos que diversas propiedades privadas individuales y parceladas: por ejemplo, la administración de los espacios públicos de una ciudad o la protección del medio ambiente suelen requerir de estructuras de copropiedad privada en las que todas las personas se corresponsabilicen de los efectos que sus acciones generan sobre los demás.

En suma, el liberalismo no tiene nada en contra de la propiedad comunal siempre que ésta haya surgido pacíficamente y de un modo voluntario entre sus titulares. El propietario, o *los propietarios*, son soberanos sobre sus bienes para destinarlos a satisfacer sus propios proyectos vitales en las condiciones que ellos mismos consideren adecuadas.

La extinción del derecho de propiedad

Ahora bien, a tenor de lo expuesto hasta el momento, podría plantearse la cuestión de si el derecho de propiedad desaparece tan pronto como dejamos de utilizar un determinado bien: a la postre, si el derecho de propiedad ha de garantizarnos la no interferencia ajena sobre aquellos medios que utilizamos para satisfacer nuestros proyectos vitales, cabría pensar que al dejar de utilizar un bien se extingue nuestro derecho de propiedad sobre él, permitiendo entonces que otras personas los empleen en sus fines particulares. Algunos pensadores liberales (o afines al liberalismo) han sostenido, de hecho, que los recursos naturales como la tierra no son susceptibles de apropiación definitiva: sólo puede ser ocupada por aquellos que la utilicen y mientras la utilicen. Por ejemplo, de acuerdo con Henry George (1871: 35-36):

> No tenemos ningún derecho a vender las tierras a excepción de a los ocupantes efectivos. [...] Y a los ocupantes efectivos debemos dárselas, no vendérselas. No tenemos ningún derecho a interponernos entre el hombre que quiere usar la tierra y la tierra que no está siendo usada, reclamándole el pago de un precio para darle permiso a aprovecharse de la generosidad de su Creador.

Sin embargo, el derecho de propiedad va más allá del mero derecho de posesión. Los proyectos vitales de una persona son muy potencialmente variados y no se limitan a la utilización efectiva de un recurso. De hecho, existen muchas formas diversas de utilizar «efectivamente» un recurso para satisfacer los proyectos vitales de una persona: el mero hecho de sentirse dueño de un bien y, por tanto, de poder disponer de él cuando así se desee —por ejemplo, con respecto al cuadro de un pintor famoso, al libro que nos regaló nuestra pareja, a unas tierras que trabajaron nuestros abuelos o a una suma de dinero ahorrada que nos proporciona seguridad frente a la incertidumbre—, puede bastarle a un individuo para satisfacer sus necesidades sin necesidad de que tenga que estar empleándolo activamente de algún modo exteriorizable. Asimismo, la renta que acaso nos proporcione un bien también constituye otra forma de utilizarlo: en concreto, de utilizar sus frutos para satisfacer nuestros fines personales. Por ello, limitar el reconocimiento de la propiedad sólo a la utilización efectiva, activa y directa de los bienes sería una forma de limitar el espectro de fines humanos que está permitido satisfacer a partir de los recursos que nos rodean. De ahí que el liberalismo abrace una concepción amplia y reforzada del derecho de propiedad: la inviolabilidad de la propiedad equivale a la inviolabilidad de los muy diversos proyectos vitales de una persona.

Lo anterior no significa, empero, que un propietario no pueda renunciar a su derecho de propiedad: del mismo modo que el propietario puede transmitir todos sus derechos a un tercero, también puede renunciar a ellos. Los bienes que eran propiedad de una persona y que han sido abandonados se conocen como *res derelicta*, y son susceptibles de nueva apropiación pacífica por parte de un nuevo primer ocupante. Ahora bien, en la medida en que la renuncia al derecho de propiedad no tiene por qué hacerse de manera expresa —es decir, cabe la posibilidad de renunciar tácitamente al derecho de propiedad: basta con abandonar la cosa sin voluntad de seguir siendo dueño—, en la práctica puede resultar complicado diferenciar un bien al que no se le esté dando un uso visible pero que el propietario sigue considerando suyo y una *res derelicta* (por ejemplo, si encontramos una casa vacía, ¿es una casa con dueño pero no ocupada o una casa abandonada?). Para remediar este tipo de ambigüedades, las distintas comunidades políticas deberían instituir presunciones jurídicas dirigidas a clarificar socialmente estas situaciones. A esas presunciones se las ha conocido tradicionalmente como «usucapión»: es decir, el derecho de una persona a devenir propietaria de un bien cuando accedió a su posesión de buena fe (sin saber que carecía de justo título para ello) y después de haber mantenido públicamente esa posesión durante largos períodos. En esos casos, la comunidad política puede entender que el antiguo propietario abandonó el bien y que, por ende, el ocupante pacífico, público y continuado se ha convertido en nuevo propietario (es decir, si el antiguo propietario no ha *protestado* durante mucho tiempo contra la apropiación que otra persona estaba realizando de «su» bien, se entiende que es porque ha renunciado a ese bien). Por supuesto, otro tipo de normas podrían ser válidas para regular el derecho de nueva ocupación sobre las *res derelictae* o las presuntas *res derelictae*, pero el punto crucial es que sí cabe la renuncia a la propiedad (también la renuncia tácita) y en tal caso será posible su reocupación constitutiva de un nuevo derecho de propiedad.

Ahora bien, que la institución de la usucapión sea compatible con una defensa reforzada del derecho de propiedad no significa que cualquier configuración de la usucapión lo sea. En particular, la usucapión no debería convertirse en un salvoconducto para legitimar el robo de propiedades: es decir, no parece que el liberalismo pueda compatibilizarse con la usucapión por parte de un ladrón sobre la propiedad que ha robado, o incluso de propiedades transferidas a terceros que eran conscientes de su origen delictuoso. Para que la usucapión pueda consolidarse sin atacar el fundamento del derecho de propiedad, ha de concurrir, como decíamos, el requisito de posesión de buena fe y el de ausencia de violencia hacia los antiguos propietarios para que éstos puedan ejercer pacíficamente su derecho a reclamar la cosa ocupada. Cualquier otra configuración de la usucapión —aun en nombre de la «seguridad jurídica»— atentaría de lleno contra el derecho de propiedad.

Las limitaciones del derecho de propiedad

En definitiva, el liberalismo propugna un derecho de propiedad amplio y completo sobre los bienes: un derecho al que su propietario puede renunciar pero que no prescribe por el mero hecho de dejar de utilizar materialmente un bien. Esta concepción amplia y completa del derecho de propiedad es compatible, eso sí, con que pueda estar expuesto a alguna limitación. Históricamente, dentro del liberalismo se han planteado tres posibles limitaciones al derecho de propiedad (limitaciones que si bien no todos los liberales comparten, sí podrían llegar a ser coherentes con un orden político liberal): la primera es una limitación relativa a las condiciones de adquisición del derecho de propiedad; la segunda es una limitación relativa al uso del derecho de propiedad; y la tercera es una limitación relativa al régimen de protección del derecho de propiedad.

En cuanto al primer tipo de limitación, la limitación relacionada con la *adquisición* de la propiedad: como hemos visto, la constitución de cualquier derecho de propiedad implica la atribución de muy diversos derechos al propietario (derecho de uso, de exclusión, de renta, etc.) y, de manera correlativa, la *imposición* de simétricos deberes hacia los no propietarios (deber de respetar el uso, la exclusión, la renta, etc., del propietario). Esta imposición *unilateral* de deberes sobre terceros es moralmente problemática, dado que un sujeto (el propietario) únicamente adquiere derechos mientras que otros (los no propietarios) sólo sufren el gravamen de soportar deberes. La situación difiere del establecimiento del derecho de libertad: en este caso, una persona carga con el deber de respetar los proyectos de vida ajenos porque, a su vez, disfruta del derecho de que los demás respeten sus proyectos de vida propios (existe, pues, reciprocidad). Con el derecho de propiedad, esta simetría jurídica (respeto tu propiedad para que tú respetes la mía) sólo se da *entre propietarios*, pero no entre propietarios y *no propietarios*. Y en la medida en que no todos sean propietarios de los mismos recursos, cabría argumentar que los propietarios deberán compensar a los no propietarios por imponerles una obligación unilateral sin su consentimiento. El primer liberal que habló sobre esta limitación adquisitiva de los derechos de propiedad fue el propio John Locke, de ahí que tradicionalmente se la haya conocido como el proviso de Locke:

> Cuando una persona extrae una cosa del estado de naturaleza y le incorpora su trabajo, esa cosa deja de ser propiedad común del resto de hombres (y pasa a ser propiedad de esa persona): y es que el trabajo que ha sido incorporado es propiedad incuestionable de esa persona, de modo que nadie más puede tener ya derecho a esa cosa: *al menos no allí donde queden suficientes otros bienes, y de igual calidad, para el resto de personas* (Locke 1689b, §27) [énfasis añadido].

Es decir, aquellos propietarios que se hayan apropiado de la totalidad de los recursos naturales, y no dejen ninguna *res nullius* susceptible de ser ulteriormente apropiada por el resto de las personas, deberían compensar a aquellos no propietarios que ya no pueden devenir propietarios y que, sin embargo, sí cargan con la obligación de respetar el derecho de propiedad de los primeros.

El proviso de Locke es una condición cuestionable, sobre todo por lo que se refiere a sus implicaciones más radicales. De entrada, cabría argumentar que los derechos del propietario y del no propietario sí son simétricos: si la propiedad es parte de los proyectos vitales de una persona, lo que estaría respetando el no propietario no es específicamente el derecho de propiedad del propietario sino sus proyectos vitales (dentro de los cuales se incluye el disfrute pacífico de sus propiedades), del mismo modo que el propietario respeta simétricamente los proyectos vitales del no propietario. A su vez, que algunas personas no hayan invertido su tiempo y su esfuerzo en ocupar pacíficamente *res nullius* o en adquirir propiedades mediante transferencias voluntarias, tampoco significa que no exista simetría de derechos y deberes en su cualidad de *potenciales* propietarias (si realizas acciones conducentes a devenir propietario, devienes propietario y tu derecho de propiedad es respetado por el resto). Y, finalmente, podría afirmarse que cuando el propietario de un bien económico lo utiliza productivamente e incrementa su disponibilidad efectiva para el resto de las personas (por ejemplo, aumentando su oferta para venderlo), *ya está* compensando a los no propietarios en forma de incrementar la disponibilidad de los medios materiales a su alcance (Schmidtz, 1994).

Aun así, el proviso de Locke sí podría ser relevante para, por ejemplo, establecer límites a la apropiación monopolística de un recurso natural con el propósito de excluir su oferta del mercado (Nozick, 1974: 178-182): si alguien se quedara con la totalidad de un recurso natural insustituible y quisiera privar de su acceso al resto de la sociedad, el proviso de Locke podría requerir que compensara al resto de los individuos o, cuando menos, que sus potestades como propietario quedaran limitadas (por ejemplo, que no pudiera exigir cualquier precio).

Asimismo, el proviso de Locke también podría ser relevante para justificar dentro del pensamiento liberal algunas transferencias de renta hacia aquellos individuos que carecen de todo recurso material y que, además, son incapaces de obtenerlos dentro de un determinado orden social en el que los derechos de propiedad ya se hallan completamente establecidos (Feser, 2007: 128-131). Desde este punto de vista, si la existencia material de una persona se halla en peligro debido a su incapacidad para acceder a recursos físicos (ya sea por ocupación pacífica o por transferencia de un tercer propietario) en un mundo donde todos esos recursos ya han sido objeto de apropiación, entonces esa persona debería ser compensada para que pueda exigírsele el respeto a los derechos de propiedad ajenos. Nótese que no hablamos de personas que adopten una actitud pasiva ante la adquisición de propiedad (por ejemplo, personas que pudiendo trabajar se nieguen a hacerlo), sino de individuos que, aun estando dispuestos a emprender cualquier curso de acción, son incapaces de acceder a ninguna propiedad dentro de un orden político con derechos de propiedad ya consolidados. En palabras de Loren Lomasky (2000): «La reciprocidad también exige que sólo pueda obligarse a aquellos individuos que se encuentren al borde de la subsistencia a respetar los derechos de otro si simultáneamente se les asegura una cantidad suficiente de bienes materiales».

En cuanto al segundo tipo de limitación, la limitación relacionada con el *uso* de la propidad privada: resulta bastante evidente —y ni siquiera debería ser necesario explicitarlo— que los agentes no deben utilizar su propiedad privada en formas que interfieran sobre la libertad de acción o sobre los dominios de otras personas. Por ejemplo, un individuo no debe lanzar su cuchillo sobre el cuerpo de otro individuo; o, asimismo, un individuo no debe tirar una piedra contra la casa de otro individuo. Ahora bien, existen formas de utilizar la propiedad que, si bien no suponen una interferencia activa sobre la libertad de acción o sobre la hacienda de otra persona, sí pueden suponer una interferencia no invasiva. Por ejemplo, imaginemos que un individuo se apropia de un trozo de tierra en el que instala su vivienda pero no de todas las parcelas de alrededor; posteriormente, otra persona se apropia de todas las parcelas a su alrededor y, a todos los efectos, sitia/encarcela al primer individuo dentro de su trozo de tierra (impidiéndole la salida a través de sus propiedades); incluso podríamos considerar el caso de que el segundo individuo construya murallas tan altas que dificulten la entrada de luz solar y, consecuentemente, la subsistencia dentro del terreno sitiado. En este supuesto imaginario, no ha habido una invasión como tal de la libertad de acción o de la propiedad privada de ninguna persona, pero sí se han suprimido prácticamente todas sus opciones de interacción con su entorno a través del uso no invasivo pero sí inhabilitante que se efectúa de la propiedad privada. En tales casos, algunos autores liberales han planteado la existencia de un proviso antiinhabilitación (Mack, 1995), por el que se limite la posibilidad de utilizar la propiedad privada de maneras que anulen grave y permanentemente la libertad de acción de otras personas. Es decir, si todos los propietarios con los que una persona puede interactuar se coaligan para aislarla y anular sus posibilidades de interrelación con su entorno material, entonces esa persona podría adquirir el derecho a interactuar con esas propiedades de formas no directamente autorizadas por sus propietarios (por ejemplo, autorizando el paso a través de ellas o impidiendo construir hasta alturas tan elevadas que anulen la capacidad interactiva del sujeto con su entorno).

Y, por último, en cuanto al tercer tipo de limitación, es decir, la limitación relacionada con el régimen de protección de la propiedad privada: recordemos que el derecho de propiedad confiere al propietario un poder absoluto sobre sus dominios para que pueda destinarlos a satisfacer aquellos de sus proyectos vitales que juzgue más importantes. Ese poder absoluto sobre el bien implica, como hemos visto, el derecho de excluir (o *privar*) de utilizarlo a todo aquel que no sea propietario: es decir, el dueño de una vivienda puede negarse a que otro entre en su casa; el dueño de una manzana puede rechazar que sea otro quien se la coma; el dueño de una empresa puede oponerse a que otro la gestione, etc. En cierto modo, pues, la propiedad privada va necesariamente unida a la potestad de excluir a los no propietarios: esa capacidad de exclusión es la garantía más reforzada que existe en defensa del derecho de propiedad. Ahora bien, hay una forma alternativa —menos reforzada, eso sí— de proteger la propiedad: como ya estudiamos al comienzo de este capítulo, el propietario también tiene derecho a recibir una indemnización por parte de aquellos no propietarios que dañen el bien; es decir, si un individuo utiliza, o incluso se apropia, de un bien que no es suyo en contra de la voluntad del propietario y, en consecuencia, el propietario ve lesionado su derecho de propiedad, ese individuo deberá indemnizar al propietario (Calabresi y Melamed, 1972).

Nótese que no es lo mismo confiscar un bien sin indemnizar al propietario (o indemnizándolo mínimamente) que expropiarlo a cambio de una indemnización que incluso el propietario pueda considerar más valiosa que el bien expropiado: en el primer caso, el propietario sale netamente perdiendo en el sentido de que los planes vitales que puede alcanzar tras semejante sustracción se ven menoscabados; en el segundo, el propietario podría incluso salir netamente ganando, puesto que, como decimos, la indemnización recibida podría habilitarle a perseguir fines vitales que juzgue más valiosos que los fines vitales que alternativamente podía satisfacer reteniendo el bien expropiado.

Ahora bien, ¿por qué rebajar el grado de protección de la propiedad privada, cuando si un propietario valora menos su propiedad que el dinero que le ofrecen a cambio de ella, siempre puede optar por venderla? En efecto, en términos generales, no tiene ningún sentido anular el derecho de exclusión y sustituirlo por el derecho de indemnización: si un propietario valora más la indemnización que se le puede pagar a cambio de su propiedad que la propia propiedad, la venderá voluntariamente. Gracias al derecho de exclusión, de hecho, podemos garantizar que sólo tendrán lugar aquellas transferencias de propiedad que resulten beneficiosas para el propietario: algo que no podemos garantizar con el derecho a la indemnización (si el propietario es obligado a desprenderse de un bien a cambio de una indemnización prefijada, puede darse el caso de que valore más el bien que la indemnización). Normalmente, pues, el derecho de exclusión permite proteger los intereses del propietario mejor que el de indemnización:

existe, sin embargo, una posible excepción a este principio y es el caso de lo que económicamente se denominan «bienes públicos».

Los bienes públicos son aquellos bienes no rivales (pueden ser usados por una pluralidad de personas a la vez) en los que no cabe excluir a los distintos usuarios. Por ejemplo, si se lanzan unos fuegos artificiales, el espectáculo pirotécnico podrá ser contemplado simultáneamente por muchas personas (que haya más gente contemplándolo no reduce las posibilidades de otros individuos de hacer lo propio) y, a su vez, no resultará factible impedir que quienes no costeen su coste disfruten de los fuegos (aunque se negaran a pagar, no se les podría impedir que los vieran). Esta doble característica de los bienes públicos (no rivalidad y no excluibilidad) puede inducir a los individuos a comportarse de forma oportunista: si uno se va a beneficiar del bien público con independencia de que contribuya a costearlo o no, ¿qué incentivo existe para pagar por él? Esas personas oportunistas se denominan *free-riders* o, más sencillamente, gorrones. Conviene remarcar que el gorrón no es una persona que rechace la provisión del bien público porque valore más su dinero que el bien público como tal: al contrario, es una persona que valora más los servicios que le ofrece el bien público que su coste, pero aun así prefiere tratar de escaquearse de pagarlo porque piensa que, aun sin su participación, el bien público se va a terminar produciendo y, por tanto, él podrá beneficiarse de éste sin haber desembolsado nada (Buchanan, 1975 [2000]: 39-41).

En muchos contextos, la existencia de gorrones no es particularmente problemática: si una confesión religiosa construye un templo arquitectónicamente impresionante, no sólo los feligreses disfrutarán de él, sino todo el que pase cerca; si un músico compone una melodía bellísima que puede ser interpretada por cualquier otro músico, no sólo el propio compositor disfrutará con ella, sino cualquiera que la interprete; si una persona se perfuma con una buena colonia, no sólo ella, sino todos a su alrededor, disfrutarán del aroma. Es decir, en ocasiones la existencia de gorrones no frustra la provisión del bien público. Pero, en otras ocasiones, la existencia de gorrones sí puede llegar a frustrar la provisión del bien público, generando perjuicios para los propios gorrones: si todos desean el bien pero —por distintas razones, como los altos costes para coordinarse— son incapaces de alcanzar un compromiso creíble de que todos van a contribuir a financiarlo, entonces una protección del derecho de propiedad privada basada únicamente en el derecho de exclusión podría ser disfuncional y contraproducente para esos mismos individuos (pues se quedarían sin el bien público que todos ellos desean). En tales casos, reducir el grado de protección de la propiedad privada a la indemnización contra daños podría contribuir a ampliar la cantidad y la calidad de planes vitales que pueden alcanzar las personas: es decir, si se les «expropia» una cantidad de dinero pero se les indemniza con la prestación de unos servicios que valoran más que esa cantidad de dinero (y a los que no habrían podido acceder sin esa «expropiación»), entonces la relajación de los términos de protección de la propiedad privada *en ese supuesto concreto* podría terminar beneficiándoles:

> Puede existir justicia en las transacciones forzosas siempre que el sujeto sometido a coacción esté mejor después de la coacción que antes de ella. Con esto no intento defender una visión rousseauniana de las normas según la cual se pueda forzar a los individuos a ser libres, dado que la transacción forzosa no está pensada para alterar o anular un determinado esquema de preferencias individuales. La transacción forzosa sólo pretende que los individuos alcancen niveles mayores de utilidad (si bien a costa de niveles menores de libertad) de los que podrían alcanzar mediante transacciones meramente voluntarias debido al conocido problema de coordinación en la provisión de bienes públicos (Epstein, 2005).

Como es obvio, el problema de relajar la protección de los derechos de propiedad para justificar una contribución forzosa a la financiación de los bienes públicos es que no tenemos la información necesaria como para saber qué personas se benefician (y por cuánto se benefician) de la provisión de un bien público. ¿Cómo saber si un individuo rechaza financiar un bien público porque realmente no lo valora suficientemente o tan sólo como una treta estratégica para disfrutar de él sin pagarlo? Por este motivo, y para evitar que se produzcan expropiaciones arbitrarias de las propiedades de los individuos, la limitación de la protección del derecho de propiedad por tales supuestos únicamente cabría justificarla desde una perspectiva liberal cuando los costes de transacción para coordinar voluntariamente a los sujetos implicados sean desproporcionadamente altos y cuando, además, los beneficios del bien público para el sujeto que sufre la expropiación sean incuestionablemente superiores a sus costes, de modo que no quepan dudas razonables de que su situación ha mejorado (Mack, 1986: 501-503; Epstein, 2005). Por ejemplo, ¿cabe financiar forzosamente un club de lectura? No lo parece porque, aun cuando los lectores interesados puedan salir claramente ganando de su actividad, es bastante asequible crearlo de manera voluntaria (los costes de transacción vinculados a todos los partícipes y de excluir a quienes no contribuyen son bajos). Asimismo, ¿cabe financiar forzosamente unos fuegos artificiales? No lo parece porque, aun cuando los costes de transacción de sufragarlos voluntariamente entre todos los potenciales beneficiarios sean elevados, desconocemos quién los valora suficientemente y, por tanto, fijar una contribución forzosa sobre una pluralidad de ciudadanos llevaría a que algunas personas los pagaran sin realmente desearlos (es decir, se trataría de una expropiación de dinero sin una indemnización suficientemente valiosa: de una confiscación).

En cambio, ¿cabe financiar forzosamente un servicio de alcantarillado para un conjunto de viviendas? Si su coste no es desproporcionado en relación con los beneficios que previsiblemente proporcionará a los vecinos y si, además, no existen alternativas de tipo voluntario (por ejemplo, podría darse el caso de que las diversas viviendas afectadas se hubiesen organizado previamente en régimen de copropiedad sobre el suelo, en cuyo caso correspondería a la administración de la copropiedad privada gestionar la construcción y financiación del alcantarillado), entonces podría optarse como último recurso por su financiación forzosa. Asimismo, y acaso más importante, ¿cabe financiar un ejército dirigido a proteger la vida, la libertad y las propiedades de los ciudadanos que habitan dentro de un territorio mediante contribuciones forzosas por parte de esos ciudadanos que claramente desean seguir viviendo en libertad y conservando sus propiedades? Si el coste del ejército no fuera desproporcionado en relación con los beneficios que previsiblemente proporcionará a los ciudadanos y si nadie conociera mejores alternativas calidad/coste para garantizar la seguridad, sí resultaría compatible con los principios liberales abogar en ese punto por una limitación parcial del régimen de protección del derecho de propiedad (financiación forzosa del ejército a cambio del valioso servicio de defensa). A la postre, si la defensa es un bien público, su no financiación con contribuciones forzosas implicaría que la defensa no sería provista en el volumen que desean los individuos beneficiados por ella, algo que podría socavar de raíz el orden político liberal que preserva las libertades de esas personas. Ahora bien, si la defensa (o el alcantarillado) no fuera un bien público, o si existieran alternativas individualizables para defenderse que resultaran tan eficaces como la defensa común, entonces no cabría defender, desde premisas liberales, la financiación obligatoria de la defensa (ni del alcantarillado), dado que estaríamos ante una limitación estéril del régimen de protección de la propiedad privada sin contrapartida beneficiosa alguna.

En definitiva, el liberalismo promueve una protección reforzada del derecho de propiedad mediante su ocupación pacífica o transferencia voluntaria debido a que, de esa manera, salvaguarda la integridad de los proyectos vitales de las personas. Protección reforzada no significa, empero, protección ilimitada, puesto que puede haber algunos supuestos excepcionales en los que ese grado de protección se reduzca en parte para, justamente, salvaguardar los proyectos vitales de las personas.

5

Autonomía contractual

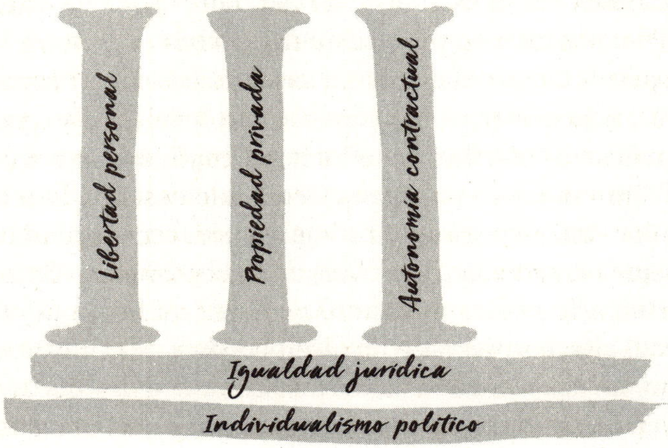

Principio 5: la libertad también comprende el derecho a obligarse en favor de terceros

Con el derecho de libertad personal y de propiedad privada, ya podemos configurar una primera esfera jurídica básica de no interferencia en los planes vitales de cualquier ser humano: cada individuo tiene el derecho de utilizar su propiedad en la búsqueda de sus propias metas existenciales sin verse sometido a la intromisión activa de otras personas. Ahora bien, si nos limitáramos a ello, los principios de libertad y de propiedad apenas permitirían sentar las bases de una sociedad de individuos que coexistieran pacíficamente pero sin relacionarse o interactuar entre sí. Sin embargo, para que un individuo alcance sus propios fines puede necesitar de la ayuda de otras personas, esto es, puede requerir de su *cooperación*. De hecho, la cooperación humana es una de las grandes razones con las que algunos liberales explican el origen de las sociedades. Por ejemplo, Ludwig von Mises arranca su libro *Liberalismo* (1927 [1985]: 18) con una frase contundente: «La sociedad humana es una asociación de personas que buscan cooperar».

Una forma en la que podríamos estructurar la cooperación es de manera espontánea y sin reglas: cada persona decidiría informalmente cuánto, cuándo y cómo quiere ayudar a otras personas. Pero, en tal caso, ninguna parte podría exigirle nada a su contraparte: uno prestaría ayuda haciendo uso de su libertad (no podría ser coaccionado a ayudar) y el otro recibiría la ayuda haciendo uso de su libertad (no podría ser coaccionado a recibir la ayuda). Tan pronto como alguno de ellos lo deseara, la cooperación podría interrumpirse sin ninguna consecuencia adicional: la cooperación arrancó por el mutuo consentimiento de las partes y terminaría por decisión unilateral de cualquiera de ellas.

Sucede que las personas también pueden querer estructurar los términos de su cooperación de manera reglada, de tal modo que una persona tenga derecho a exigirle a la otra la realización de algún tipo de acción (u omisión) en su favor. A la postre, en ausencia de esta exigibilidad, la cooperación resultaría en muchos casos demasiado frágil y poco previsible como para que alguna parte alcanzara sus propias metas: sin certeza de que, por ejemplo, un piloto de avión no abandonará la nave a mitad del vuelo, los pasajeros podrían negarse a embarcar; sin la certeza de que si se vende y entrega un bien a una persona, esa persona ha de pagar una determinada cantidad de dinero, muchas compraventas podrían no llegar a ejecutarse; sin la certeza de que un grupo de obreros no sólo comenzarán sino que terminarán de construir una vivienda, el promotor podría desistir de encomendarles tal obra, etc. En otras palabras: como las personas valoramos la certeza y la previsibilidad a la hora de cooperar con otros, especialmente en todas aquellas cooperaciones de trato continuado, cabe la posibilidad de que para determinados proyectos, deseemos establecer voluntariamente reglas entre las partes implicadas para ordenar los términos de semejante cooperación.

Los contratos

Pero, como hemos visto, la libertad personal veta que una persona le pueda imponer *unilateralmente* obligaciones a otra persona: reconocer a un individuo el derecho a imponerle unilateralmente obligaciones a otro sería tanto como negarle a este último el derecho a no ser interferido en el desarrollo de los propios planes de acción (sería una agresión contra su libertad). Recordemos que el liberalismo defiende los derechos individuales negativos frente a los derechos positivos y los derechos negativos suponen, entre otras implicaciones, que nadie puede ser forzado a hacer aquello que no desea hacer (esto es, que nadie puede ser *obligado* a hacer lo que no desea hacer). Ahora bien, que no podamos imponer unilateralmente obligaciones sobre terceros no significa que no podamos asumir *voluntariamente* obligaciones en favor de terceros: cualquier individuo, usando su libertad personal, puede comprometerse a dar, a hacer o a no hacer algo en favor de otra persona. Denominaremos libertad contractual o autonomía contractual al derecho que cualquier individuo tiene a obligarse (a través de un acuerdo contractual) en favor de un tercero; a su vez, la libertad contractual conllevará necesariamente la libertad de *no* contratar: la libertad de negarse a asumir obligaciones en favor de un tercero (pues nadie tiene derecho a imponer unilateralmente obligaciones sobre otra persona). Dicho de otra manera, la libertad contractual permitirá que cada individuo cree derechos positivos o negativos en favor de otros individuos: por tanto, el originario derecho negativo de libertad permitirá que las personas generen (de manera voluntaria) derechos positivos derivados. Por defecto, pues, cada persona carecerá originariamente de derechos positivos frente a otra (derecho de libertad como no interferencia), pero a través de contratos voluntarios una persona sí podrá adquirir de manera derivada derechos positivos (o derechos negativos adicionales) sobre otras.

A este último respecto, existen dos opciones. La primera es que un individuo asuma compromisos en favor de un tercero sin ningún tipo de contrapartida por parte de ese tercero: en tal caso, hablaremos de contratos unilaterales en los que sólo una persona se obliga a dar, hacer o no hacer algo en favor de otro individuo (por ejemplo, el propietario de un inmueble podría ceder gratuitamente su uso a una ONG durante cinco años sin ningún tipo de contraprestación). Pero, a su vez, también cabe una segunda posibilidad: que una persona se obligue en favor de otro individuo a cambio de que ese otro individuo se obligue recíprocamente en su favor: en ese supuesto, tendrá lugar un intercambio de obligaciones entre ambas partes, por lo que hablaremos de contrato bilateral. En los contratos bilaterales, ambas partes harán uso de su libertad contractual para *negociar* los términos de la cooperación (Bastiat, 1850 [1996]: 447): *do ut des* (te doy algo para que tú me des algo), *do ut facias* (te doy algo para que tú hagas algo), *facio ut des* (hago algo para que tú me des algo), *facio ut facias* (hago algo para que tú hagas algo), *do ut non facias* (te doy algo para que tú no hagas algo), *facio ut non facias* (hago algo para que tú no hagas algo), *non facio ut facias* (dejo de hacer algo para que tú hagas algo) y *non facio ut non facias* (dejo de hacer algo para que tú tampoco hagas algo). Por ejemplo, una persona puede obligarse a pintar la fachada de la casa de su vecino a cambio de que éste le entregue su televisor; o un estudiante puede obligarse a no abandonar la universidad a cambio de que sus padres le compren un automóvil; o una persona puede obligarse a no revelar información sobre otra persona a cambio de que ésta también se obligue a no revelar información sobre ella. Nótese, por cierto, que el derecho universal de libertad como no interferencia es un tipo muy básico de derecho *non facio ut non facias*: no interfiero activamente sobre ti a cambio de que tú no interfieras activamente sobre mí (un tipo básico que no agota todas las posibilidades de crear e intercambiar nuevos derechos negativos, aceptando restringir adicionalmente su libertad individual: por ejemplo, contractualmente dos personas pueden pactar que una de ellas no se atiborre de dulces a cambio de que la otra no se pase todas las noches mirando la televisión).

Evidentemente, que las dos partes dispongan de la misma libertad contractual —esto es, el mismo derecho a asumir o a no asumir obligaciones en favor de un tercero— no equivale a decir que ambas partes posean necesariamente el mismo poder de negociación. Si un individuo A tiene un interés muy elevado en obtener algo del individuo B, pero B no tiene ese mismo intenso interés en obtener algo de A, entonces B podrá exigirle una elevada contraprestación a A para aceptar cooperar con él (y si A posee tanto interés en cooperar con él, entonces estará dispuesto a otorgársela). Justamente porque B es libre de no obligarse con A (libertad de *no* contratar), B podrá condicionar su cooperación a los términos que considere oportuno (y A será libre de aceptar o no tales términos). Si se limitara el poder de negociación de B, necesariamente deberíamos limitar su libertad contractual: es decir, deberíamos limitar su libertad para *no obligarse* en favor de A: y, en tal caso, estaríamos creando un derecho positivo de A sobre B que restringiría el derecho de libertad de este último.

A su vez, y en contra de otras filosofías políticas de corte más paternalista, el liberalismo considera que el objeto de los contratos puede ser cualquiera que caiga dentro del ámbito de la libertad personal y de la propiedad privada de las partes contratantes. Es decir, si una persona en aislado es libre de hacer (o de no hacer) una acción, también es libre de obligarse contractualmente a hacer (o a no hacer) esa acción; a su vez, si una persona es propietaria de un bien, también tiene derecho a obligarse contractualmente a transmitir su propiedad. Por consiguiente, para el liberalismo, las personas tienen derecho a contratar acerca de cualquier cosa que ellas mismas tengan derecho a dar, hacer o no hacer por su cuenta (Brennan y Jaworski, 2015: 10-13). A contrario sensu, las personas no tendrán derecho a contratar sobre aquello que tampoco tienen derecho a hacer por su cuenta: por ejemplo, una persona no puede transferir contractualmente la propiedad sobre un bien que no le pertenece (esto es, algo que *no* tiene derecho a dar porque no es de su propiedad), como mucho podrá obligarse personalmente a transmitir en el futuro algo que *todavía* no le pertenece; a su vez, una persona tampoco puede obligarse contractualmente a hacer algo que socave la libertad de un tercero (esto es, algo que *no* tiene derecho a hacer por cuanto interfiere sobre la libertad ajena). En definitiva, la libertad contractual es sólo una manifestación más de la libertad personal y de la propiedad privada: y justamente por ello no debería ser reprimida. Respetar los planes de vida de las personas también requiere respetar su libertad contractual.

A este respecto, el jurista Albert Venn Dicey (1905 [1919]: 104-105) describía de este modo la visión predominante que el liberalismo tenía sobre la libertad contractual durante la época victoriana:

> Una vez admitimos que A, B o C pueden, en general, juzgar más acertadamente que otras personas cuál es su propio interés, la conclusión natural que seguir es que, en ausencia de fuerza o de fraude, A y B deberían ser libres de obligarse recíprocamente mediante cualquier acuerdo que decidan hacer: es decir, libres de obligarse recíprocamente para, de acuerdo con su punto de vista, promover su propio interés, es decir, su propia felicidad.
>
> En cierta medida, de hecho, un contrato entre A y B donde, por ejemplo, A acepte vender y B acepte comprar un caballo por 20 libras esterlinas constituye una limitación a la libertad de cada uno de ellos, dado que A se somete a la obligación jurídica de vender y B se somete a la obligación jurídica de pagar el precio del caballo; pero, analizando adecuadamente el asunto, se entiende fácilmente que la libertad contractual es una extensión de la capacidad de una persona de hacer lo que desee, es decir, de su libertad. Dado que tanto A como B disponen de plena libertad para no firmar el contrato, hemos de suponer que, en el momento de contratar, A prefiere tener 20 libras esterlinas al caballo y B prefiere tener el caballo antes que 20 libras esterlinas. Que la ley permita acuerdos de este tipo, y otros de mayor complejidad, sólo constituye una extensión de la capacidad de cada individuo para hacer lo que quiere.

Consentimiento explícito y tácito

Para que un contrato sea válido, evidentemente, las partes tienen que haber prestado voluntariamente su consentimiento a obligarse. Eso significa que los contratos suscritos mediante violencia o intimidación no son válidos, dado que el consentimiento otorgado no fue voluntario: esto es, no hubo una genuina voluntad de obligarse. ¿Y cómo cerciorarse de que una persona ha prestado su consentimiento a obligarse? El criterio general es exigir que ese consentimiento sea explícito: esto es, que cada parte exprese indubitadamente su deseo de asumir las obligaciones contenidas en el contrato. Por ejemplo, el jurista romano Gayo explicaba en su libro *Instituciones* (161 [1904]: III§92) cómo se formalizaban las obligaciones en el derecho romano a través del consentimiento explícito:

> Una obligación se genera verbalmente mediante preguntas y respuestas. Por ejemplo: «¿Aceptas solemnemente darme esto?»/«Acepto solemnemente dártelo». «¿Me darás esto?»/«Te lo daré.» «¿Me lo prometes?»/«Te lo prometo.» «¿Me das tu palabra?»/«Te doy mi palabra.» «¿Me lo garantizas?»/«Te lo garantizo.» «¿Harás esto?»/«Lo haré.»

Ser explícito en el otorgamiento del consentimiento facilita la verificación de que ese consentimiento ha existido. Si además verificamos que ese consentimiento explícito no estuvo viciado por violencia o amenazas, el consentimiento explícito será válido y constituyente de obligaciones contractuales. Sin embargo, la ausencia de consentimiento explícito no implica necesariamente que ese consentimiento no exista: el consentimiento podría otorgarse de manera tácita o implícita e igualmente ser válido en algunos casos. Por ejemplo, si en un restaurante el camarero coloca una cesta de pan en cada mesa e informa a los comensales de que si comen el pan se les cobrará una determinada cantidad de dinero, el hecho de que los comensales se coman el pan implica aceptar tácitamente pagar su precio; a su vez, si un individuo monta una fiesta y proclama antes de empezar que quienes acepten quedarse y disfrutar de ella deberán ayudar a limpiar cuando todo termine, quienes opten por unirse a la fiesta estarán consintiendo tácitamente en obligarse a limpiar.

Los contratos con consentimiento implícito, por consiguiente, pueden ser válidos a la hora de obligar a las personas. Sin embargo, no cualquier consentimiento tácito es necesariamente válido. Por ejemplo, por el hecho de que un individuo se acerque a otro y le diga que «si pestañeas a lo largo de los próximos diez minutos, quedarás obligado a entregarme tu vivienda», no cabe entender que, meramente por pestañear, la otra persona ha otorgado el consentimiento de entregarle su casa. Para que el consentimiento implícito sea válido han de cumplirse determinadas condiciones: la primera, que la parte que otorga el consentimiento tácito sea consciente de que, al realizar una determinada acción, está consintiendo implícitamente obligarse; la segunda, que no exista disentimiento explícito, pues éste prevalece sobre el consentimiento implícito; y la tercera, que la otra parte no utilice, o amenace que va a utilizar, la violencia en caso de que se exprese explícitamente el disenso en obligarse (Huemer, 2013: 25-27).

En definitiva, una sociedad fundamentada sobre las relaciones contractuales —esto es, sobre relaciones explícita o implícitamente voluntarias— es una sociedad que estructura la cooperación humana en torno al respeto a la libertad individual; es decir, en torno al respeto al proyecto vital de cada persona. Ésa fue, de hecho, la razón última por la que el liberalismo abrazó desde un comienzo la idea de una sociedad basada en relaciones contractuales y no en la coacción. En palabras del liberal estadounidense William Graham Sumner (1883 [1974]: 24):

> Una sociedad basada en contratos es una sociedad de hombres libres e independientes, los cuales establecen lazos entre sí sin estar obligados a ello, y cooperan sin vergüenza ni intrigas de por medio. Por consiguiente, una sociedad basada en contratos proporciona el mayor de los espacios y la mayor de las oportunidades para el desarrollo individual, para la autosuficiencia y para la dignidad de los hombres libres. Esa sociedad de hombres libres, que cooperan mediante contratos, sería de lejos la sociedad más cohesionada que jamás haya podido existir.

6

Reparación del daño

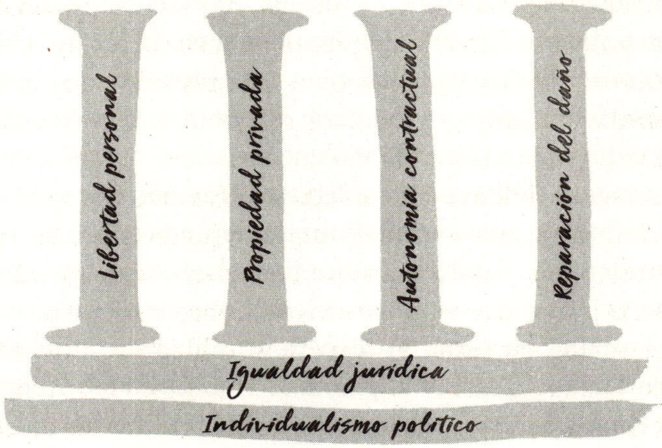

Principio 6: quien viola los derechos ajenos debe reparar el daño causado

La libertad personal, la propiedad privada y la autonomía contractual configuran un marco jurídico que permite regular las interacciones de dos o más personas, respetando igualitariamente el proyecto de vida de cada uno de ellos. Son, en consecuencia, los fundamentos sobre los que se asienta un orden político respetuoso con los planes de acción diferenciados de cada persona. Ahora bien, ¿qué sucede cuando una persona vulnera alguno de esos derechos? ¿Cuál debe ser la respuesta del orden político liberal ante esa conculcación de los derechos individuales, esto es, ante el *delito*?

Lo primero que ha de indicarse acaso resulte una obviedad pero no por ello debe dejar de constatarse: para el liberalismo, la violación de los derechos individuales *necesariamente* ha de dotar a la víctima de un derecho de sanción *(ius puniendi)* contra su agresor. Un orden político en el que la violación de derechos individuales no llevara aparejada ninguna sanción sería un orden político que, a todos los efectos, habría vaciado de contenido los derechos individuales y, por tanto, no se trataría de un orden político liberal. Por ejemplo, si una persona posee el derecho de propiedad privada sobre un automóvil pero se despenaliza el robo, entonces ese derecho de propiedad privada carece de cualquier trascendencia y protección social (despenalizar el robo es totalmente equivalente a proclamar que no existe derecho a la propiedad privada).

A su vez, también es necesario recalcar que ese derecho de sanción ha de recaer esencialmente (aunque no necesariamente de manera exclusiva) sobre la víctima: el derecho de sanción es la contrapartida de la violación de los derechos individuales. Nuevamente, si la violación de los derechos individuales no generara un derecho de sanción en favor de la víctima, ésta vería cómo sus derechos individuales son expropiados a todos los efectos: si la persona A es propietaria de un automóvil y después de que la persona B se lo robe es la persona C la que adquiere un derecho de sanción contra B, entonces A ha visto expropiados sus derechos en favor de C (y a través de las acciones de B).

Los elementos sustantivos del ius puniendi

Así las cosas, ¿en qué ha de consistir, *como mínimo*, el derecho de sanción que adquiere una persona cuando sus derechos son violados? En la *reparación* del daño que ha sufrido como consecuencia de esa violación: es decir, la víctima ha de poseer el derecho de obligar a su agresor a subsanar todos aquellos perjuicios que se deriven de sus acciones criminales (Barnett, 1998: 177-185).

La forma más elemental de reparación del daño es la restitución, a saber, regresar al *statu quo* material y jurídico previo a la conculcación de los derechos de una persona. Por ejemplo, si un individuo le sustrae una joya a su propietario, quedará obligado a devolvérsela en el mismo estado en el que se la arrebató. A su vez, si para ejecutar el robo ha tenido que romper una ventana, deberá reemplazársela por otra de igual calidad, esto es, también tendrá que responder por el daño emergente que haya generado. Y, a su vez, si la pérdida de disponibilidad de la joya le ha ocasionado a su propietario perjuicios económicos (verbigracia, ha perdido la oportunidad de enajenarla en buenas condiciones), también tendrá que responder por tal lucro cesante.

Sucede que, en muchas ocasiones, la restitución del *statu quo* previo a la vulneración de los derechos individuales no resulta materialmente posible: por ejemplo, con las lesiones corporales irreversibles o con la destrucción de bienes únicos. En tales casos, la reparación del daño causado deberá articularse por la vía alternativa de compensar a la víctima en función del daño sufrido: esto es, se trataría no de una restitución del *statu quo* material y jurídico sino de una restitución del bienestar previo al quebranto de los derechos individuales.

La compensación se articulará normalmente a través de dinero: la razón es que el dinero —en tanto medio de cambio generalmente aceptado dentro de una sociedad— es el instrumento con el cual pueden comprarse aquellos bienes que la víctima necesite para verse compensada en términos de bienestar. Por ejemplo, si una agresión le destroza las manos a un pianista, la compensación monetaria debería contemplar no sólo los gastos de su tratamiento médico, sino también todos los ingresos previsibles que dejará de cosechar en su profesión como consecuencia de tales lesiones, así como una compensación por los daños psicológicos que pueda sufrir al no poder volver a tocar adecuadamente el piano. La compensación podrá combinarse con la restitución en aquellos casos en los que no sea posible restituir plenamente, pero sí en parte, el *statu quo*: verbigracia, devolver la propiedad robada y, a su vez, indemnizar a la víctima por el daño psicológico experimentado.

En algunos casos, sin embargo, podría suceder que a la víctima no le sirviera ninguna compensación de tipo crematístico, sino que sólo pudiera resarcirse del daño sufrido infligiéndole un daño similar al criminal: una especie de ojo por ojo. El castigo contra el delincuente, siempre que se respeten los derechos de terceros inocentes (verbigracia, no cabe castigar a los hijos del delincuente si no han participado en la comisión del crimen), no es incompatible *per se* con un orden político liberal siempre que exista proporcionalidad entre el daño sufrido por la víctima y el daño infligido por el castigo al criminal. Sin embargo, tales castigos no monetarios probablemente serían residuales dentro de un orden político liberal por dos razones.

Primero, en la aplicación de todo *ius puniendi* siempre existe el riesgo de error (Barnett, 1998: 197-215), es decir, el riesgo de que se aplique el *ius puniendi* contra un inocente. Una persona a la que se haya castigado erróneamente es una víctima que, en consecuencia, adquiere un nuevo *ius puniendi* contra aquellos que la sancionaron erróneamente. Si la sanción erróneamente aplicada en un principio fue de tipo crematístico, reparar ese daño es relativamente sencillo: devolverle al condenado injustamente la suma de dinero que abonó como sanción (más los correspondientes intereses). En cambio, la reparación del daño derivado de castigos no crematísticos erróneamente aplicados es bastante más complicada: el injustamente condenado debería escoger entre una compensación crematística o aplicar castigos no monetarios a aquellos que lo sancionaron por error (un nuevo ojo por ojo). Dado que muchas víctimas querrán blindarse frente al riesgo de estar condenando a un inocente y de que éste en el futuro aplique castigos no monetarios contra ellas (por ejemplo, la persona A sufre un robo; la persona A castiga con 20 latigazos a la persona B por ser aparentemente el ladrón; más adelante, nuevas pruebas absuelven a la persona B, quien entonces puede castigar con al menos 20 latigazos a la persona A), cabe esperar que en un orden político liberal exista una preferencia fuerte por las sanciones crematísticas.

Segundo, la ejecución de algunos castigos comporta un coste monetario extraordinariamente elevado y, en tal caso, surge la duda razonable de quién debería cargar con ese coste: si el delincuente cuenta con un patrimonio propio (o puede contar con él trabajando), el coste de la ejecución del castigo puede recaer sobre él (si bien las sumas abonadas en ese concepto disminuyen la compensación crematística que alternativamente podría reclamarle la víctima); si, en cambio, el delincuente no cuenta con un patrimonio propio (ni puede acceder a él trabajando), entonces debería ser la víctima quien se hiciera cargo del coste de la ejecución de una modalidad de castigo extraordinariamente cara (puesto que la víctima carece del derecho a reclamarle al resto de la sociedad que le sufraguen los gastos del castigo caro con el que quiere sancionar al delincuente). Justamente por ello, determinado tipo de castigos no monetarios, como el encarcelamiento de los criminales, no parece probable que fueran demasiado frecuentes dentro de un orden político liberal (Barnett, 1998: 236). No porque la víctima carezca del derecho a encarcelar temporalmente, a modo de castigo, a quien le haya causado un daño grave y no sólo por la existencia del riesgo de error, sino porque el coste de mantener encarcelada a una persona durante un prolongado período de tiempo es muy elevado: si el delincuente tiene fondos para cubrir semejante coste, es muy probable que la víctima prefiera recibirlos a modo de compensación crematística; y si el delincuente carece de tales fondos, es poco probable que la víctima quiera sufragar los altos costes de su encarcelamiento. Que no sea probable que la pena por encarcelamiento sea muy prevalente en el orden político liberal no equivale a decir, sin embargo, que no vaya a haber ningún individuo encarcelado: aquellas personas que amenacen fehacientemente con delinquir sí podrían ser apresadas, pero no en aras de la reparación de un daño que todavía no han generado, sino como forma de prevención del crimen y mantenimiento del orden público (cuyas características específicas serán analizadas en el capítulo 9).

En suma, la restitución directa del daño o, alternativamente, la compensación crematística constituirán el contenido básico más frecuente del derecho de sanción individual: o bien regresar al *statu quo* anterior a la comisión del delito o bien indemnizar a la víctima por la imposibilidad de regresar a ese *statu quo*. Los castigos no monetarios, aunque potencialmente compatibles con el orden político liberal, no es probable que sean una práctica muy generalizada si no se exime a quienes los utilicen de la responsabilidad del *ius puniendi* erróneamente aplicado y si tampoco se socializan sus costes.

Adicionalmente, que el derecho de sanción recaiga esencialmente sobre la víctima no significa que deba recaer exclusivamente sobre ella: un orden político liberal es perfectamente compatible con el establecimiento comunitario de un sistema penal cuyo propósito vaya más allá de reparar el daño causado a la víctima. Más en particular, y como acabamos de indicar, el orden penal también puede dirigirse a prevenir la comisión de nuevos delitos, ya sea con represiones *a priori* (por ejemplo, detenciones preventivas de personas que estaban flagrantemente preparándose para cometer un delito) o con represiones *a posteriori* (por ejemplo, sanciones agravadas en la comisión de delitos con finalidad disuasoria sobre los potenciales delincuentes [Barnett, 1998: 185-192]). En otras palabras, la comunidad política que estructura el *ius puniendi* de las personas también puede reclamar para sí un *ius puniendi* adicional para tratar de minimizar la prevalencia de delitos dentro de una sociedad. Ahora bien, a este respecto conviene efectuar tres importantes aclaraciones.

Primero, mientras que el derecho de sanción de la víctima es absolutamente necesario dentro de un orden político liberal, el derecho de sanción comunitario es prescindible: sólo constituye una posible garantía reforzada para prevenir la comisión de delitos —para penalizar socialmente el quebrantamiento de las normas más allá del daño estrictamente generado—, pero no un elemento consustancial de la configuración de los derechos individuales. O dicho de otra manera, si bien las sanciones comunitarias *adicionales* a las sanciones individuales no son necesariamente antiliberales, tampoco son consustanciales al liberalismo.

Segundo, la existencia del riesgo de error en la aplicación del *ius puniendi* debería limitar enormemente el establecimiento de penas comunitarias agravadas a los delincuentes, salvo que quienes tomen la decisión comunitaria de imponer esas penas agravadas (ya sea el conjunto de los ciudadanos o sus representantes) acepten cargar con la responsabilidad derivada de todos aquellos casos de *ius puniendi* agravado mal aplicado. En caso contrario, las sanciones comunitarias terminarán castigando a muchos inocentes (pues el error no puede eliminarse por entero) sin que esos inocentes tengan derecho futuro a exigir una reparación a nadie. Con todo, este problema puede solventarse con relativa facilidad si las sanciones comunitarias adoptan la forma de sanciones monetarias que excedan la suma de dinero estrictamente necesaria para compensar a la víctima (Barnett, 1998: 237): en tal caso, si la comunidad ha cobrado una indemnización monetaria distinta de la que ha percibido la víctima y posteriormente se demuestra que el condenado era inocente, no habrá grandes dificultades en reintegrarle tales cantidades ilegítimamente cobradas.

Crímenes sin víctimas

Y tercero, el posible *ius puniendi* de la comunidad política ha de quedar *absolutamente* subordinado al *ius puniendi* de la víctima. La comunidad política no podrá sancionar aquellas conductas que no violen los derechos de nadie (esto es, no ha de convertir en delictivos comportamientos que se desarrollen dentro de la esfera de libertad de una persona). Es decir, si una persona no considera que otra haya violado o vaya a violar sus derechos —o incluso si decide perdonarle *después de* haberlos violado—, la comunidad política deberá respetar semejante decisión, pues es la víctima la que modula si ha habido ofensa a sus derechos individuales o no (y sin ofensa, el *ius puniendi* no existe, tampoco el comunitario). El pensador liberal Lysander Spooner distinguió célebremente entre delitos —los cuales sí debían ser sancionados— y vicios —los cuales podían merecer reprobación moral pero no sanción jurídica:

> El objetivo de castigar los delitos es el de asegurar, a todos y a cada uno de los hombres por igual, la mayor libertad que pueda conseguirse (en coherencia con los mismos derechos de otros) para buscar su propia felicidad con la ayuda de su propia razón y de su propiedad. Por otro lado, el objetivo de castigar los vicios es privar a cada hombre de su derecho y libertad natural a buscar su propia felicidad con la ayuda de su propia razón y de su propiedad (Spooner, 1875 [2018]).

En consecuencia, la comunidad no deberá castigar como delitos aquellos comportamientos que un individuo ejerza exclusivamente sobre sí mismo o aquellos otros que sean el resultado de la interacción voluntaria y consentida entre dos personas. Por desgracia, no siempre sucede así: muchas comunidades políticas antiliberales sancionan como delitos comportamientos en los que no existen víctimas reales puesto que son comportamientos plenamente consentidos por todas las partes implicadas. Ejemplos paradigmáticos de estos crímenes sin víctima son el consumo de drogas, la eutanasia y la prostitución: todas ellas causas cuya despenalización los liberales han defendido históricamente.

Primero, las drogas psicoactivas son sustancias químicas que afectan al sistema nervioso central y que alteran la percepción, el estado de ánimo o la conciencia: en tal definición entran tanto drogas generalmente legales (alcohol, nicotina o cafeína) como otras drogas generalmente ilegalizadas por el Estado (alucinógenos, opiáceos, anfetaminas). Así pues, la libertad de comprarlas y de consumirlas es una más que evidente manifestación de la libertad de acción de cada persona hacia su propio cuerpo: es el propio usuario de la droga quien experimenta esencialmente los efectos que de ella se deriven. Que una persona deba ser libre para consumir aquellas drogas que considere oportunas no equivale a decir, sin embargo, que deba gozar de libertad para usarlas en cualesquiera circunstancias al margen de las consecuencias que tal consumo pueda acarrear sobre terceros (por ejemplo, consumo de drogas mientras se conduce un vehículo):

> El derecho a usar las drogas deriva de la idea de que los individuos tenemos derecho a controlar nuestros propios cuerpos. [...] Este derecho no cabe interpretarlo como el derecho a usar nuestro cuerpo de cualquier modo imaginable. [...] No podemos usarlo para hacer daño a otras personas. [...] Pero el consumo de drogas se enmarca dentro del ejercicio legítimo del derecho a controlar nuestro propio cuerpo. El consumo de drogas se circunscribe al interior y a los alrededores inmediatos del cuerpo del consumidor; y los efectos más relevantes tienen lugar dentro de su cuerpo. Si el consumo de drogas se limita a alterar la propia mente y el propio cuerpo

> del usuario, es complicado entender cómo alguien que crea en la existencia de derechos pueda oponerse al derecho de los individuos a controlar sus propios cuerpos y mentes y, sobre esa base, al derecho a usar las drogas, dado que alterar la mente y el cuerpo es sólo un caso particular de ejercer los derechos que el individuo dispone sobre su propio cuerpo y sobre su propia mente (Huemer, 2004).

Segundo, la eutanasia es una especie de suicidio asistido en el que otra persona —normalmente un médico— pone fin a la vida del paciente con el consentimiento de ese paciente (estrictamente, en el caso del suicidio asistido, es el propio paciente quien ejecuta las acciones que conducen a terminar con su propia vida mediante los medios que le ha proporcionado otra persona, normalmente un facultativo). En este sentido, se trata de una manifestación de la libertad personal y de la autonomía contractual entre las partes. La eutanasia no es un asesinato justamente porque es el propio paciente quien expresamente lo solicita: por tanto, las acciones que efectúa el médico para poner fin a su vida son acciones consentidas, en las que no se conculca derecho alguno. Al contrario, conculcaríamos la libertad del paciente si impidiéramos que se suicidara o que solicitara ayuda consentida a otra persona para que concluyera su vida. El propio Lysander Spooner (1875) sostenía que «no sería un crimen ayudar a una persona a suicidarse si ésta posee uso de razón» y el psiquiatra liberal Thomas Szasz (1990: 250) afirmaba que «el suicidio es un derecho humano. Eso no equivale a decir que sea moralmente deseable. Sólo significa que la sociedad no tiene derecho a interferir en él».

Y tercero, la prostitución consiste en que una persona (hombre o mujer) mantiene relaciones sexuales consentidas con otra (hombre o mujer) a cambio de dinero. Como tal, pues, también es una manifestación de la libertad personal y de la autonomía contractual: lo que distingue a una violación de una relación sexual voluntaria es que ambas partes prestan su consentimiento a mantener esa relación sexual, ya sea por atracción física o por cualquier otra razón (como el pago de una determinada cantidad de dinero). Y, del mismo modo, lo que vicia una relación sexual no es que haya dinero de por medio, sino la falta de consentimiento (las relaciones sexuales no consentidas, con o sin dinero de por medio, son un ataque fortísimo y directísimo contra la libertad personal). La conculcación de derechos, pues, no está en la prostitución, sino en las violaciones y en la esclavización sexual de las personas:

> La prostitución [...] forma parte de nuestro derecho a elegir. Si una mujer es dueña de su cuerpo, debería poder hacer con él lo que quiera. Si las personas tienen el derecho a elegir, entonces esa elección abarca todas las opciones que están a su disposición: las buenas, las malas, las morales y las inmorales. En caso contrario, el derecho a elegir perdería todo su significado. [...] Y si no existe consentimiento en la relación sexual, ya existen abundantes leyes contra tal coacción. Las leyes contra la prostitución no hacen nada para proteger a las mujeres: si queremos protegerlas, deberíamos concentrarnos en hacer cumplir las leyes que castigan a aquellos que vulneran el derecho de elegir de las mujeres, como la violencia doméstica o la violación (Almodovar, 1999).

En estos tres casos, pues, nos encontramos ante crímenes sin víctimas, de modo que la comunidad no tiene ningún derecho a ejercer el *ius puniendi* contra las personas que ejecutan este tipo de acciones. De hecho, debería ser más bien al revés: reprimir violentamente la libertad de acción o la libertad contractual de otras personas constituye una violación de sus derechos y, por tanto, debería generar un *ius puniendi* en favor de esas personas y en contra de sus represores.

Las externalidades

En otros casos, sin embargo, podría darse el efecto aparentemente opuesto; esto es, la existencia de víctimas sin crimen: son aquellos casos en los que un individuo sufre un daño que no es consecuencia de la acción *directa* de ninguna persona sino, en todo caso, de repercusiones indirectas y no deliberadas de las acciones de otras personas. A estos efectos indirectos de la acción de una persona que afectan negativamente a terceros los denominaremos «externalidades negativas». Todas las externalidades negativas generan, por definición, un perjuicio sobre terceros, pero no todas ellas comportan un daño contra los derechos de esos terceros: por ejemplo, un individuo profundamente intolerante podría sufrir por el hecho de que otra persona lea la Biblia, pero eso no significa que ese individuo intolerante esté sufriendo daño alguno contra sus derechos debido a que desde un comienzo no detentaba el derecho de exigirle al otro que no lea la Biblia. En otros casos, por el contrario, las externalidades negativas sí pueden dañar los derechos de terceros: al respecto, el caso paradigmático sería el de la contaminación (en todas sus formas: polución en el aire y en el agua, o cambio climático generado por la emisión de gases de efecto invernadero), que termina menoscabando la integridad física de las personas (por ejemplo, generándoles afecciones respiratorias o exponiéndolas a riesgos medioambientales) o de sus propiedades (invadiéndola de un modo no consentido en forma de sonido, de gas o de radiaciones).

Las externalidades negativas que generen un daño sobre los derechos de terceros son a todos los efectos violaciones de esos derechos y, en consecuencia, deben tratarse del mismo modo que aquellas violaciones que sean el resultado *directo* de la acción de un individuo: a saber, nadie tiene derecho a actuar generando *directa o indirectamente* un perjuicio sobre los derechos de terceros y, en caso de que lo haga, deberá reparar el daño que ha generado. Por consiguiente, aquellos individuos que deseen actuar de un modo que cause externalidades negativas sobre los derechos de terceros (por ejemplo, contaminación) deberán o buscar formas alternativas de actuar sin provocar tales externalidades o conseguir el consentimiento de ese tercero para que acepte soportar la externalidad negativa o, en todo caso, indemnizar al tercero por el daño ilegítimo que se le cause. Al contrario de lo que tiende a pensarse, un orden político liberal no es excesivamente permisivo con la contaminación, sino enormemente restrictivo en la medida en que toda contaminación que repercuta sobre las personas y que éstas reputen como dañina constituye una violación *de los derechos individuales* de esas personas (Rothbard, 1982b).

En todo caso, la posibilidad de que el agente generador de externalidades negativas negocie previamente con la persona (o las personas) afectadas por esas externalidades negativas para conseguir su consentimiento facilita la internalización de esa externalidad: es decir, permite que las partes afectadas marquen un precio a esa externalidad (uno que les compense el perjuicio subjetivamente percibido de tener que soportarla) y que el generador de esa externalidad juzgue si, a ese precio, le compensa continuar generándola. A la idea de que los individuos negociarán, partiendo de una estructura de derechos bien definida, para alcanzar un acuerdo que les resulte mutuamente beneficioso en cuanto a la internalización de externalidades negativas se la conoce en economía como «teorema de Coase» (Coase, 1960).

En ocasiones, empero, la negociación entre partes no es viable porque los costes implicados en el proceso de negociación son muy elevados (por ejemplo, una externalidad negativa que afecta a millones de personas: en tal caso, es enormemente costoso negociar individuo por individuo). Y si bien existen vías para tratar de minimizar esos costes de negociación —permitiendo que sean las comunidades de vecinos quienes representen a todos los residentes de una urbanización o haciendo a los dueños de las carreteras responsables de la polución que emiten los vehículos que circulan por ellas—, no siempre la negociación será posible. En esos supuestos, el teorema de Coase no será aplicable y sólo quedarán dos alternativas: o que el individuo que genera tales externalidades negativas se abstenga de generarlas o que las genere sin su consentimiento e indemnice a la totalidad de las víctimas (en una suma que repare plenamente el daño causado).

Dentro de este último supuesto cabrían, a su vez, dos supuestos: el primero es que la indemnización sea determinada como consecuencia del ejercicio del *ius puniendi* por parte de las víctimas de la externalidad negativa (por ejemplo, a través de una demanda colectiva contra el emisor); el segundo, que la comunidad política les imponga a los emisores de externalidades negativas un precio por generar tal externalidad y que las sumas recaudadas por ese concepto se destinen íntegramente a indemnizar a las víctimas. Como es obvio, la opción de la negociación voluntaria y descentralizada entre las partes resulta muy preferible a la de que otra instancia (tribunales o comunidad política) sea la que determine de manera centralizada el monto de la indemnización, pero si los costes de negociación son muy altos, puede resultar preferible para todos los implicados que se fije centralizadamente esa indemnización en lugar de que se prohíba meramente toda acción generadora de externalidades. O, dicho de otro modo: quien contamina tiene que pagar una cantidad suficiente como para resarcir los daños de las víctimas, y esa cantidad ha de determinarse idealmente por la negociación entre las partes y, subsidiariamente, por los tribunales o por la comunidad política.

Los elementos procedimentales del ius puniendi

Hasta aquí el análisis de los elementos sustantivos del *ius puniendi*; esto es, cuál es su contenido, quién es su titular (o titulares) y cuáles son los límites de su ejercicio. Nos queda reflexionar brevemente sobre sus rasgos adjetivos; es decir, acerca de cómo debe regularse el procedimiento que permite el ejercicio del *ius puniendi*.

El problema básico que subyace al procedimiento que debe configurar el *ius puniendi* es, como ya hemos señalado, el riesgo de error: a saber, la posibilidad de castigar a una persona inocente por un crimen que no cometió. Cuando dos partes consienten en someter voluntariamente sus controversias al dictamen arbitral de un tercero, son las propias partes las que aceptan sufrir en sus propias carnes el riesgo de que ese tercero se equivoque (es decir, el riesgo de que valore erróneamente los hechos o su calificación jurídica y dé la razón a aquella parte que no la tiene): por ejemplo, un trabajador y un empresario discrepan sobre la interpretación de un precepto del contrato laboral y acuden a los tribunales para dirimir cuál es la interpretación más adecuada. En esos casos en los que ambas partes reconocen la existencia de una controversia y son capaces de acordar el procedimiento de resolución, el riesgo de error no resulta especialmente problemático: son las propias partes las que aceptan cargar con los efectos adversos de que se equivoque el árbitro que ellas mismas han escogido.

Distinto es el caso en el que no existe un acuerdo entre las partes acerca de quién debe dilucidar la controversia: por ejemplo, imaginemos que un individuo acusa a otro de haberle robado una joya y éste se declara inocente y se niega a someterse a la jurisdicción de un tribunal. En ese caso, si un tribunal lo condena por robo y lo sanciona gravemente —verbigracia, reintegrar una joya carísima con cargo a su patrimonio—, no podemos soslayar los problemas que el posible error de ese tribunal acarrea sobre el respeto a los derechos individuales. No en vano, a todos los efectos, sancionar a un inocente es exactamente lo mismo que una violación de su derecho de libertad o de propiedad. En estos casos en los que las partes mantienen una disputa y no pueden ponerse de acuerdo en consensuar el árbitro que deba resolverla, ambos individuos deberán, como poco, acordar un procedimiento que exhiba unas garantías mínimas para resolver la controversia. Así, si el individuo A acusa al individuo B de haberle robado una joya de su propiedad y, *como consecuencia*, se siente legitimado a recuperar el control de esa joya incluso a través del uso de la violencia, entonces implícitamente el individuo A está reconociendo que su legitimidad para apropiarse de la joya que está bajo el poder de B depende crucialmente de que su acusación (A es el propietario de la joya y B se la ha robado) sea cierta: ambas partes condicionan su justo título (a recuperar la joya o a retener la joya) a la veracidad o falsedad de esa acusación y, por tanto, es esa acusación la que tiene que dilucidarse a través de un *procedimiento* que se oriente a minimizar el riesgo de error en perjuicio de ambas partes (Nozick, 1974: 106-107). Por consiguiente, ambas partes tendrán el deber de negociar de buena fe un procedimiento que al menos cumpla con ciertas garantías procesales mínimas, y si alguna de las partes bloqueara sistemáticamente tal negociación sin plantear alternativas que se ajusten a tales parámetros, esa parte cargaría con la obligación de someterse al procedimiento más garantista que le haya sido planteado por la otra parte (pues estaría negándose a clarificar tanto cuáles son sus derechos cuanto cuáles son los derechos de la otra parte). Al respecto, ¿cuáles son los requisitos que, como mínimo, deben caracterizar un procedimiento dirigido a dilucidar la estructura de derechos de los agentes?

Al menos, dos principios procesales que fueron desarrollados históricamente tanto por el derecho consuetudinario romano como por el anglosajón y que se agruparon dentro de lo que se ha denominado «justicia natural» (es decir, requisitos de justicia que deberían darse incluso en el estado de naturaleza): *nemo iudex in causa sua* (ningún juez lo es de su propia causa) y *audi alteram partem* (escuchemos a la otra parte). A saber, el juez ha de ser imparcial en el ejercicio del derecho sancionador y la parte acusada tiene derecho a tratar de contradecir los argumentos de la acusación (nótese que ambos principios procesales derivan del principio de igualdad propio del liberalismo: todos los individuos tienen un idéntico derecho procesal a que sus derechos sustantivos sean tutelados sin mediar discriminación, esto es, sin que la protección procesal de uno de ellos sea superior a la del resto). Cualquier procedimiento no aceptado por el acusado y que, además, no respete estos dos principios básicos de la equidad procedimental no podrá legitimar a una parte a usar la violencia contra la otra para restablecer sus presuntamente conculcados derechos; pero, en cambio, un procedimiento que sí cumpla tales requisitos deberá ser mínimamente aceptado por cualquier parte (podrán exigirse más garantías procesales, pero esas dos ya deberían ser suficientes para iniciar un proceso penal).

A la hora de la verdad, y como explicaremos en el capítulo 9, cabe esperar que los individuos apuesten por minimizar los costes de transacción derivados de negociar un procedimiento ante cada controversia jurídica a la que puedan enfrentarse: y que, para ello, opten por integrar una comunidad política organizada que establezca sus propias normas y procedimientos judiciales subsidiarios para aplicar a todos sus miembros. En otras palabras, en ausencia de un acuerdo alternativo entre las partes, cabe esperar que cada comunidad política disponga de un procedimiento judicial propio al que esas partes habrán de someterse para dilucidar si realmente se ha producido un crimen y si, por tanto, la presunta víctima adquiere un *ius puniendi* contra el presunto delincuente.

Por último, y aunque cabría configurar el *ius puniendi* como imprescriptible —es decir, la víctima siempre tiene derecho a exigir la reparación del delincuente—, también cabe pensar que el *ius puniendi* no ejercido tras un prolongado período se extingue por mera presunción de perdón hacia la víctima. La razón es similar a la de la usucapión: dado que es posible renunciar al derecho de propiedad (abandonar un bien con la vocación de dejar de ser dueño de él) y que, además, es posible renunciar a él de manera tácita (sin declaración expresa de renuncia), necesitamos algún tipo de presunciones jurídicas acerca de cuándo cabe entender que se ha producido esa renuncia tácita (por ejemplo, la posesión ininterrumpida, pública y de buena fe de un bien por parte de un tercero no propietario durante largo tiempo como presunción para usucapir la propiedad). Lo mismo cabe afirmar con respecto al derecho de sanción: se trata de un derecho sobre el que cabe renuncia expresa (el perdón), pero también renuncia tácita. ¿Cómo presumir que la renuncia tácita a la sanción se ha producido? Si la víctima, pudiendo hacerlo, no ha ejercido su *ius puniendi* durante un determinado período y tampoco ha manifestado durante éste la voluntad de conservarlo, entonces un ordenamiento jurídico puede presumir que ha renunciado a su *ius puniendi* sin que quepa considerar tal extinción una conculcación de los derechos de la víctima.

Cuestión distinta es que la víctima no haya tenido oportunidad de ejercer el *ius puniendi* (por ejemplo, si no se le ha reconocido socialmente tal derecho) o que haya expresado abiertamente su deseo de no renunciar a él aun cuando no lo haya ejercido. En tales casos, la víctima debería retener indefinidamente el *ius puniendi* y, por tanto, poder reclamar una reparación a los criminales. Por ejemplo, algunos liberales estadounidenses antiesclavistas como Lysander Spooner defendieron no sólo que la esclavitud debía abolirse ipso facto, sino que además los esclavistas debían compensar a los esclavos por todo el daño que históricamente les habían causado (y ello a pesar de que los esclavos no hubieran protestado contra su estatus jurídico porque, como es obvio, se hallaban bajo la bota de la coacción de sus «dueños»):

> Los esclavos merecen ser compensados por todos los daños que previamente han experimentado, y manifestamos nuestra intención de compensarles a costa de las propiedades de los esclavistas y de sus cómplices. Y también manifestamos la necesidad de comunicarles esta determinación a los esclavos, para así reforzar su amor propio, para animarles a mirar a los ojos de sus tiranos con coraje y para que sean conscientes de las auténticas relaciones de justicia entre ellos y sus opresores (Spooner, 1858 [2018]).

En ocasiones, empero, esta reparación del daño histórico no será fácil de conseguir si el criminal ya no se halla con vida: al cabo, la responsabilidad penal es individual e intransferible, de modo que no cabe ejercer el *ius puniendi* contra personas inocentes aun cuando guardaran algún tipo de relación —distinta de la de complicidad— con el delincuente. La única excepción que cabría mencionar a la regla anterior es respecto a los delitos contra la propiedad: por mucho que el ladrón haya fallecido, si el bien robado es identificable y, además, su poseedor actual no ha reunido los requisitos que una determinada comunidad política establece para usucapirlo (por ejemplo, no ha adquirido su posesión de buena fe, sino comerciando conscientemente con el ladrón), entonces el propietario podrá reclamar la recuperación de su propiedad. En términos estrictos, no cabría hablar en este caso de un *ius puniendi* ejercido contra el poseedor inocente, sino de una mera reclamación de la posesión del bien por parte de quien todavía mantiene un justo título de propiedad sobre él: pero, a efectos prácticos, la devolución del bien históricamente robado implicaría una reparación parcial del daño que en el pasado le generó el delincuente.

Este último supuesto, de hecho, puede ser relevante para reparar injusticias históricas en materia de expropiación de derechos de propiedad: si un grupo organizado expropia tierras o inmuebles a otro conjunto de individuos, existe un claro conflicto jurídico en el hecho de que ese grupo expropiador mantenga el control sobre esos bienes, o incluso que los traspase por herencia a sus descendientes. En ausencia de una usucapión válida, los herederos de las víctimas podrían seguir reclamando la titularidad sobre los bienes sustraídos a los herederos de los delincuentes. Incluso cabría afirmar que, en ausencia de herederos de las víctimas, cualquier otra persona tiene un mejor título para ocupar tales tierras antes que los usurpadores y sus descendientes (Spooner, 1880 [2018]; Rothbard, 1982a [1998]: 63-76). Así pues, el liberalismo no defiende el *statu quo* de los derechos de propiedad existentes con independencia de cuál haya sido su origen; al contrario, defiende toda estructura de derechos de propiedad que hayan tenido un origen justo: ya sea por ocupación original, transferencia voluntaria o usucapión de buena fe.

En definitiva, toda conculcación de la libertad personal, la propiedad privada y la autonomía contractual de una persona engendrará un derecho de reparación en su favor, acaso agravado comunitariamente por un derecho de sanción adicional hacia quien conculcó tales derechos. Sin derecho de reparación, los derechos individuales que promueve el liberalismo serían meramente papel mojado.

7

Libertad de asociación

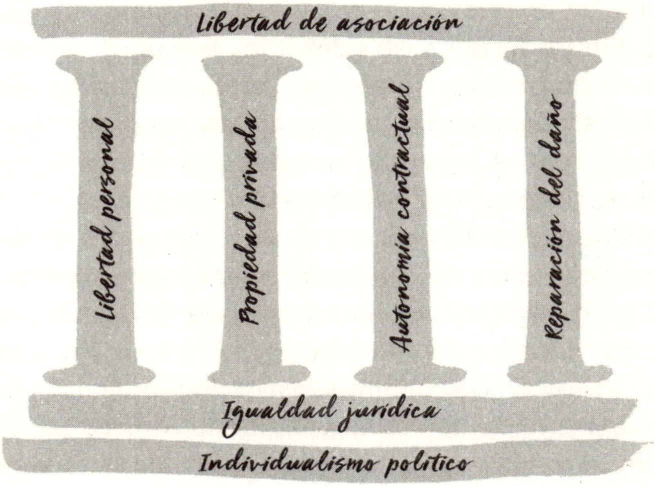

Principio 7: los individuos tienen el derecho a asociarse con otras personas

Los derechos de libertad, de propiedad, de contratos y de reparación ya constituyen por sí solos un marco jurídico mínimo suficiente como para que los individuos coexistan o cooperen esporádicamente dentro de una sociedad: en ese marco, cada persona puede compatibilizar la consecución de sus propios fines individuales con los fines individuales de otros individuos. Sucede que las personas no sólo buscan coexistir o cooperar esporádicamente, sino que también aspiran a convivir; esto es, a entrelazar sus destinos en asociaciones con una personalidad jurídica propia desde la que perseguir un mismo proyecto compartido por todos sus miembros.

Como ya explicamos en el capítulo 1, que los derechos sean individuales y que se proteja a cada persona de la coacción de las demás no significa que el liberalismo busque aislar al individuo del resto de la sociedad o que pretenda limitar la cooperación humana a relaciones exclusivamente bilaterales sin objetivos comunes. Los individuos pueden querer asociarse estructuralmente para perseguir fines compartidos por todos ellos. Un matrimonio, una confesión religiosa o un equipo de fútbol son ejemplos de esa cooperación orgánica dirigida a alcanzar objetivos comunes a todos sus miembros: en particular, convivir y criar a los hijos, adorar al correspondiente dios o ganar un campeonato.

Así, una de las más importantes aplicaciones de la autonomía contractual la encontraremos en la llamada «libertad de asociación»: a saber, el derecho de cada individuo a obligarse establemente para con otros individuos en la consecución de objetivos comunes. En palabras de John Stuart Mill (1859 [2001]: 16):

> De la libertad de cada individuo [a organizar su propia vida] resulta, dentro de los mismos límites, la libertad de asociación entre los individuos; la libertad de unirse para la consecución de un fin cualquiera, siempre que sea inofensivo para los demás y con tal de que las personas asociadas sean mayores de edad y no se encuentren coaccionadas ni engañadas.

Esta libertad de asociación necesariamente comprende, a su vez, la libertad de no asociación (es decir, el derecho a no integrar aquellas asociaciones que uno no desea integrar) y la libertad estatutaria (esto es, el derecho a pactar entre todos los miembros aquellos estatutos que regirán la vida interna de la asociación).

Por un lado, la libertad de no asociación es el reverso necesario de libertad de asociación (y, a su vez, no es más que una aplicación de la libertad a no contratar): somos libres de elegir qué asociaciones integramos y también de elegir qué asociaciones no integramos. Si pudiéramos ser obligados a formar parte de asociaciones que no deseamos integrar, entonces no sólo estaríamos viendo conculcada nuestra libertad personal en sentido amplio (pues se nos estaría imponiendo un proyecto de vida que no necesariamente suscribimos), sino también nuestra libertad de asociación en sentido estricto: integrar ciertas asociaciones puede ser formal o materialmente incompatible con integrar otras asociaciones que sí deseamos integrar. De la misma forma que las personas hemos de escoger entre aquellos fines vitales que consideramos prioritarios (pues no podemos satisfacerlos todos a la vez), también hemos de escoger qué asociaciones consideramos prioritarias (pues no podemos integrarlas formal y materialmente todas a la vez). Por ejemplo, un matrimonio monógamo es incompatible con que cualquiera de ambos cónyuges mantenga relaciones poligámicas. A su vez, integrar una confesión religiosa monoteísta implica renunciar a profesar otras confesiones religiosas. O, asimismo, destinar tiempo y recursos a engrandecer a un equipo de fútbol para que gane un campeonato colisiona con destinar tiempo y recursos a mejorar la situación del equipo rival.

Por otro, la libertad estatutaria es consustancial a la libertad de crear asociaciones: si los individuos pudieran asociarse pero no establecer los términos por los que debe regularse esa asociación, el propósito compartido de todos los miembros podría verse frustrado. En su momento, ya analizamos cuán importantes eran las reglas para evitar que una propiedad privada comunal degenere en una tragedia de los comunes. Pues bien, los bienes en propiedad de una asociación serán formas de propiedad privada comunal y, por ende, la libertad estatutaria resultará esencial para establecer reglas que permitan hacerla funcional. Es decir, las reglas internas de una asociación sirven para coordinar a sus socios en la consecución de sus respectivos fines: son las normas que formalizan la misión que todos comparten y las obligaciones de cada miembro para alcanzar semejante meta. Por ejemplo, en un matrimonio monógamo ambas partes pueden pactar la prohibición de las relaciones extramaritales como condición para que ese matrimonio llegue a formalizarse; a su vez, los seguidores de una determinada confesión religiosa pueden pactar la obligación de rezar cinco veces al día o de acudir al templo un número mínimo de veces por semana para así mantener viva la llama comunitaria de la fe; y, asimismo, los socios de un equipo de fútbol pueden pactar que todos ellos destinen una aportación económica periódica para el sostenimiento de los gastos comunes. Sin reglas internas, una asociación no es más que un encuentro informal y frágil de personas sin otro compromiso con el objetivo compartido que aquel que les dicte en cada momento su interés personal.

En suma, la libertad de asociación, la libertad de no asociación y la libertad estatutaria implican que cualquier persona tiene el derecho de integrar aquellos grupos en los que sea admitida por el resto de los miembros así como a no integrar aquellos grupos que no desea integrar aun cuando el resto de los miembros sí deseen integrarla. Precisamente por ello, la libertad de asociación es el fundamento de muchas otras libertades con enorme trascendencia social: la libertad religiosa no es más que la libertad para asociarse en una confesión religiosa; la libertad matrimonial (entre personas de distinto o del mismo sexo) no es más que la libertad de las partes para formalizar un acuerdo de convivencia; la libertad de empresa no es más que la libertad de un individuo de asociarse con otros (accionistas o cooperativistas) e impulsar la producción y comercialización de ciertos bienes y servicios; la libertad sindical no es más que la libertad de un grupo de trabajadores para asociarse y negociar desde una mejor posición con su empleador, etc.

La sociedad no es una asociación

Tan importante es la libertad de asociación que algunos liberales como Chandran Kukathas la han convertido en el principio básico de una sociedad libre: «El principio fundamental que describe a una sociedad libre es el principio de libre asociación. El primer corolario de este principio es el principio de libre desasociación» (Kukathas, 2003: 75). No en vano, y como ya hemos señalado, la libertad personal, la propiedad privada, la autonomía contractual y la reparación del daño causado garantizan la coexistencia pacífica de las personas —garantizan la isonomía de los individuos a la hora de perseguir sus fines individuales—; pero la libertad de asociación permite, en última instancia, el florecimiento de lo que coloquialmente denominamos «sociedad civil», esto es, el asociacionismo voluntario dirigido a perseguir causas comunes a todos sus integrantes. En palabras de Alexis de Tocqueville (1835 [2012]: 309):

> Después de la libertad de actuar por uno mismo, la libertad más natural del ser humano es la de combinar sus esfuerzos con los de otras personas para actuar en común. Por tanto, el derecho de asociación me parece tan inalienable como el derecho a la libertad personal. Ningún legislador puede atacarlo sin socavar el fundamento mismo de la sociedad.

Ahora bien, que la libertad de asociación sea el presupuesto del activismo civil no debería llevarnos a pensar que la propia sociedad es en sí misma una asociación creada a través del consentimiento de todas las personas. La sociedad es únicamente el resultado de la yuxtaposición de las interacciones de los distintos individuos y de las diferentes asociaciones que la componen. A diferencia de lo que sucede con las asociaciones privadas, las cuales poseen un propósito común para el conjunto de los socios que voluntariamente la integran así como unas reglas internas de obligado cumplimiento por todos ellos, una sociedad libre carece en sí misma de un propósito orgánico al que todos los individuos deban subordinar sus vidas. En caso contrario, si la sociedad sometiera a todas las personas a la consecución de un determinado propósito compartido —normalmente denominado «interés general» o «bien común»—, entonces no se estaría respetando la prioridad de los proyectos de vida de cada individuo o de cada asociación de individuos: primero prevalecería el objetivo orgánico de la sociedad y posteriormente, de manera subordinada, los objetivos particulares de los individuos. En la práctica, además, serían aquellas personas con capacidad para determinar cuál es ese objetivo compartido las que estarían imponiéndoles a los demás su propio proyecto de vida (o de sociedad).

Precisamente por ello, porque la sociedad no ha de ser vista como una macroasociación a la que todos los individuos someten sus vidas, la única concepción de «interés general» o de «bien común» que podría llegar a ser suscrita por el liberalismo no pasa por reducir todas las plurales preferencias de los individuos a una sola preferencia orgánica (algo que además resulta imposible, pues no existe una fórmula para agregar incontrovertiblemente las múltiples y heterogéneas preferencias individuales en una unívoca preferencia social agregada [Arrow, 1951]), sino por la institucionalización de un marco normativo que, respetando los derechos de cada persona, permita la coexistencia, cooperación y convivencia de todos los heterogéneos proyectos de vida de los individuos. Es decir, el bien común para el liberalismo podría en todo caso ser entendido como el respeto universal a las normas que permiten estructurar una sociedad de individuos (y asociaciones de individuos) libres: «[Para el liberalismo], la buena sociedad no está regida por un único bien común: la buena sociedad es, por el contrario, un marco de derechos, libertades u obligaciones dentro del cual la gente persigue sus fines propios, ya sea individualmente o por asociación voluntaria. La buena sociedad está regida por la ley y, como tal, está regulada por principios de justicia» (Kukathas y Pettit, 1991: 93).

Esa «buena sociedad» característica del liberalismo es lo que Friedrich Hayek denominaba «nomocracia»; esto es, un marco jurídico basado en reglas generales dirigidas a respetar la libertad personal para que cada persona pueda desarrollar sus propios proyectos vitales. La antítesis de la nomocracia es la teleocracia; a saber, un marco jurídico basado en mandatos que obligan a los individuos a perseguir fines específicos que no necesariamente coinciden con sus propios objetivos vitales. Es decir, la nomocracia parte del axioma de que el individuo es sujeto soberano de derecho y, en consecuencia, caracteriza el bien común como la posibilidad de que cada individuo viva su vida de acuerdo con sus propios criterios (respetando los criterios propios de los demás); en cambio, la teleocracia parte del axioma de que el individuo es un *objeto* de derecho subordinado a otros individuos (o al grupo en general) y, en consecuencia, caracteriza el bien común como un fin muy específico al que todas las personas deben subordinar sus propios planes vitales:

> [La nomocracia] concibe el «bien común» o el «bienestar general» como la preservación de un orden abstracto e independiente de fines particulares, basado en el respeto de reglas de conducta abstractas y justas: ese interés público que simplemente consiste en el derecho común y la justicia, en el que se excluye toda parcialidad e interés privado, podría ser denominado «gobierno de la ley y no gobierno de los hombres». Para la teleocracia, en cambio, el bien común consiste en la agregación de los intereses particulares de algunas personas o de algunos grupos. [...] El orden teleocrático es incompatible con una Sociedad Abierta, dentro de la que se incluyan numerosas personas sin intereses conocidos en común; y el intento de imponer la teleocracia sobre la nomocracia sólo nos lleva a transitar desde la Sociedad Abierta a la Sociedad Tribal (Hayek, 1978: 89).

Un marco social nomocrático engendra lo que, a su vez, Hayek denominaba «cosmos» u orden espontáneo: es decir, un conjunto de interacciones sociales emergentes que se caracterizan por la complejidad, la abstracción y la ausencia de diseño centralizado. Por el contrario, un marco social teleocrático engendra lo que Hayek denominaba «taxis» u organización social: es decir, un conjunto de interacciones sociales planificadas y superimpuestas sobre un conjunto de individuos:

> Mientras que el cosmos, o el orden espontáneo, carece de propósito, toda taxis (acuerdo, organización) presupone un fin particular y todos los individuos que la integran deben someterse a ese propósito. El cosmos [...] es un sistema endógeno, intrínseco y, como afirman los especialistas en cibernética, autorregulado o autoorganizado. La taxis, en cambio, está determinada por una agencia que se ubica al margen del orden y que, por tanto, es exógena o impuesta (Hayek, 1978: 74).

El orden espontáneo del cosmos generará una armonía natural de intereses entre los distintos individuos que voluntariamente lo integran: en la medida en que ningún individuo goza de autoridad para conculcar los derechos de los demás, cada persona sólo podrá cooperar con otra si ambas avanzan en la consecución de sus respectivos fines individuales —es decir, dentro de la sociedad se desarrollará una especie de mutualismo biológico en el que todas las partes saldrán ganando de sus interacciones voluntarias—. Por el contrario, la organización social impuesta forzosamente —la taxis— generará un antagonismo de intereses entre los individuos que *involuntariamente* la integren: en la medida en que algunos individuos gozan de autoridad para conculcar los derechos de los demás, no todas las personas se mostrarán dispuestas a cooperar de tal modo que cada una avance en la consecución de sus respectivos fines individuales —es decir, dentro de la organización se desarrollará una especie de parasitismo biológico en el que unas partes medrarán a costa de otras—. Nótese que dentro del cosmos sí pueden crearse organizaciones (asociaciones) que sean voluntariamente integradas por aquellos individuos que compartan un mismo objetivo vital (ésa es, justamente, la finalidad de la libertad de asociación): o dicho de otro modo, la taxis no es problemática por el hecho de implicar algún grado de organización centralizada entre las personas, sino porque esa organización centralizada pretende abarcar *coactivamente* a todos los individuos de una sociedad en contra de la voluntad de (al menos) algunos de ellos. El macrocosmos (la sociedad) es, pues, compatible con microtaxis voluntarias (asociaciones) pero no con una macrotaxis a modo de organización centralizadamente coactiva que abarque a todas las personas.

Tal como expuso el economista francés Frédéric Bastiat en su libro *Armonía de intereses* (1850): «Cuando los impulsos humanos están motivados por un interés propio de carácter legítimo, entonces tienden a estructurarse en forma de impulsos socialmente armoniosos» (Bastiat, 1850 [1996]: vol. XXI): una armonía que se produce «entre el propietario y el trabajador; entre capital y trabajo; entre la gente común y los burgueses; entre la agricultura y la industria; entre el hombre rural y el urbanita; entre el local y el extranjero; entre el productor y el consumidor; entre la civilización y el orden social. Es decir, y por resumirlo en una sola frase: entre la libertad personal y un orden social armónico» (Bastiat, 1850 [1996]: vol. XXIV). Y, por el contrario, para Bastiat, era la falta de respeto a «la libertad y los derechos de propiedad» lo que engendraba el «antagonismo entre las clases sociales y las naciones [...], pues las ganancias de unos equivalen a las pérdidas de los otros» (Bastiat, 1850 [1996]: 85). De ahí que, en última instancia, «todos los enfrentamientos sociales son meramente la extensión de los dos principios antitéticos a los de propiedad y libertad, a saber, el robo y la opresión» (Bastiat, 1850 [1996]: 319).

En definitiva, la sociedad *no es* una asociación: una asociación restringe la libertad personal de cada uno de sus socios (esto es, les impone obligaciones extraordinarias a la mera no interferencia sobre los proyectos vitales ajenos) para alcanzar un fin compartido por todos ellos, y lo hace porque todos ellos han aceptado formar parte de esa asociación con el objetivo, precisamente, de perseguir ese fin compartido autoimponiéndose restricciones a la libertad de cada uno de ellos. No así la sociedad, que apenas constituye un espacio de coexistencia, cooperación y convivencia entre los distintos individuos estructurado a través del respeto a la libertad personal, a la propiedad privada, a la libertad contractual, al derecho de reparación y a la libertad de asociación de todos ellos.

El mito del contrato social

Algunos pensadores, sin embargo, han defendido que la sociedad sí debe ser entendida como una asociación teleocrática en la que los individuos asumimos obligaciones adicionales al mero respeto de los proyectos de vida ajenos. Por ejemplo, Maximilien de Robespierre, líder revolucionario francés y uno de los máximos impulsores del denominado Terror Rojo, opinaba que el gobierno debía orientarse a promover la virtud entre los ciudadanos, llegando al extremo de reprimir aquellos comportamientos que el propio gobierno juzgara como perjudiciales para el conjunto de la sociedad. En su discurso de 5 de febrero de 1794 ante la Convención Nacional afirmó:

> Puesto que el alma de la República es la virtud, la igualdad, y vuestra finalidad es fundar y consolidar la República, la primera regla de vuestra conducta política debe ser encaminar todas vuestras medidas al mantenimiento de la igualdad y al desarrollo de la virtud, pues la primera preocupación del legislador ha de ser fortalecer el principio del gobierno [la virtud]. Así, todo aquello que sirva para excitar el amor a la patria, purificar las costumbres, elevar los espíritus y dirigir las pasiones del corazón humano hacia el interés público debe ser adoptado o establecido por vosotros; todo lo que tiende a concentrarlas en la abyección del yo personal, a despertar el gusto por las pequeñas cosas y el desprecio por las grandes debéis eliminarlo o reprimirlo. En el sistema de la Revolución francesa, lo que es inmoral es impolítico, lo que es corruptor es contrarrevolucionario (Robespierre, 1794 [2017]).

A ojos de Robespierre, los objetivos colectivos de la República prevalecen sobre las aspiraciones personales de cada individuo: es decir, la República es soberana sobre los individuos a la hora de determinar qué es virtuoso dentro de sus vidas y, en consecuencia, las personas quedan obligadas a doblegarse para satisfacer la voluntad de la República. Por eso, en su opinión, cada francés tenía que sacrificar su libertad (e incluso su vida) en el altar de la República, empleando para ello las dosis de terror político que fueran necesarias: «El terror sin la virtud es desastrosa; la virtud sin el terror es débil. El terror no es otra cosa que la justicia inmediata, severa e inflexible: es, por tanto, una exteriorización de la virtud» (Robespierre, 1794 [2017]). ¿Por qué virtud cívica y terror político terminan yendo de la mano? Pues porque cuando se presupone que el bien común es una realidad autoevidente a la que todos los ciudadanos deben someterse, aquellas personas que no compartan tal visión de la virtud cívica constituirán una «conspiración de los malvados» que deberá ser aplastada por el imperio del terror (De Jouvenel, 1955 [2000]: 114-115). Y esos malvados deberán someterse al implacable imperio del terror por las obligaciones que cargan hacia el conjunto de la sociedad.

El origen en el que estos autores fundamentan tales obligaciones extraordinarias de los individuos para con el resto de la sociedad (o sus representantes políticos) estaría en el «contrato social» que cada uno de nosotros habríamos supuestamente suscrito al integrarnos en sociedad. Por ejemplo, Rousseau (1762: I§6) sostenía que:

> El contrato social es en última instancia lo siguiente: «Cada uno de nosotros pone en común su persona y todas sus capacidades bajo la suprema dirección de la voluntad general y a su vez recibimos corporativamente a cada miembro como parte indivisible del todo».

El contrato social, por consiguiente, vendría a ser el equivalente a unos estatutos asociativos que habríamos suscrito todos los miembros de una sociedad y en virtud de los cuales quedaríamos obligados a respetar la voluntad mayoritaria del conjunto de los ciudadanos, la cual podría imponernos obligaciones distintas a las del simple respeto de las libertades ajenas. El incumplimiento de tales obligaciones, además, facultaría al colectivo a conculcar las libertades individuales, pues cada individuo habría aceptado renunciar a esas libertades cuando suscribió el contrato social. Pero ¿realmente cabe equiparar la sociedad civil con una asociación reglamentada a través de un contrato social potencialmente muy restrictivo de las libertades individuales? O dicho de otro modo, ¿cabe justificar la limitación de la libertad personal apelando a la libertad estatutaria de haber suscrito un contrato social por el hecho de vivir en sociedad? No.

Ciertamente, si alguna persona hubiese suscrito de manera voluntaria un contrato social, tal persona quedaría obligada en los términos así acordados: éste es el presupuesto de la libertad de asociación que hemos expuesto al comienzo del presente capítulo. Sin embargo, tal contrato social nunca ha sido explícitamente firmado por nadie: no hay registros históricos de que tal acontecimiento haya sucedido jamás y, por el contrario, sí contamos con abundantísimos registros que exponen cómo las comunidades políticas fueron tradicionalmente impuestas *manu militari*. A su vez, aun cuando este contrato social sí hubiese tenido lugar en algún momento recóndito del pasado, su adhesión tan sólo obligaría a las personas que efectivamente lo hubiesen firmado por aquel entonces, no a todas aquellas generaciones ulteriores que no lo hayan firmado. Éste era justamente el argumento expuesto por Lysander Spooner en su ensayo *No Treason: The Constitution of No Authority* (1867 [2018]), donde rechazaba la autoridad de la Constitución estadounidense para, entre otras cosas, instituir la esclavitud en una parte de la población:

> La Constitución no genera ninguna autoridad ni obligación inherentes. No las genera salvo como contrato entre los hombres. Y ni siquiera pretende ser un contrato entre personas que existen hoy. Pretende, cuando mucho, ser sólo un contrato entre personas que vivieron hace ochenta años. Y deberá suponerse que ya entonces fue un contrato sólo entre personas que habían llegado a cierta mayoría de edad para ser competentes a la hora de suscribir contratos razonables y obligatorios. Además, sabemos históricamente que sólo una pequeña porción de la gente que existía en ese entonces fue consultada al respecto, o se le permitió expresar su acuerdo o desacuerdo de alguna manera formal. Esas personas, que sí dieron su consentimiento formalmente, están muertas hoy. La mayoría de ellas han estado muertas por cuarenta, cincuenta, sesenta o incluso setenta años. Y la Constitución, como era su contrato, murió con ellos. Ellos no tenían derecho ni poder natural para hacerla obligatoria sobre sus hijos.

Ahora bien, la mayoría de los defensores del contrato social no postulan que tal documento haya sido realmente firmado de manera explícita por todos los ciudadanos en algún momento de la historia. Su argumento, más bien, es que cuando los individuos optan por integrarse en la sociedad están dando *implícitamente* su consentimiento a todas aquellas obligaciones extraordinarias que esa sociedad decida imponerles. Dicho de otro modo, vivir en sociedad sería equivalente a aceptar implícitamente integrar una asociación con todas aquellas reglas que esa asociación decida establecer en sus estatutos constitucionales.

Sin embargo, este argumento es radicalmente inválido pues, como ya sabemos, el consentimiento implícito sólo resulta aceptable cuando 1) el individuo es consciente de que sus acciones equivalen a estar prestando el consentimiento a obligarse; 2) no se produce un disenso explícito que tumbe el consentimiento implícito, y 3) no existe ninguna violencia ni amenaza explícita hacia aquellos que formulen un disenso explícito. Ninguna de estas condiciones se ha cumplido jamás en ninguno de los contratos sociales implícitos existentes: ni todos los individuos actualmente sometidos a un contrato social han pretendido otorgar su consentimiento implícito a integrar una asociación con aquellas otras personas con las que coexisten dentro de una sociedad; ni políticamente se le ha reconocido ninguna eficacia jurídica al disenso explícito; ni, a su vez, el (ineficaz) disenso explícito ha estado normalmente exento de la amenaza de violencia hacia aquellos que se rebelaran contra ese contrato social (Huemer, 2013: 27-35). Por tanto, aunque bajo ciertas circunstancias muy extraordinarias un contrato social implícito pudiese haber adquirido validez, tales circunstancias extraordinarias no se han dado jamás en la constitución de ninguna comunidad política realmente existente.

En definitiva, coexistir, cooperar o convivir con otras personas no nos convierte naturalmente en miembros de una gran asociación con soberanía para aplastar las libertades individuales. En ausencia de un consentimiento asociativo válido, lo único que, en general, podemos exigirles a otras personas es que respeten la libertad, la propiedad y los contratos suscritos por otros individuos, así como que reparen los daños causados. Por ello, el liberalismo rechazará de raíz todas las apelaciones a un contrato social que imponga obligaciones jurídicas extraordinarias sin el consentimiento de aquellos a los que se pretende obligar. Lo anterior no significa, por cierto, que el liberalismo se oponga a toda forma de asociación política: pero, como tendremos ocasión de desarrollar en el capítulo 9, la legitimidad de cualquier comunidad política dependerá de que haya sido constituida voluntariamente o, como mucho, de que se limite a proteger la libertad personal, la propiedad y la autonomía contractual de los individuos. Una comunidad política sólo estará legitimada a restringir extraordinariamente alguno de esos derechos merced al consentimiento voluntario de aquellos individuos cuyos derechos se ven limitados: en caso contrario, estaremos ante una violación de tales derechos por parte de la comunidad política y, por tanto, ante el surgimiento de un deber de compensación del daño generado hacia esas personas por parte de la propia comunidad política.

8

Libre mercado

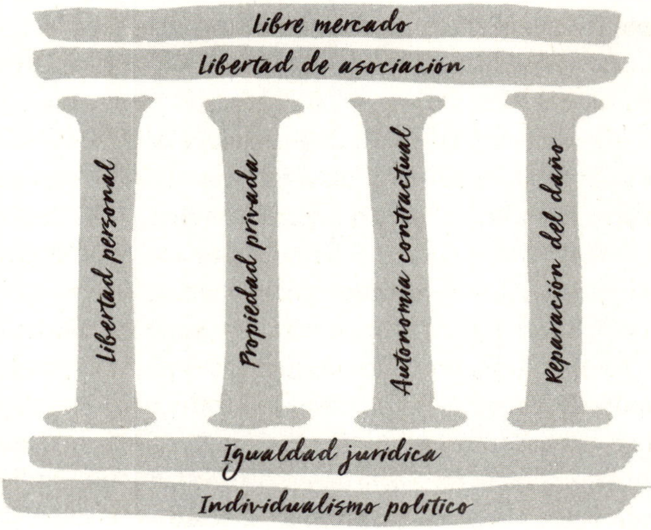

Principio 8: las personas también tienen derecho a asociarse económicamente con otras personas

Una de las principales razones —aunque ni mucho menos la única— por las que los seres humanos se asocian es para producir bienes o servicios: es decir, las personas tienden a conformar asociaciones que tienen una finalidad económica. Ejemplos históricos de organizaciones que han cumplido, al menos en parte, este tipo de función económica han sido los clanes de cazadores y recolectores —grupo de personas, normalmente unidas por lazos de sangre, que cooperaban para cazar y recolectar alimentos—, las comunas agrarias —conjunto de personas organizadas para cultivar en común una tierra de labranza—, los gremios —conjunto de talleres de artesanos concebido para regular internamente las condiciones de fabricación de una determinada manufactura— o los monasterios —conjunto de monjes de clausura que producían la propia comida que consumían—. Incluso la familia nuclear puede ser conceptualizada como una asociación con objetivos parcialmente económicos: producción de educación, de comida, de higiene o de cuidados mutuos entre sus miembros.

Dejando de lado que no todas estas asociaciones tuvieron históricamente ni un origen ni un desarrollo voluntarios ni, por tanto, respetuoso con la libertad de asociación (y desasociación) de cada individuo, lo que sí resulta incuestionable es que el asociacionismo económico ha sido una constante a lo largo de la historia de la humanidad y lo ha sido por razones lógicas: necesitamos de medios materiales para alcanzar nuestros fines y tales medios no nos son proporcionados por la naturaleza en la forma en que lo deseamos. De ahí que sea necesario producirlos y habitualmente resulta más eficiente producirlos en grupo que de manera aislada. Partiendo de tales antecedentes, la cuestión que al respecto podemos plantearnos es la de cómo aplicar los principios propios del liberalismo —libertad de acción, propiedad privada, autonomía contractual y libertad de asociación— a la cooperación social de tipo económico.

Los corolarios económicos del liberalismo

En primer lugar, la libertad de acción habilita a cada individuo a dedicarse a desempeñar aquellas actividades económicas que desee. Otra forma de denominar a este primer corolario del liberalismo en materia económica es el de «libre elección de profesión u oficio»: a saber, el derecho a desempeñar cualquier tarea productiva dentro de una sociedad; a su vez, la libre elección de profesión u oficio también implica que una persona no puede ser obligada a desarrollar una profesión u oficio en contra de su voluntad.

En este sentido, resulta muy ilustrativo que el economista liberal Anne Robert Jacques Turgot, cuando fue nombrado ministro de Finanzas de Francia entre 1774 y 1776, aprobó dos decretos dirigidos a impulsar la libertad de profesión en el doble sentido ya apuntado: por un lado, habilitar a cualquier ciudadano a ejercer aquel oficio que deseara; por otro, eliminar la obligación de ejecutar tareas no deseadas (salvo en circunstancias extraordinarias). En palabras del propio Turgot en el preámbulo de uno de estos decretos: «Dios ha hecho que los hombres tengan necesidades y los ha vuelto dependientes de su trabajo: por eso, el derecho al trabajo es propiedad de todos los hombres; de hecho, la propiedad más sagrada e imprescriptible de todas».

Así las cosas, el primer artículo del edicto de Turgot que eliminaba los privilegios gremiales que restringían la libre elección de oficio establecía lo siguiente:

> Habrá libertad para todas las personas, de cualquier calidad o condición, incluso para los extranjeros, de emprender y ejercer en todo nuestro reino, y particularmente en nuestra buena ciudad de París, cualquier tipo de negocio o cualquier profesión o arte o industria que les plazca, incluso de combinar varias de esas profesiones.

A su vez, el primer artículo del edicto de Turgot que eliminaba los trabajos forzosos en los servicios públicos establecía que:

> A partir de ahora ya no se les podrá exigir a los ciudadanos ningún trabajo, ya sea gratuito o forzado que, bajo el nombre de *corvée* o de cualquier otra denominación, les obligue a construir caminos o a desarrollar cualquier otra obra pública.

En segundo lugar, el derecho de propiedad no se limita a la propiedad privada sobre los bienes de consumo, sino que también abarca necesariamente a los medios de producción. Cada persona no solamente tiene derecho a controlar aquellos bienes que satisfacen directamente sus necesidades, sino también aquellos con los que puede producir directa o indirectamente los bienes de consumo que en última instancia necesita. Algunos pensadores socialdemócratas (Rawls, 1971: 54) y socialistas (Marx y Engels, 1848 [2000]: 51) han pretendido establecer una tajante distinción ética entre los bienes de consumo y los bienes de producción para justificar diferentes grados de protección jurídica:

así, sobre los primeros sí cabría reconocer un derecho reforzado de propiedad (dado que las personas configurarían sus proyectos vitales directamente con ellos), mientras que sobre los segundos no (dado que únicamente se utilizarían con finalidades lucrativas y no serían indispensables para salvaguardar el proyecto vital de ninguna persona). Pero tal diferenciación carece de sentido (Tomasi, 2012: 78-79; Queralt, 2018): hay bienes que pueden ser o de consumo o de producción según cómo los utilicemos (un ordenador personal puede utilizarse para jugar en línea o para diseñar los planos de una vivienda, escribir un ensayo académico o invertir en bolsa); asimismo, la propiedad privada sobre bienes de producción también puede contribuir por sí misma a satisfacer necesidades directas de muchas personas (ahorro, seguridad, autonomía, identidad, etc.); y, finalmente, uno de los proyectos vitales de algunos individuos puede ser justamente el de dedicarse a producir bienes de consumo para otros individuos, al igual que muchos pensadores se realizan existencialmente *produciendo* obras intelectuales que confían en que sean leídas por otros. Por tanto, para el liberalismo no cabe restringir la propiedad privada a los bienes de consumo, sino que necesariamente hay que extenderla a todo tipo de bienes, incluyendo aquellos que se utilicen con finalidades productivas: a este segundo corolario económico del liberalismo lo denominaremos «propiedad privada sobre los medios de producción». Tal es su relevancia que algunos liberales como Mises (1927 [1985]: 19) han llegado a afirmar que «si hubiera que condensar el programa del liberalismo en una sola palabra, ésta sería *propiedad*; es decir, propiedad privada sobre los medios de producción».

En tercer lugar, la propiedad privada y la autonomía contractual en el ámbito económico implican la posibilidad de transferir a terceros cualquier tipo de bien o servicio. Una de las potestades del propietario es, como ya vimos, enajenar la propiedad en las condiciones consensuadas con el nuevo adquiriente a través de un contrato unilateral o bilateral. Por consiguiente, en términos generales no cabe establecer restricciones a los intercambios. A este tercer corolario económico del liberalismo lo denominaremos «libre comercio», a saber, el derecho a ofertar cualquier bien o servicio a los demás en las condiciones que cualquier individuo desee reclamar:

> Como la propiedad, el intercambio es un derecho natural. Todo aquel que haya producido o adquirido un bien debería tener la opción de usarlo para sí mismo o de transferírselo a otro —sea éste quien sea— por algo que consienta dar a cambio. Arrebatarle esta potestad al ser humano, cuando no atenta ni contra el orden público ni contra la moralidad, sería tanto como legalizar el robo: es decir, sería violar un principio de justicia (Bastiat, 1849a).

Y en cuarto lugar, la libertad de asociación permite conformar uniones estables entre personas con el propósito compartido de producir bienes o servicios mediante la puesta en común de sus respectivos recursos materiales y humanos. Es decir, varias personas —a las que podemos denominar «socios»— constituyen una sociedad mercantil —o «empresa»— a la que cada uno le transmite parte de sus propiedades (tierra, maquinaria, dinero, etc.) con el propósito de, ulteriormente, organizar los recursos comunes de esa compañía hacia la provisión de determinada mercancía. Tal sociedad mercantil cuenta, como es lógico, con la misma libertad de elección de profesión, con el mismo derecho de propiedad privada sobre los medios de producción y con la misma libertad de comercio que cualquier otra persona física, de modo que también puede escoger libremente a qué dedicarse, ser propietaria de bienes de producción o comerciar con terceros. Otra forma de denominar a este cuarto corolario económico del liberalismo es «libertad de empresa». Nuevamente, el liberalismo defiende la libertad de empresa no sólo porque nos permita alcanzar una mayor eficiencia productiva, sino sobre todo porque representa una exteriorización del principio de libre asociación. Así, por ejemplo, después de reconocer que «un sistema de libre empresa está compuesto por muchas piezas: derechos de propiedad, libertad de acción, libertad de intercambio, libertad de asociación y libertad contractual», Robert Nozick (1976) sentenciaba que «las personas tenemos un derecho moral a participar en actividades cooperativas con otros sobre la base de acuerdos voluntarios, incluyendo entre esas actividades cooperativas el intercambio de bienes, servicios y trabajo».

Nótese que la libertad de empresa es plenamente compatible con la conformación de sociedades mercantiles orientadas a la producción para el autoconsumo: es decir, con las llamadas «comunas». Es del todo legítimo que diversos individuos (o grupos de individuos) constituyan una propiedad privada comunal a partir de las propiedades personales que cada uno de ellos aporten y que, con posterioridad, se dediquen a explotar los recursos de esa mancomunidad para producir bienes o servicios orientados hacia su autoconsumo. De hecho, y como ya expusimos, en parte una familia organizada en régimen de gananciales (o un monasterio) es eso: una propiedad privada comunal. Y la misma lógica vale, por consiguiente, para mancomunidades más extensas, como pueden ser los kibutz de Israel o gran parte de los pastos comunales de Suiza. No hay ninguna tendencia necesaria a que todos los recursos se organicen en forma de propiedad privada individual —tampoco en el ámbito económico—, dado que, según expusimos en el capítulo 4, en ocasiones su gestión mediante un régimen de propiedad privada comunal puede ser más conveniente. En palabras de Elinor Ostrom (1990: 61):

> Los aldeanos suizos y japoneses han analizado los beneficios y costes relativos de aplicar un régimen de propiedad privada o de propiedad comunal sobre los distintos tipos y usos de la tierra. Y, en ambos casos, los aldeanos han escogido retener la institución de la propiedad comunal como forma de gestionar la tierra y otros aspectos igualmente importantes de sus aldeas.

Ahora bien, a este respecto sí es importante que tengamos presentes dos cautelas.

Primero, el liberalismo considera legítimo mancomunar los medios de producción siempre que esa mancomunidad sea voluntaria para todos sus miembros. Recordemos que el reverso de la libertad de asociación es la libertad de desasociación y, por tanto, para respetar verdaderamente la primera también hay que respetar la segunda. Muchos de los movimientos intelectuales que han abogado por la comunitarización de los medios de producción lo han hecho avalando la comunitarización violenta, esto es, el robo y la adhesión forzosa de las personas a una determinada comuna. En este caso, la comunitarización será frontalmente opuesta a los principios liberales: no por el hecho de mancomunar los medios de producción, sino por hacerlo en contra de la voluntad de sus legítimos propietarios. Lo mismo cabría decir, por cierto, con respecto a la descomunalización de los medios de producción (su parcelación en propiedades privadas individuales): sólo será conforme al liberalismo en tanto en cuanto se desarrolle de manera voluntaria, pero no si se desarrolla de manera coactiva.

Históricamente, de hecho, ha habido movimientos socialistas que han buscado socializar los medios de producción de manera voluntaria y, por tanto, de un modo perfectamente compatible con el orden político liberal. Por ejemplo, el socialista francés Charles Fourier propuso crear comunidades cooperativas, denominadas falansterios, de entre 500 y 2.000 personas con el propósito de cultivar asociativamente las tierras de la comuna y, posteriormente, distribuir y consumir internamente esa producción; la entrada o la salida de los falansterios era voluntaria y, por tanto, no se pretendía abrogar la propiedad privada ajena por la fuerza, sino ilustrando las bondades de socializarla voluntariamente dentro de esas pequeñas comunidades. Así, por ejemplo, Albert Brisbane, seguidor de las ideas de Fourier y que contribuyó a crear varias decenas de falansterios en Estados Unidos a mediados del siglo XIX, describía del siguiente modo el principio asociacionista que inspiraba la creación socialista de falansterios:

> La Asociación es un conjunto de personas (desde 400 a 800) que se han unido *voluntariamente* para impulsar, con orden y unidad, las distintas ramas de la industria, el arte y la ciencia en las que participan, así como dirigir sus esfuerzos, energías y talentos del mejor modo posible para alcanzar la felicidad y la excelencia del conjunto (Brisbane 1843, 3) [énfasis añadido].

Muy distinto es el caso de otros socialistas como François Babeuf o Karl Marx, quienes desde un comienzo defendieron el uso de la violencia para erradicar la propiedad privada de todos los seres humanos. Por ejemplo, Babeuf en *El manifiesto de los plebeyos* (1795) abogaba por eliminar la propiedad privada de todos los franceses:

> El único medio para llegar a tal situación es establecer la administración común; suprimir la propiedad particular; vincular a cada hombre al talento, a la industria que conoce, *obligarle* a depositar su fruto en el almacén común; y establecer una simple administración de distribución, una administración de subsistencias, que lleve el registro de todos los individuos y de todas las cosas, y haga repartir estas últimas con la más escrupulosa igualdad, y las deposite en el domicilio de cada ciudadano [énfasis añadido].

Asimismo, Marx y Engels se manifestaban en *El manifiesto comunista* con absoluta sinceridad acerca de su voluntad de usar la violencia para arrebatar la propiedad a lo que ellos denominaban «la burguesía»:

> El proletariado se servirá de su supremacía política para arrancar poco a poco todo el capital a la burguesía, para centralizar todos los instrumentos de producción en manos del Estado, es decir, del proletariado organizado en clase directora, y para aumentar rápidamente la cantidad de fuerzas productivas. Esto, naturalmente, no podrá cumplirse al principio sino por una violación despótica del derecho de propiedad y de las relaciones burguesas de producción, es decir, mediante la adopción de medidas que parecerán económicamente insostenibles, pero que en el curso del movimiento se sobrepasarán, y son indispensables como medio para transformar por completo el modo de producción (1848 [2000]: 64).
>
> [...]
>
> Los comunistas rechazan ocultar sus opiniones y sus proyectos. Proclaman abiertamente que sus propósitos no pueden ser alcanzados sino por el derrumbamiento violento de todo el orden social tradicional (1848 [2000]: 89).

Segundo, las comunas orientadas hacia la producción exclusivamente para el autoconsumo tienden a ser unidades productivas poco eficientes, pues se enfrentan a un doble dilema. Por un lado, si las comunas son muy pequeñas (de apenas unos pocos cientos o miles de comuneros), la diversidad de habilidades y de recursos que habrá en su interior será muy escasa: ¿cuántos profesores universitarios especializados en cada subdisciplina de la ciencia o cuántos médicos especialistas en cada una de los campos de la medicina o cuántos artistas que dominen las distintas ramas del arte puede haber en una comunidad de 500 a 2.000 personas que deba dedicarse, además, a producir alimento, vestimenta, vivienda, electrodomésticos, ocio, etc., para todos ellos? ¿O cuántos recursos naturales diversos pueden mancomunar, partiendo de sus propiedades individuales, de 500 a 2.000 personas? Claramente, una comuna autosuficiente con muy poca gente sería una comuna con poca variedad de habilidades y medios de producción y, por tanto, una comuna pobre. Por otro, si las comunas son gigantescas (centenares de miles o millones de personas), éstas se vuelven muy difíciles de organizar desde arriba: la coordinación centralizada de millones de personas se enfrenta a obstáculos informativos (¿qué debe hacer cada uno de esos millones de individuos?) y a problemas de incentivos (¿cómo conseguir que cada persona haga lo que se espera que tiene que hacer?) que terminan siendo insuperables:

> Planificar todo un sistema económico como un todo indivisible es simplemente imposible. Requeriría de un intelecto sobrehumano capaz de entender la totalidad de las conexiones físicas entre las diversas industrias así como de prever los efectos que alterar alguna de ellas acarreará sobre las otras. Lo que sería necesario para una planificación racional de una economía socialista sería la existencia de un dios omnisciente que aceptara descender de los cielos para administrar la economía socialista. Semejante deidad debería conocer en cada momento y con absoluta precisión las distintas cantidades y calidades de inventarios de los factores productivos existentes dentro de un sistema económico, así como su exacta ubicación geográfica y poseer una sapiencia total sobre las muy

> diversas opciones tecnológicas con las que se los podría emplear. Es decir, debería conocerlo todo en cada momento sobre millones de distintas granjas, fábricas, minas o almacenes, y hasta la última zapatería, junto con el conocimiento más preciso sobre la cantidad y calidad de todas las máquinas, herramientas, materiales y bienes semiterminados que contienen todas ellas, así como lo que potencialmente podrían llegar a producir y cuándo. A su vez, necesitaría ser capaz de proyectar a futuro todas las diferentes nuevas combinaciones de factores productivos que podrían ser fabricados con los actuales factores productivos, junto con la información de dónde y exactamente cuándo serían producidos, así como las diversas posibilidades tecnológicas que se abrirán con ellos. Debería ser capaz de efectuar esta proyección durante un prolongado período de tiempo —al menos una generación, por ejemplo— para así evitar posibles despilfarros en la producción de maquinarias o edificios cuya vida útil posee una duración similar. Y entonces, a partir de todo el infinito número de posibles combinaciones y permutaciones acerca de lo que debería ser producido, aun tendría que ser capaz de escoger aquella combinación de factores que considerara óptima (partiendo de criterios indefinidos e indefinibles) y ser capaz de implementarla (Reisman, 1998: 271-272).

En otras palabras, si la asociación comunal para el autoconsumo es pequeña, no se podrá sacar partido de la ultraespecialización de los comuneros y de sus escasas propiedades socializadas; si, en cambio, la comuna es demasiado grande, ésta se vuelve inmanejable.

División cooperativa y competitiva del trabajo

Por eso, la tendencia histórica dentro de nuestras sociedades ha sido la de crear asociaciones productivas no orientadas a la autosuficiencia, sino al intercambio: a saber, cada asociación de medios de producción —cada empresa o cada «comuna»— tiende a especializarse en fabricar un reducido número de bienes y servicios que no son los demandados por sus propios miembros, sino por otras personas ajenas a la compañía. Así, cada empresa, en lugar de constituirse en una comuna autosuficiente que desarrolle internamente todo aquello que sus miembros puedan llegar a necesitar, produce las mercancías que necesitan otras personas quienes, a su vez, producirán —individual o asociativamente— otras mercancías que necesitarán otros. Socialmente, pues, los seres humanos practicamos la división del trabajo y del conocimiento: nos convertimos en productores especializados y, a través del intercambio, consumidores generalistas. Cada individuo se especializa en producir muy pocos bienes pero es capaz de adquirir, gracias al intercambio, muchos otros bienes distintos que han sido fabricados por otras personas. Merced a esta ultraespecialización individual y asociativa, la división del trabajo permite multiplicar la capacidad de las personas para fabricar mercancías: «El mayor avance en las capacidades productivas del trabajo, así como la mayor parte de la habilidad, la diligencia y el buen juicio con el que han sido utilizadas en todas partes, parecen ser una consecuencia de la división del trabajo» (Smith, 1776 [1904], vol. I: 5). O asimismo George Reisman (1998: 15):

> La división del trabajo es una característica esencial de cualquier sistema económico avanzado. Se halla en la base de prácticamente todo el desarrollo que normalmente vinculamos con el progreso técnico y el empleo de mejores máquinas y herramientas; su existencia es indispensable para lograr una alta y creciente productividad del trabajo; es decir, un alto volumen de producción por unidad de trabajo. Y, por ello mismo, la ausencia de la división del trabajo es lo que caracteriza a los colapsos económicos.

Ahora bien, y como acabamos de señalar, la ultraespecialización de la producción va indisociablemente de la mano del intercambio de las mercancías: si no producimos por nosotros mismos todo aquello que queremos, tendremos que intercambiar lo que producimos y no queremos por aquello que otros han producido y sí queremos. Semejante intercambio podría desarrollarse a través del trueque (por ejemplo, una vaca a cambio de dos cabras), pero éste sería un mecanismo muy ineficiente para efectuar transacciones de compraventa: a menos que una persona encuentre a otra que tenga lo que ella desea y que, a la vez, desee lo que ella tiene, el trueque no podría materializarse. Por eso, toda sociedad con un grado avanzado de división del trabajo necesita de un medio general de intercambio (normalmente llamado «dinero») que actúe como intermediario en toda transacción de compraventa: vender mercancías a cambio de dinero y comprar mercancías entregando dinero. Los medios de intercambio pueden estar constituidos por activos reales (como el oro) o por activos financieros (como los depósitos bancarios) y la estabilidad de su valor es fundamental para que ninguna persona se aproveche de otra (si el valor del dinero decrece, los deudores salen ganando a costa de los acreedores; si el valor del dinero crece, los acreedores salen ganando a costa de los deudores). Para conseguir un dinero saludable y honesto, el liberalismo promoverá la libre emisión y elección de dinero por parte de los individuos (White, 1999), dado que la sociedad, si se permite la creación y selección voluntaria de los medios de intercambio, tenderá a utilizar aquellos que mejor mantengan su valor y que no sean manipulados tramposa o coactivamente por sus emisores (en violación de los derechos de propiedad ajenos o de las obligaciones contractuales suscritas).

La necesidad de intercambiar con otros lo que producimos nos vuelve interdependientes: en la medida en que una persona sólo pueda comprar una mercancía si ha vendido (o va a vender) otra mercancía implica que cada individuo ha de focalizar sus esfuerzos productivos en aquello en lo que resulten relativamente más valiosos para el resto de la sociedad. Es decir, cada cual ha de convertir los intereses ajenos en intereses propios. Dentro de una sociedad caracterizada por la división del trabajo, las propias necesidades sólo pueden satisfacerse a través de la satisfacción de las necesidades ajenas:

> No es de la benevolencia del carnicero, cervecero o panadero de donde obtendremos nuestra cena, sino de su preocupación por sus propios intereses. No apelamos a su humanidad sino a su propia ganancia, y jamás les hablamos de nuestras necesidades sino de sus

> ventajas. [...] Es mediante el intercambio, el trueque o la compraventa como obtenemos de los demás la mayor parte de los bienes que recíprocamente necesitamos: justamente, esta misma predisposición a intercambiar es lo que dio lugar desde un principio a la división del trabajo (Smith, 1776 [1904], vol. I: 16).

Dentro de la división del trabajo, pues, las personas son capaces de coordinarse de manera espontánea para cooperar económicamente entre sí a través del intercambio. De hecho, cuando dos o más personas desean venderle su mercancía a otra, esos vendedores habrán de competir entre ellos para conseguir relacionarse con tal comprador: es decir, como la autonomía contractual habilita a cada comprador a escoger a cuál de esos productores desea adquirirle su mercancía, los vendedores rivalizarán por ofrecerle las mejores condiciones posibles. Y, por los mismos motivos, cuando dos o más compradores desean hacerse con los bienes de un mismo vendedor, éstos también deberán competir entre ellos: como la autonomía contractual de cada vendedor lo habilita a escoger a cuál de sus potenciales compradores desea venderle su producto, éstos deberán rivalizar por ofrecerle las mejores condiciones posibles. Dicho de otra manera, en una economía caracterizada por la división del trabajo, las personas tenderán a competir entre ellas (individual o asociativamente) para entablar relaciones mutuamente beneficiosas con otras personas. Es esa sana rivalidad entre productores y consumidores la que empujará a cada individuo a exhibir la máxima preocupación posible por las necesidades de aquellas personas con las que desea cooperar económicamente: si no logra satisfacer las necesidades de otros individuos mejor de lo que lo hacen sus competidores, no se relacionará económicamente con ellos.

Por este motivo, un quinto corolario del liberalismo en materia económica es el de la «libre competencia», a saber, el derecho a desarrollar una actividad, disponer de medios de producción, comerciar o crear una empresa sin cortapisa alguna por parte de los productores que ya se hallan establecidos en el mercado. En ausencia de libre competencia —en presencia de restricciones legales a la competencia—, los mercados se caracterizarían por el hecho de que o un solo agente gozaría del privilegio para producir y vender un producto (monopolio), o un solo grupo de agentes gozaría del privilegio para producir y vender un producto (oligopolio), o un solo agente gozaría del privilegio para adquirir un producto (monopsonio), o un solo grupo de agentes gozaría del privilegio para adquirir un producto (oligopsonio). En tales contextos de competencia restringida, la propiedad privada, la autonomía contractual y la libertad de asociación de las personas serían directamente violadas (algunos individuos o no podrían asociarse para producir un bien o no podrían venderlo o no podrían comprarlo), lo que permitiría que los monopolistas, oligopolistas, monopsonistas u oligopsonistas extrajeran beneficios extraordinarios a costa del resto de la sociedad.

Por ejemplo, un monopolio puede reducir la cantidad o la calidad de los productos que vende y a su vez incrementar sus precios gracias a que ninguna otra persona estará autorizada a producir y comercializar ese mismo bien en mejores condiciones para sus compradores. A su vez, un monopsonio puede presionar a los vendedores a bajar los precios de sus productos dado que nadie más podrá rivalizar con él a la hora de demandar semejante mercancía. O expresado de otro modo, la restricción jurídica de la competencia conduce a incrementar ilegítimamente el poder de mercado de alguna de las partes de una transacción: reduce el número de potenciales contrapartes con quienes uno puede relacionarse y, en cierto modo, lo vuelve rehén de aquellos que retienen el privilegio de comerciar. Por eso la libre competencia no sólo es respetuosa con los derechos de las personas, sino también con sus intereses.

Nótese que, en contra de lo que muchas veces tiende a repetirse, libre competencia no equivale a ausencia de cooperación: la división del trabajo promueve la cooperación entre personas por dos vías que ya han sido mencionadas pero que conviene remarcar. La primera es la cooperación que se establece entre individuos dentro de una misma empresa (las personas que conforman una empresa se asocian para cooperar en la producción de un determinado bien o servicio); la segunda es la cooperación que se establece entre las dos partes de una transacción económica (compradores y vendedores cooperan, *mediante el intercambio*, a la hora de satisfacer sus necesidades recíprocas). Dentro del mercado, competencia y cooperación no se contraponen: se coopera para competir (personas asociándose en una empresa) y se compite para cooperar (vendedores compitiendo para vender su producto a un comprador o compradores compitiendo para comprar su producto a un vendedor). En palabras de Mises:

> Los competidores aspiran a la excelencia y perfección dentro de un orden de cooperación mutua. La función de la competencia consiste en asignar a los miembros de una sociedad aquella posición desde la que pueden servir mejor al resto de los miembros de esa sociedad. Es el mecanismo que permite seleccionar, para cada tarea, a la persona más idónea (Mises, 1949 [1998]: 117).

El marco económico que partiendo de los principios generales del derecho de propiedad privada, autonomía contractual y libertad de asociación, estructura una división cooperativa del trabajo basada en la libre elección de oficio, la propiedad privada de los medios de producción, el libre comercio, la libertad de empresa y la libre competencia se denomina «libre mercado»: el libre mercado es el sistema económico propio del liberalismo.

Libre mercado capitalista

Ahora bien, individuos y empresas, no se dedican exclusivamente a producir los bienes de consumo que pueden satisfacer las necesidades últimas de otras personas, sino que también fabrican nuevos medios de producción —bienes de capital— para incrementar su eficiencia. Por bienes de capital entendemos todas aquellas herramientas (maquinaria, edificios, I+D, inventarios, etc.) que las personas utilizan para ulteriormente fabricar bienes de consumo a un menor costo o con una mayor calidad: cuanta mayor sea la disponibilidad de bienes de capital, incluyendo el hallazgo de nuevas tecnologías, tantos más y mejores bienes de consumo seremos capaces de producir. Así, al sistema económico que añade al libre mercado la producción y acumulación continuada de bienes de capital se lo conoce como «capitalismo»: a saber, una economía de mercado que se orienta a producir y acumular bienes de capital con el propósito de aumentar la productividad a la hora de fabricar bienes de consumo.

Conviene resaltar que para producir bienes de capital, las personas han de dejar durante un tiempo de producir bienes de consumo (los recursos que se destinan a fabricar una locomotora no pueden destinarse simultáneamente a hornear pan): es decir, la inversión en bienes de capital requiere de un paralelo proceso de ahorro (Strigl, 1934 [2000]: 26-35). Sin ahorrar (sin renunciar a producir durante un tiempo bienes de consumo con los que satisfacer nuestras necesidades más inmediatas) no es posible invertir (destinar recursos a producir bienes de capital que satisfarán nuestras necesidades futuras). A su vez, invertir en bienes de capital también implica la asunción de riesgos por parte del inversor: si se fabrican unas herramientas inadecuadas para producir bienes de consumo, el inversor habrá dilapidado su tiempo y sus propiedades en crear algo inservible. Por eso, resulta incorrecto afirmar que el capitalismo se fundamenta en el hiperconsumismo: en la medida en que el capitalismo requiere de acumulación de capital y que, a su vez, la acumulación de capital requiere de ahorro y que, finalmente, el ahorro implica abstenerse de consumir, cabrá afirmar que, desde un punto de vista económico, el capitalismo en todo caso se fundamenta en el «ahorrismo», esto es, en la abstinencia de consumir para crear nuevos bienes de capital.

En este sentido, los individuos o las empresas que cuenten con más y mejores bienes de capital serán más eficientes a la hora de competir con otros individuos o empresas fabricando mercancías para venderlas en el mercado. Es por ello que dentro de una asociación empresarial puede haber personas que cooperen aportando contractualmente su tiempo de trabajo (trabajadores) o personas que cooperen aportando sus bienes de capital (capitalistas). Cualquiera de ambas contribuciones al proceso productivo es potencialmente valiosa, aunque no todas ellas tienen por qué serlo en igual medida: en aquellas economías donde el trabajo sea muy abundante y fácilmente sustituible con relación al capital, la aportación del trabajador en una asociación empresarial estará proporcionalmente poco remunerada (es decir, el factor trabajo se quedará con un porcentaje relativamente menor de la producción total de la empresa: sus salarios serán relativamente bajos frente a los beneficios); en cambio, en aquellas economías donde el capital sea muy abundante y fácilmente sustituible frente al trabajo, la aportación del capital estará proporcionalmente poco remunerada (es decir, el factor capital se quedará con un porcentaje relativamente menor de la producción total de la empresa: sus beneficios serán relativamente bajos frente a los salarios). Dentro de una empresa, pues, los factores productivos son remunerados en función del valor añadido relativo que generan.

Por supuesto, también cabe la posibilidad de que allí donde un factor productivo sea sobreabundante frente a otro, su remuneración sea baja no sólo por generar un valor añadido relativamente menor sino también por la aparición de oligopolios u oligopsonios con un fuerte poder de negociación. Por ejemplo, en una economía en la que los trabajadores sean superabundantes y el capital muy escaso, los salarios pueden ser reducidos no sólo porque el (escaso) capital sea relativamente mucho más valioso que el (superabundante) trabajo dentro del proceso productivo, sino también porque el reducido número de capitalistas (oligopsonio laboral) tendrá un alto poder de negociación frente a los trabajadores y podrá presionar los salarios aún más a la baja. Pero en tal escenario, los trabajadores podrían asociarse en forma de sindicatos para ganar poder de negociación frente a los capitalistas. El liberalismo no sólo no es contrario a las organizaciones sindicales o patronales, sino que los considera una manifestación de la libertad de asociación entre personas y, por tanto, una herramienta perfectamente legítima para negociar dentro del mercado laboral, siempre —claro está— que no recurran a la violencia. Por ejemplo, en noviembre de 1849, la Asamblea Legislativa francesa estaba debatiendo sobre la prohibición de las «coaliciones industriales» (sindicatos), y Frédéric Bastiat (1849b) mostró su oposición con los siguientes argumentos:

> La palabra coalición es sinónimo de asociación: tiene la misma etimología y el mismo significado. Las coaliciones en sí mismas, al margen de los fines que persigan y de los medios que utilicen, no pueden ser consideradas una ofensa. [...] Lo que hemos de decirles a los trabajadores es: «No os vamos a perseguir porque os coaliguéis; tenéis perfecta libertad para hacerlo. Si pedís un incremento salarial, nadie se opondrá a ello. Si actuáis concertadamente, nadie se opondrá a ello. Si queréis ir a la huelga, nadie se opondrá a ello. Si tratáis de usar la persuasión con vuestros colegas, nadie se opondrá a ello. Pero si usáis las armas, la violencia y las amenazas, entonces sí que os llevaremos a los tribunales».

Capitalistas y trabajadores, por consiguiente, cooperan a través de empresas dirigidas a producir bienes y servicios o para el autoconsumo o, mucho más comúnmente, para el mercado: los términos del reparto, al permitir la libre asociación de las partes, tenderán a depender del valor añadido que cada cual aporte a la empresa. De hecho, la categoría de «trabajador» o de «capitalista» no está dada de manera estamental dentro de una economía de mercado: un trabajador que ahorre e invierta en medios de producción puede convertirse, total o parcialmente, en capitalista; y, a su vez, un capitalista que no sólo viva de sus rentas del capital sino que también trabaje como asalariado en alguna empresa actúa asimismo como trabajador. De este modo, a mayor número de trabajadores y mayor número de capitalistas dentro de una sociedad, mayor número de combinaciones empresariales mutuamente provechosas podrán potencialmente conformarse dentro de la sociedad y, por tanto, más fácil le será a cada persona encontrar su encaje óptimo en alguna de las muchas asociaciones empresariales posibles. En el extremo, en presencia de una pluralidad de trabajadores y de una pluralidad de capitalistas, los primeros pueden fácilmente asociarse, si así lo desean, en forma de cooperativas laborales (un tipo de empresa cuya copropiedad recae en sus trabajadores, hayan o no aportado capital para constituirla) y los segundos también pueden asociarse en una comunidad de bienes sin asalariados (un tipo de empresa en la que todas las actividades internas son desarrolladas por los propios socios capitalistas). Es decir, en una economía con pluralidad de trabajadores y capitalistas y en la que se reconoce la autonomía contractual y la libertad de asociación, tanto unos como otros pueden fácilmente independizarse del resto si así lo consideran provechoso: será el proceso competitivo entre cada uno de los distintos modelos de cooperación empresarial el que determinará cuáles de todos ellos son capaces de generar más valor para el resto de la sociedad.

Los errores anticapitalistas del marxismo

El marxismo ha denunciado históricamente la asociación entre el trabajador y el capitalista como una asociación parasitaria: esto es, como una asociación en la que el capitalista explota al trabajador. Para el marxista, los capitalistas no deberían obtener ningún beneficio de su asociación con los trabajadores, dado que los bienes de capital son en última instancia un producto material del trabajo y, por ende, resulta inadmisible que la única aportación de un capitalista al proceso de producción empresarial se limite a los bienes de capital y no a su tiempo de trabajo. Desde un punto de vista ético, sin embargo, no hay nada reprochable en que una persona venda o alquile su propiedad a un trabajador o a una asociación empresarial a cambio de una contraprestación: la libertad comercial (derivada, a su vez, de la propiedad privada y la autonomía contractual) le ampara. Negarle a una persona el derecho a disponer libremente de su propiedad, ya sea para consumirla o para invertirla productivamente, sería tanto como no respetar sus proyectos vitales de carácter pacífico: es más, expropiarle —tal como postulan algunos marxistas— la propiedad sobre aquellos de sus bienes de capital adquiridos mediante ocupación originaria, transmisión voluntaria o usucapión de buena fe sí sería una forma de parasitar a tales propietarios. Sólo en caso de que la propiedad de los medios de producción no se hubiese adquirido por alguna de estas tres vías cabría plantear una restitución de tales propiedades a sus auténticos dueños o alternativamente una compensación por el daño causado (pero no en favor de la «clase obrera en general» tal como postula el marxismo, sino de las víctimas concretas que fueron privadas ilegítimamente de su propiedad).

Desde un punto de vista económico, además, los argumentos del marxismo tampoco son correctos, pues afirmar que los bienes de capital son producto material del trabajo no equivale a decir que cualquier trabajador vaya a ser capaz o vaya a estar dispuesto a producirlos mediante su trabajo: justamente porque fabricar bienes de capital requiere de un grado de conocimiento suficiente acerca de los mismos (no sólo ingenieril, sino también económico sobre cuáles de todos ellos son más útiles para satisfacer las necesidades ajenas) y de una firme voluntad de ahorrar y de asumir de riesgos, no todas las personas podrán o querrán fabricarlos. Y si no lo hacen, ni están dispuestas a hacerlo, es lógico desde una perspectiva económica que aquellos trabajadores que necesiten bienes de capital para potenciar su productividad se los alquilen (a cambio de un precio) a los capitalistas.

Es decir, el marxismo yerra de lleno al acusar al capitalismo de promover la explotación del obrero por parte del capitalista: en una economía de libre mercado, cada persona decide en qué términos quiere colaborar con los demás y, obviamente, los demás también deciden en qué términos desean colaborar con ella. Recordemos la máxima de justicia distributiva del liberalismo: «De cada cual cómo escoja, a cada cual cómo sea escogido» (Nozick, 1974: 160). Los roles de trabajador o capitalista son roles derivados del tipo de actividad que cada cual desempeña dentro de una determinada asociación empresarial: roles que dependen, a su vez, de las elecciones que cada uno libremente toma respecto a cómo utilizar su libertad y su propiedad.

En definitiva, el sistema económico propio del liberalismo es el libre mercado: libertad de elección de oficio (como aplicación de la libertad personal al ámbito económico), propiedad privada de los medios de producción (como aplicación del derecho de propiedad al ámbito económico), libre comercio (como aplicación de la autonomía contractual al ámbito económico), libre empresa (como aplicación de la libertad de asociación al ámbito económico) y libre competencia (como interacción económica de todos estos principios). En su versión más sofisticada y avanzada, el libre mercado se convierte en libre mercado capitalista, esto es, un sistema en el que los principios anteriores se orientan a incrementar la productividad de las personas a través de la acumulación de capital físico, humano y tecnológico. Sin embargo, el libre mercado también es potencialmente compatible con la existencia de comunas que aspiren a la autosuficiencia: basta con que las personas se asocien voluntariamente en una copropiedad privada compartida y traten de satisfacer a través de ella la totalidad de sus necesidades económicas.

9

Gobierno limitado

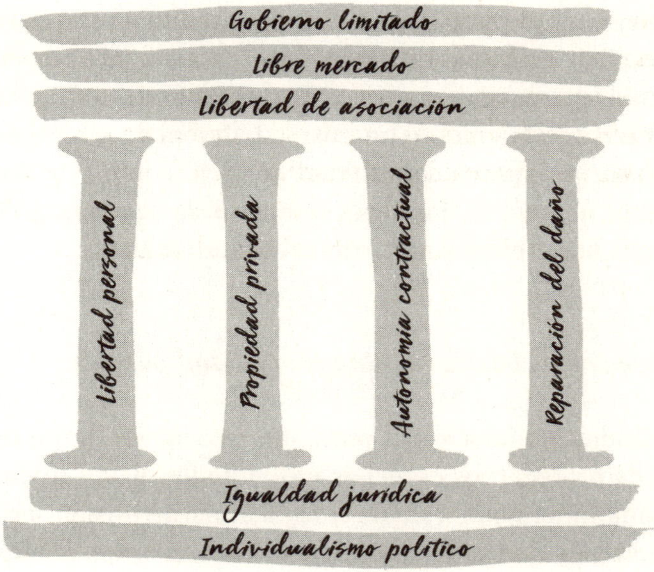

Principio 9: el gobierno ha de limitarse estrictamente a proteger los derechos individuales

Los derechos individuales fundamentales son la libertad personal, la propiedad privada y la autonomía contractual. De ellos se derivan las dos manifestaciones cooperativas por excelencia entre los seres humanos: la libre asociación civil y el libre mercado. Además, todos los individuos, sin distinción y en condiciones igualitarias, son titulares de tales derechos humanos universales: es decir, cualquier violación de éstos constituirá un ilícito antijurídico que activará el derecho de reparación de la víctima sobre el criminal.

Ahora bien, que las personas tengamos tales derechos no significa que vayan a ser automáticamente respetados por todos los individuos: y para protegerse eficientemente frente a quienes quieren conculcarlos, así como para reducir los costes de transacción en la resolución de controversias sobre el ejercicio del *ius puniendi*, los individuos tienden a organizarse en comunidades políticas. Es decir, tienden a conformar asociaciones dirigidas a ejercer defensiva y legítimamente la violencia contra aquellos que pretendan usarla ofensiva e ilegítimamente. Como es obvio, si los derechos individuales fueran automáticamente respetados por todas las personas —y, en caso de controversia, todos aceptaran someterse de buena fe a un mismo tribunal de arbitraje— no sería necesaria ninguna comunidad política: como esto desgraciadamente no sucede, los seres humanos se agrupan políticamente para hacer efectivos sus derechos individuales.

Las competencias básicas de una comunidad política

La comunidad política sería, pues, una asociación humana encargada de proteger los derechos individuales de sus miembros frente a cualquiera que trate de conculcarlos: su misión sería garantizar aquello que podríamos denominar «el orden público» (a saber, la protección general de los derechos individuales así como la reparación de los daños causados). Y para cumplir con semejante cometido, necesita disponer de tres competencias básicas: primera, la competencia de especificar el contenido concreto de los derechos individuales; segunda, la competencia de utilizar la violencia para evitar el quebrantamiento de esos derechos; y la tercera, la competencia de adquirir los recursos necesarios para ejecutar esas dos competencias previas.

Primero, especificar el contenido de los derechos individuales significa concretar cómo se aplican en la práctica entre los miembros de esa comunidad política; esto es, delimitar sus fronteras y su distinta casuística. A la postre, los derechos individuales nos proporcionan principios muy generales sobre cuáles son las restricciones que ha de aceptar una persona al interactuar con otra, pero no descienden a la realidad material y cultural concreta de un determinado grupo de individuos dentro del que esos derechos han de instaurarse. En otras palabras, no es lo mismo una «declaración universal de derechos» que un código normativo que desarrolle al detalle cada uno de esos derechos o que la jurisprudencia acerca de cómo deben aplicarse en casos y circunstancias particulares. En la práctica, eso implica que cada comunidad política tendrá que determinar cuestiones tan cruciales como qué constituye un sujeto de derecho (adultos, menores, nasciturus, animales, robots, etc.), qué cabe entender por una interferencia violenta sobre terceros (qué es una amenaza creíble, cuáles son los umbrales de riesgo que nadie puede imponer a otros, etc.), qué bienes son susceptibles de apropiación (propiedad intelectual o no), cuál es el conjunto de acciones que hay que realizar para entender que un bien se está ocupando pacíficamente (¿basta con tocarlo?, ¿hay que etiquetarlo o vallarlo?, ¿inscribirlo en algún registro de propiedad?, ¿efectuar algún tipo de ceremonia pública que señalice socialmente la voluntad de ocupación?, etc.), cuáles son las limitaciones del derecho de propiedad privada (¿se reconoce el proviso de Locke y si es así en qué términos?, ¿se reconoce un proviso antiinhabilitación y si es así en qué términos?, ¿en qué casos la protección de la propiedad se rebaja desde la exclusión a la indemnización?), cómo se estructura el *ius puniendi* (si existe *ius puniendi* comunitario o no, si se admiten las sanciones no monetarias, cuál es el procedimiento procesal garantista para resolver las controversias sobre el ejercicio del *ius puniendi*), etc. Cuestiones todas ellas que permiten transformar unos principios generales —como los expuestos en las páginas anteriores— en derechos concretos y ejecutables por parte de cada ciudadano.

De este modo, cuando los individuos deciden integrar una determinada comunidad política están aceptando, a su vez, que esa comunidad dote de contenido específico a sus derechos abstractos: definir los derechos de un determinado modo no supondrá necesariamente su limitación ilegítima, sino una forma de articular en la práctica su defensa efectiva. A su vez, distintas comunidades políticas podrán especificar esos derechos generales de formas muy distintas pero igualmente compatibles con los principios liberales: por ejemplo, comunidades políticas que regulan el proviso lockeano y comunidades políticas que lo excluyan; comunidades políticas que aceptan la propiedad intelectual y comunidades políticas que no; comunidades políticas sin *ius puniendi* comunitario y comunidades políticas con él, etc. Es decir, el liberalismo no arroja necesariamente un orden político regulatoriamente homogéneo, sino un orden policéntrico (Bell, 1991/92), con múltiples comunidades políticas regulatoriamente heterogéneas y en las que, merced a esa diversidad competitiva, las propias sociedades van descubriendo qué normas específicas facilitan en mayor medida la convivencia y el bienestar de sus miembros.

Segundo, la comunidad política —a través de los agentes autorizados para ello— también necesita poder usar la violencia con el propósito de evitar la conculcación de derechos individuales o de imponer la reparación del daño causado. Por ejemplo, la comunidad política puede usar la violencia para inmovilizar a un asesino antes de que cometa el crimen, para obligar a un ladrón a que devuelva su botín o para forzar a un defraudador a que resarza al ciudadano estafado. Sin capacidad para ejercer la violencia, no habría garantía última de que los derechos individuales sean adecuadamente tutelados. Por consiguiente, cuando los individuos pasan a integrar una comunidad política aceptan, a su vez, que ésta pueda ejercer la violencia para proteger los derechos previamente especificados por esa comunidad política. En muchos casos, además, pueden aceptar simultáneamente que, salvo excepciones, ellos renuncian a usar la violencia para autotutelar la defensa de sus derechos (Locke 1689b, §89), recayendo esta competencia en exclusiva sobre la comunidad (pues tal renuncia es lo que contribuye a reducir los costes de transacción de aplicar el derecho entre los ciudadanos).

John Locke (1689b: §88) resumió estas dos potestades de la comunidad política del siguiente modo:

> La comunidad política posee 1) el poder de redactar leyes, esto es, el poder de establecer qué castigos son apropiados para los delitos que cometen los miembros de la sociedad, y 2) el poder de declarar la guerra y la paz, es decir, el poder de castigar cualquier daño hecho a sus miembros por aquellos que no son miembros. Todo lo cual se hace para preservar la propiedad de todos los miembros de la sociedad tanto como resulte posible.

Y en tercer lugar, la comunidad política también está legitimada a obtener recursos —bienes o servicios— a costa de sus miembros para poder desarrollar las funciones que le son consustanciales en el mantenimiento del orden público. Sin recursos —materiales y humanos— no sería posible especificar el contenido de los derechos individuales ni, sobre todo, garantizar su defensa frente a quienes quieran violentarlos. Por consiguiente, los miembros de la comunidad política tendrán que nutrirla de medios suficientes para ejecutar su labor.

Ahora bien, al tiempo que la comunidad política adquiere potestades frente a sus miembros —potestad para concretar sus derechos, para utilizar (acaso monopolísticamente) la violencia para defenderlos y para obtener recursos con los que desarrollar su actividad—, también adquiere responsabilidades frente a ellos: justamente porque esas potestades son meramente instrumentos para alcanzar un determinado fin —mantener el orden público, es decir, proteger los derechos de sus miembros—, el ejercicio de esas potestades quedará constreñido por la consecución del fin perseguido. De ahí que estas tres potestades de la comunidad política no puedan ser absolutas e ilimitadas, pues en tal caso no constituirían un instrumento para la protección de los derechos individuales, sino para su conculcación. ¿Cuáles son los límites a los que, salvo pacto expreso y unánime en contra, debe someterse una comunidad política dirigida a proteger los derechos individuales?

En primer lugar, concretar los derechos individuales sin anular su contenido fundamental y posteriormente publicitar ante sus miembros el modo concreto en el que los ha especificado: sin un conjunto de normas claras y transparente acerca de las implicaciones concretas de los distintos cursos de acción de los ciudadanos, éstos no sabrían a qué atenerse en muchos casos (¿conculca este comportamiento algún derecho individual?) y, a su vez, la comunidad política podría caer en una absoluta arbitrariedad (acusar caprichosamente a alguna persona de haber conculcado derechos ajenos). En segundo lugar, usar la violencia únicamente para proteger los derechos individuales de sus miembros —en los términos en que tales derechos hayan sido especificados— y no para otras finalidades: tal protección de los derechos de cada miembro se producirá frente a todos sus otros miembros (sometiendo subsidiariamente tal controversia entre miembros al procedimiento judicial que la comunidad política haya habilitado para ello) y también frente a no miembros (debiendo entonces acordar con las personas que no sean miembros un procedimiento judicial que cumpla con los requisitos procesales mínimos de la justicia natural o, en ausencia de ese acuerdo, extendiendo su propio procedimiento garantista a los no miembros [Nozick, 1974: 110-113]).

En otras palabras, cualquier ejercicio legítimo de la violencia por parte de una comunidad política será un ejercicio limitado a la defensa de los derechos individuales de sus miembros tal como previamente esa misma comunidad política los ha especificado públicamente. Esta restricción en el fondo y en las formas de las funciones de la comunidad política es lo que tradicionalmente se ha conocido como «imperio de la ley» *(rule of law)*. En palabras de Hayek:

> Imperio de la ley significa que el gobierno no puede ejercer la coacción contra un individuo salvo para forzar el cumplimiento de una determinada regla: en este sentido, el imperio de la ley constituye una limitación a los poderes del gobierno. [...] Éste sólo puede atacar la esfera de libertades de una persona como castigo por vulnerar una regla previamente anunciada. El principio *nullum crimen, nulla poena sine lege* [sin ley previa, no existe delito ni pena] es la consecuencia más importante del ideal del imperio de la ley (Hayek, 1960 [2011]: 309-312).

Y, en tercer lugar, la obtención de recursos a costa de los miembros de la comunidad política también ha de estar restringida a la consecución de los fines de la comunidad política. Legitimar a la comunidad política para extraer recursos de sus miembros —en forma de, por ejemplo, dinero o prestaciones sociales obligatorias— sin que sean necesarios para mantener el orden público sería tanto como legitimar el parasitismo de la comunidad política contra sus miembros. Ahora bien, ¿cuál es el nivel adecuado de recursos que requieren los órganos de una comunidad política para garantizar el orden público? Precisamente porque existe una cierta indeterminación al respecto —cuanto mayores sean los recursos con los que cuenta una comunidad, tanto mejor podrá garantizar el orden público, aun cuando los rendimientos marginales de esos nuevos recursos sean decrecientes—, deberían ser los propios miembros de la comunidad política quienes presten regularmente su consentimiento con respecto al volumen de recursos que se les reclama para cumplir con sus fines (de un modo similar a como las comunidades de vecinos modifican las cuotas vecinales o aprueban derramas extraordinarias en caso de necesidad). El propio John Locke manifestó claramente la necesidad de ese consentimiento para financiar los gastos de la comunidad política: «Si alguien se arroga el poder de aprobar impuestos sobre los ciudadanos por su sola autoridad y sin el consentimiento de esos ciudadanos, estará invadiendo el derecho fundamental de propiedad y subvirtiendo el propósito del gobierno» (1689b: §140). Históricamente, ese consentimiento ha podido prestarse de manera indirecta a través de los representantes de los miembros de una comunidad política. Por eso, los revolucionarios estadounidenses se alzaron contra la corona inglesa bajo el lema *No Taxation Without Representation* [Ningún impuesto sin representación]. Por ejemplo, en palabras de James Otis (1764 [2015]), uno de los impulsores de la revolución estadounidense:

> Si se nos obliga a pagar nuevos impuestos sin que tengamos representación legal allí donde esos impuestos son aprobados, ¿no nos están arrebatando de este modo nuestra naturaleza de sujetos libres para reducirnos al miserable estado de esclavos tributarios?

El tipo de comunidad política que promueve el liberalismo es, en consecuencia, una comunidad política con un poder estrictamente limitado (salvo pacto expreso en contra entre todos sus miembros): limitado a defender los derechos individuales y a hacerlo de un modo no arbitrario. Lo contrario, de hecho, equivaldría a renunciar a los propios principios liberales: si algún ente tuviera derecho irrestricto a atacar la libertad, la propiedad o los contratos de las personas, entonces esas personas atacadas no tendrían los mismos derechos que ese ente. Sometida a tales limitaciones, la existencia de comunidades políticas no sólo no será indeseable, sino que resultará necesaria para que los derechos de las personas se respeten en la práctica. En palabras de John Locke (1689b: §87):

> El ser humano nace con derecho a la libertad perfecta y a disfrutar sin cortapisas de todos los derechos y prebendas que le otorga la ley natural en condiciones igualitarias a las de cualquier otro ser humano. En consecuencia, por naturaleza no sólo tiene el poder de proteger su propiedad, es decir, su vida, su libertad y sus posesiones, contra los daños que puedan ejercer otras personas, sino también a juzgar y castigar las conculcaciones de la ley natural (aplicándoles la sanción que considere que merezcan, incluso la pena capital si los crímenes cometidos son horrorosos). Ahora bien, ninguna sociedad política puede subsistir sin arrogarse el poder de proteger la propiedad de todos los miembros de esa sociedad —y, por tanto, el poder de castigar a quienes la violan—; y, en consecuencia, sólo podrá haber sociedad política allí donde cada uno de sus miembros haya renunciado a su poder natural [a proteger su propiedad y castigar a los criminales] y se lo haya entregado a la comunidad. [...] De este modo, la comunidad deviene el árbitro dentro de la sociedad. Actúa de acuerdo con normas y reglas preestablecidas y administradas de un modo imparcial e igualitario hacia todos los miembros de la comunidad. [...] Este árbitro resuelve las disputas que puedan emerger entre los miembros de la comunidad con respecto a cualquier asunto que concierna a sus derechos y castiga, mediante las penas fijadas por ley, aquellos delitos que algún miembro haya cometido contra el resto de la sociedad.

Minarquismo y anarquismo

En principio, y dada la utilidad de cada comunidad política para las personas a la hora de garantizar eficientemente el orden público, las comunidades políticas deberían emerger mediante la simple asociación voluntaria de sus miembros: cuando las personas poseen un interés común —mantener el orden público minimizando los costes de transacción en el ejercicio del *ius puniendi*—, la tendencia natural debería ser la de conformar asociaciones que promuevan tal interés común; aquellos que, por el contrario, no compartieran ese interés común, o pudieran alcanzarlo por otros medios internalizando todos los costes, simplemente evitarían formar parte de alguna comunidad política. John Locke (1689b: §89), por ejemplo, pensaba que las comunidades políticas aparecían «cuando y sólo cuando un cierto número de personas se unen en sociedad de tal forma que cada uno de ellos renuncia a su poder ejecutivo natural, entregándoselo al público». Asimismo, otros pensadores liberales como Lysander Spooner (1860 [2018]) han sostenido que «los gobiernos no pueden tener otras competencias que aquellas que los individuos les hayan delegado legítimamente».

Sin embargo, hay ocasiones en las que la libre asociación (y la libre desasociación) no resulta tan fácil de implementar como sería deseable: mantener el orden público es un servicio con un marcado componente territorial, por lo que su prestación no sólo beneficia a los individuos asociados a la comunidad política, sino también a aquellos otros individuos que residan dentro del territorio protegido por esa comunidad política aun cuando no se hallen adheridos a ella (por ejemplo, si se defiende una ciudad frente a una agresión externa, no se están defendiendo únicamente las libertades y propiedades de los residentes de la ciudad que a su vez sean miembros de la comunidad política, sino indirectamente también las de los residentes que no lo son).

Esta circunstancia puede conducir a comportamientos estratégicos por parte de algunas personas: a saber, que determinados individuos eviten asociarse a la comunidad política que está defendiendo aquel territorio en el que residen para así no tener que financiar los gastos vinculados al mantenimiento de ese orden público. Éste es, como ya vimos en el capítulo 4, el problema de los «bienes públicos»: es decir, bienes cuyo aprovechamiento necesariamente se efectúa por todo un colectivo de personas sin que haya forma de impedir que aquellos que no hayan contribuido a proveerlos disfruten de los mismos. La consecuencia evidente de la existencia de bienes públicos es que muchas personas tratan de «gorronear» los beneficios que proporciona la comunidad política sin, al tiempo, contribuir a financiarlos: pero si todas las personas, o un número elevado de ellas, adopta esa misma estrategia de gorrón, la comunidad política puede devenir incapaz de garantizar el orden público. En esos casos, ya expusimos que no era necesariamente incoherente con los principios liberales rebajar el grado de protección de los derechos de propiedad (desde la exclusión a la indemnización) para exigir una contraprestación monetaria por aquellos servicios que el individuo recibe y que claramente valora más que la susodicha contraprestación monetaria.

La condición de «bien público» de las comunidades políticas es una de las principales razones por las que, aun cuando la mayoría de ellas se hayan constituido sobre la base la violencia y la imposición a lo largo de la historia, no resulte sencillo reemplazarlas por otras con una génesis absolutamente voluntaria. Denominaremos «Estado» a aquella comunidad política que se ha arrogado la soberanía sobre un territorio y también sobre la población que reside dentro de él sin contar con el consentimiento de todas las personas implicadas: es decir, a aquella comunidad política que en última instancia apela a la problemática de los bienes públicos para justificar su existencia frente a sus ciudadanos. El origen histórico de los Estados no cabe buscarlo en ningún acuerdo voluntario entre las personas que lo integran (contrato social), sino en la conquista y el subsiguiente expolio de las vidas y propiedades de la población subyugada por parte de élites políticas organizadas (Tilly, 1985). En palabras de Murray Rothbard (1973 [2006]: 78):

> El modelo mediante el que típicamente se originó el Estado no fue mediante un «contrato social» voluntario, sino mediante la conquista de una tribu por otra. La libertad con la que contaba originalmente la tribu o el campesinado fue aplastada por los conquistadores. En un comienzo, los conquistadores mataban y saqueaban a sus víctimas, pero en algún momento decidieron que resultaba más provechoso asentarse entre el campesinado recién conquistado

> para gobernarlos y saquearlos de un modo permanente y sistemático. La tributación periódica que los conquistadores extraían de los conquistados pasó a llamarse «impuestos» (1973 [2006]: 78).

Pero a pesar de ese origen absolutamente antiliberal de todos los Estados modernos, éstos se resisten a desaparecer y a ser reemplazados por comunidades políticas genuinamente voluntarias debido a la dificultad que existe para proveer el orden público a través de la libre asociación individual. Es aquí donde emerge una importante línea divisoria dentro del pensamiento liberal. Un grupo de autores considera que no existen obstáculos verdaderamente insalvables para proveer el orden público a través de comunidades políticas voluntarias: son los llamados anarcocapitalistas (Rothbard, 1982a [1998]; Narveson, 1988 [2001]; Barnett, 1998; Huemer, 2013). Otro grupo de autores, en cambio, cree que el orden público no puede proveerse por medios exclusivamente voluntarios debido a sus características de bien público (no excluibilidad y no rivalidad en el consumo), por lo que consideran que el Estado —como comunidad política involuntaria— es una institución indispensable para garantizar la defensa efectiva de los derechos individuales (Mises, 1927 [1985]; Hayek, 1960 [2011]; Nozick, 1974; Buchanan, 1975 [2000]; Epstein, 1997).

El objetivo de los anarcocapitalistas es, por tanto, eliminar el Estado y sustituirlo por un conjunto de comunidades políticas de carácter voluntario: es decir, progresar hacia un archipiélago de comunidades políticas basadas en la libre asociación, encargadas cada una de ellas tanto de resolver los conflictos entre sus miembros como de defenderlos frente a agresiones externas. En contraste, el objetivo de los minarquistas es reformar los Estados existentes para someterlos tanto como sea posible al respeto de los derechos individuales: a saber, lograr que los Estados renuncien a su ilegítima soberanía sobre los ciudadanos y que se conviertan en gobiernos que, aun de manera monopolística debido a la problemática de los bienes públicos, queden constreñidos a respetar los derechos individuales de sus ciudadanos.

Nótese que el desacuerdo entre minarquistas y anarcocapitalistas no es un desacuerdo sobre los principios filosóficos de fondo —cuáles son los valores que estructuran su filosofía política—, sino un desacuerdo sobre la viabilidad socioeconómica de una comunidad política de adhesión voluntaria: si las comunidades políticas voluntarias fueran incuestionablemente viables, los minarquistas abrazarían la postura anarcocapitalista (dado que no habría ningún principio liberal que justificara la adhesión involuntaria a una comunidad política); si, por el contrario, las comunidades políticas voluntarias fueran incuestionablemente inviables, los anarcocapitalistas deberían abrazar la postura minarquista (dado que sería imposible materializar los principios liberales dentro de una sociedad sin el monopolio territorial del Estado). Dicho de otro modo, el desacuerdo entre minarquistas y anarcocapitalistas no es un desacuerdo filosófico de fondo —ninguno de ellos defiende un derecho natural del Estado a gobernar al resto de los ciudadanos— sino un desacuerdo científico —¿son viables las comunidades políticas voluntarias?—. Ambas corrientes forman parte del pensamiento liberal porque ambas corrientes promueven un marco de derechos individuales igualitarios entre todos los seres humanos y reconocen que el propio Estado ha de estar radicalmente limitado por la existencia de esos derechos. En palabras de Tibor Machan (2002):

> Tanto anarcocapitalistas como minarquistas defienden que las comunidades humanas han de establecer un gobierno y que su tarea es la de «defender estos derechos», es decir, y entre otros, «vida, libertad y la búsqueda de la felicidad». El gobierno, que no el Estado, es simplemente el tipo de institución que dentro de una comunidad humana tiene esta tarea y, óptima e idealmente, ninguna otra. Los minarquistas y los anarquistas liberales no están realmente en desacuerdo, pero defienden medios distintos para conseguir una solución que es básicamente idéntica para el problema de la violación de derechos. Ambos grupos proponen que la protección de derechos debería efectuarse sin violar derechos en el proceso de protegerlos. Difieren, en cambio, en la cuestión sobre si para conseguirlo se necesita un monopolio de la autoridad legal: los minarquistas sostienen que ese monopolio es natural, mientras que los anarquistas afirman que ese monopolio no es necesario.

Por consiguiente, para el liberalismo el Estado es o un mal necesario (minarquismo) o un mal innecesario (anarcocapitalismo) pero, en todo caso, un mal (Simmons, 2001). Es en este punto donde, además, cabe encontrar un nuevo sentido a la afirmación de que el liberalismo postula un gobierno limitado: a saber, no sólo postula la limitación funcional del poder en las comunidades políticas voluntarias en el sentido que hemos analizado en las páginas anteriores, sino *sobre todo* la absoluta limitación del poder de las comunidades políticas monopolísticas e involuntarias; es decir, del Estado (limitación que, en el caso del anarcocapitalismo, llega al punto de suprimirlo por entero). Esta limitación del poder estatal ha de darse en tres frentes fundamentales.

Límites competenciales del Estado mínimo

Primero, limitación competencial: si el Estado carece de soberanía sobre los individuos —si, al contrario, son los individuos quienes son soberanos frente al Estado—, entonces éste deberá limitar sus competencias a respetar (y proteger) los derechos de los individuos con la mínima injerencia posible. ¿Qué cabe entender por menor injerencia posible? Si las comunidades políticas no constituyen bienes públicos, entonces la supresión del Estado; si las comunidades políticas sí constituyen bienes públicos, entonces desempeñar *como mucho* las funciones mínimas indispensables para mantener el orden público: a saber, especificar las fronteras de los derechos individuales, usar la fuerza para prevenir o castigar la violación de los derechos individuales y recaudar los fondos necesarios para desarrollar esta actividad. Todas las otras competencias que el Estado se arrogara en contra de la voluntad de los individuos constituirían violaciones de sus derechos y, en consecuencia, deberían ser rechazadas prima facie. Tal como expresó exquisitamente Elisha Williams (1744), antiguo rector de la Universidad de Yale, desarrollando las tesis de John Locke:

> Si las personas crean el gobierno delegándole las competencias necesarias para garantizar la protección de esas personas y de sus

> propiedades, entonces eso también significa que los individuos no han renunciado a ninguna otra competencia salvo a ésas, y que todas las demás todavía son nuestras. Por tanto, es evidente que no hemos renunciado a ninguna otra libertad natural salvo a aquellas necesarias para la protección de las personas y de sus propiedades.

En consecuencia, «el Estado mínimo es el Estado más grande que puede ser justificado. Cualquier Estado de mayor tamaño viola los derechos de las personas» (Nozick, 1974: 149). También en este mismo sentido se expresó el liberal alemán Wilhelm von Humboldt (1792 [1854]: 184):

> El Estado es sólo el desarrollo de las potestades de todos sus ciudadanos considerados en su perfecta individualidad; por tanto, su propósito no puede ser otro salvo aquel que los ciudadanos no pueden garantizarse por sí mismos, esto es, la seguridad; y ésa es la única e infalible forma de conectar, mediante lazos fuertes y duraderos, algunos elementos que a primera vista podrían parecer contradictorios, a saber, el propósito del Estado en su conjunto con las finalidades colectivas de cada uno de sus ciudadanos.

En definitiva, el Estado sólo está legitimado a regular las libertades personales y a establecer los impuestos mínimamente necesarios para asegurar el orden público. Toda regulación o todo impuesto que desborde esta finalidad constituirá una violación de las libertades de los individuos. De ahí que aquellos modelos de Estado que se fundamenten en conculcar más ampliamente los derechos de las personas —su libertad de acción, su propiedad privada, su autonomía contractual, su libertad de asociarse o su libertad de comerciar— serán incompatibles de raíz con el liberalismo. Tomemos a modo de ejemplo cuatro de estos modelos históricos de Estado que son esencialmente antiliberales: el Estado confesional, el Estado mercantilista, el Estado de bienestar y el Estado totalitario.

El Estado confesional es aquel Estado que se adhiere a una religión específica la cual, en consecuencia, pasa a ser la religión oficial dentro de esa sociedad. Que el Estado use su organización para refrendar una determinada corriente religiosa ya constituye en sí mismo una extralimitación de sus legítimas competencias, tanto más si decide perseguir y reprimir a aquellas religiones no oficiales. El Estado confesional, pues, ataca la libertad de asociación (y desasociación) de las personas, al no mantenerse en un plano de neutralidad moral. Por eso, el liberalismo aboga por la estricta separación entre Iglesia y Estado: para que cada persona o agrupaciones de personas puedan practicar su fe sin interferir en la fe (o ausencia de fe) de otros individuos. Tal como escribió Thomas Jefferson (1802) en una carta remitida a los baptistas de Danbury:

> Al igual que vosotros, creo que la religión es sólo un asunto entre Dios y el hombre, que el individuo no debe rendir cuentas ante nadie por su fe o por su culto, que las potestades legítimas del gobierno afectan sólo a las acciones y no a las opiniones. Por tanto, contemplo con absoluto entusiasmo que el pueblo estadounidense haya declarado que el poder legislativo no deba «aprobar ninguna ley dirigida a establecer oficialmente una religión o a prohibir el ejercicio de ésta», erigiendo con ello una muralla de separación entre la Iglesia y el Estado.

Ahora bien, Estado no confesional no significa Estado anticonfesional: el Estado ha de respetar estrictamente la libertad de asociación de las distintas comunidades religiosas, no interfiriendo en su vida interna salvo cuando los derechos individuales de algunos de sus miembros sean conculcados (verbigracia, si alguna confesión religiosa usara la fuerza para impedir la desasociación de algunos de los miembros). En este sentido, por ejemplo, la mayor parte del comportamiento que adoptó el Estado revolucionario francés contra la Iglesia católica a partir de 1789 debe considerarse radicalmente antiliberal. En particular: el cierre de los monasterios por antieconómicos, así como disolución y prohibición de las órdenes religiosas (13 de febrero de 1790); la aprobación de la constitución civil del clero (12 de julio de 1790) por la que se convertía a todo el clero en funcionario público, se reorganizaban las diócesis eclesiásticas en línea con los departamentos administrativos del nuevo Estado francés y se obligaba a que el clero fuera elegido por sufragio de todo el censo electoral (incluyendo a miembros de otras religiones), a que prestara un juramento de fidelidad a la nación o al Rey y a que residiera dentro del distrito administrativo que administraba; y finalmente las diversas sanciones impuestas desde entonces a todos aquellos miembros del clero que rechazaron prestar semejante juramento (inhabilitación, deportación, encarcelamiento e incluso ejecución a través del decreto del 20-21 de octubre de 1793). Separar al Estado de la Iglesia no equivale a utilizar el Estado contra la Iglesia: tal actitud conculca la básica libertad de asociación de los individuos.

El Estado mercantilista es aquel que establece regulaciones e impuestos dirigidos a proteger de la competencia (interior o exterior) a algunas de las sociedades *mercantiles* existentes dentro de un territorio: por ejemplo, creación de licencias que restringen la libertad de elección de oficio; establecimiento de aranceles que impiden el libre comercio; asignación de subvenciones financiadas con la rapiña de los derechos de propiedad ajenos; concesión de financiación ventajosa trasladando su riesgo al resto de la ciudadanía, etc. Es decir, el Estado mercantilista ataca multitud de derechos individuales (propiedad, autonomía contractual, libertad de asociación o libre mercado) privilegiando a un grupo de empresarios concretos, quienes de ese modo consiguen bloquear la libertad de empresa de sus competidores para, en última instancia, parasitar a los consumidores. Adam Smith (1776 [1904], vol. II: 159) fue el primer liberal en denunciar lo que él mismo denominó como «sistema mercantil»:

> El consumo es el único fin de toda producción: por lo que los intereses del productor deberían ser tenidos en cuenta sólo en la medida necesaria para promover los intereses del consumidor. Tal principio es tan autoevidente que resulta absurdo tratar de demostrarlo. Pero en el sistema mercantil el interés del consumidor está siendo constantemente sacrificado por el interés del productor; este sistema parece considerar que la producción, y no el consumo, es el fin último de toda la industria y el comercio. [...] No resulta demasiado difícil determinar quiénes han sido los promotores del sistema

> mercantil; no han sido desde luego los consumidores, cuyos intereses han sido completamente marginados; sino los productores, cuyos intereses han sido cuidadosamente atendidos; y dentro del colectivo de los productores, los principales arquitectos del sistema mercantil han sido los comerciantes y los fabricantes. En las regulaciones mercantiles que hemos ido analizando, los intereses de nuestros fabricantes han sido protegidos, no así los intereses de los consumidores ni tampoco los de otros productores, los cuales han sido sacrificados.

El Estado de bienestar es aquel que establece regulaciones e impuestos con el objetivo general de incrementar el *bienestar* y la igualdad socioeconómica entre los ciudadanos que residen dentro de un territorio: impuestos variados (a la renta, a los beneficios, al consumo, a la propiedad, etc.) que recaen sobre un grupo de individuos (los contribuyentes netos) y que se destinan a efectuar transferencias monetarias (pensiones, subsidios de desempleo, ayudas por maternidad, etc.) o en especie (educación o sanidad gratuitas para el usuario) en favor de otro grupo de individuos (los beneficiarios netos); o, asimismo, regulaciones varias dirigidas a limitar la libertad de los individuos para nivelar su poder de negociación (leyes de salario mínimo, leyes de precios máximos sobre los alquileres, legislación de defensa de los consumidores o en defensa de la competencia, etc.). Es decir, el Estado de bienestar ataca multitud de derechos individuales (propiedad, autonomía contractual, libertad de asociación o libre mercado) para incrementar la renta, la riqueza, el estatus o las capacidades de algunas personas a costa de las de otras. Y si bien algunos de los fines del Estado de bienestar puedan ser fines nobles y positivos (proporcionar recursos a algunos individuos para que puedan vivir una vida mejor), los medios que utiliza para alcanzarlos (conculcar los derechos individuales de terceras personas) no lo son. En palabras de Tibor Machan (1991):

> Si los derechos de propiedad son la base adecuada para una sociedad justa, entonces el Estado de bienestar, en la medida en que obliga a la gente a separarse de aquello que es suyo aun en contra

> de su propia voluntad, es injusto. Por decirlo simplemente: el Estado de bienestar perpetra un robo legalizado arrebatando a unas personas lo que les pertenece y entregándoselo, sin consentimiento del dueño, a otros. Aunque el objetivo del Estado pueda ser positivo e incluso noble, los medios usados para lograrlo son simplemente criminales.

Recordemos, en todo caso, que el Estado mínimo del liberalismo sí sería potencialmente compatible con una transferencia de renta hacia aquellos que carecieran de recursos y que, al mismo tiempo, fueran absolutamente incapaces de lograrlos cooperando con otras personas dentro de una estructura de derechos de propiedad dada. Bastaría para ello con integrar el proviso lockeano dentro de la estructura básica de derechos individuales definidos por el propio Estado. A este respecto, conviene distinguir de raíz las transferencias de recursos derivadas del proviso lockeano y las redistribuciones de recursos efectuadas por el Estado de bienestar. El Estado de bienestar se fundamenta en última instancia en una justicia distributiva de tipo igualitario: trata de rectificar las decisiones legítimas que toman las personas con respecto a su libertad y a su propiedad para adaptarlas a un ideal preconcebido acerca de cómo deberían distribuirse todos esos recursos (de ahí, por cierto, que también quepa calificar al Estado de bienestar como una teleocracia en la que la libertad personal está subordinada a un ideal igualitarista). En cambio, el proviso de Locke se limita a configurar tales transferencias como una compensación jurídica de quienes legítimamente se han apropiado de la totalidad de los recursos naturales hacia aquellos que, precisamente por haber agotado la existencia de *res nullius* y ante su incapacidad para cooperar con los propietarios, carecen de la posibilidad de acceder a una porción de dichos recursos que les permita sobrevivir como agentes morales: es decir, no se aspira a una distribución igualitaria de los recursos, sino sólo a extender la reciprocidad jurídica en el derecho de propiedad incluso hacia aquellos que carecen no culpablemente de propiedades.

A su vez, el Estado totalitario es aquel que pretende invadir *todos* los ámbitos de la vida de sus ciudadanos, privándoles de cualquier esfera de derechos dentro de la que puedan perseguir sus proyectos vitales. El Estado totalitario es absolutamente soberano frente al individuo: éste carece de cualquier derecho frente al Estado y, a la inversa, el Estado posee una completa autoridad sobre él. En la medida en que el Estado totalitario socava absolutamente la idea de derechos individuales, y entroniza la idea de la soberanía *total* del Estado, constituye el modelo de organización política más opuesto posible al liberalismo:

> Las distintas clases de colectivismo —comunismo, fascismo, etc.— se diferencian en función de los objetivos hacia los que pretenden que la sociedad dirija sus esfuerzos. Pero todos ellos se diferencian del liberalismo y del individualismo en que quieren movilizar al conjunto de la sociedad, y a todos sus recursos, para perseguir un determinado fin unitario, al tiempo que rechazan reconocer esferas individuales de autonomía dentro de las cuales prevalecen los fines de las personas. Dicho de otro modo, son sistemas totalitarios en el auténtico sentido de esta palabra (Hayek, 1944 [2001]: 60).

En definitiva, desde el punto de vista de la competencia, el único Estado que en principio podría encontrar encaje con el liberalismo es aquel que se dedica a salvaguardar el orden público (incluyendo dentro de él, acaso, la compensación por el proviso de Locke) debido a la imposibilidad de alcanzar ese mismo fin a través de una comunidad política basada en una asociación exclusivamente voluntaria. Es decir, el llamado Estado mínimo.

Límites territoriales del Estado mínimo

Segundo tipo de limitación a la que debe someterse un Estado: limitación territorial. En principio, cabría pensar que, como la función del Estado mínimo es únicamente la de preservar el orden público, cuanto más extenso sea ese Estado mínimo desde un punto de vista territorial, tanto más se expandirá la protección de ese orden público: desde esa perspectiva, el Estado mínimo debería abarcar territorios tan amplios como fuera posible.

De hecho, en cierto modo, el enfoque imperialista de las relaciones internacionales que comentaremos en el próximo capítulo compartía esta misma idea: extender el Estado es extender la civilización. Sin embargo, esta perspectiva debe ser matizada en dos dimensiones.

Por un lado, y como consideración más general, recordemos que la defensa liberal de un Estado mínimo resulta en todo caso admisible bajo la hipótesis de que, dentro de un determinado territorio, el mantenimiento del orden público se enfrenta a comportamientos oportunistas (*free-riders*) que pueden terminar socavando el orden público dentro de ese territorio. Son sólo los *free-riders* dentro de ese territorio, es decir, aquellos que se benefician del orden público provisto por el Estado en una determinada área geográfica pero que se niegan a contribuir a sufragarlo o a respetarlo, quienes en todo caso deberían ser forzosamente adheridos al Estado mínimo. Ahora bien, que los *free-riders* deban contribuir forzosamente a mantener el orden público dentro de un determinado territorio no equivale a decir que aquellas personas que se hallan fuera de ese territorio, y que en consecuencia *no son free-riders* de éste, deban ser adheridas forzosamente al Estado mínimo. El hecho de que el Estado, aun el Estado mínimo, sea una comunidad política de adhesión forzosa (debido al problema de los bienes públicos) debería llevar a minimizar la extensión territorial de esos Estados para así minimizar también la problemática moral del *free-rider* de adscripción forzosa: no maximizar el territorio, y por tanto maximizar el número de personas que son adheridas al Estado sin haber prestado su consentimiento, sino minimizarlo para, a su vez, minimizar el número de individuos adheridos obligatoriamente.

Por otro, recordemos que una de las misiones de una comunidad política es especificar, para un entorno social determinado, el contenido particular de los derechos generales que propugna el liberalismo. No existe una única forma adecuada de especificar esos derechos generales —pues hay muchas caracterizaciones posibles compatibles con el liberalismo—, por lo que en muchos casos esa especificación estará vinculada a la cultura y a los valores compartidos por un determinado grupo humano. Un ejemplo muy elemental, y ni mucho menos el más importante, son las diferencias lingüísticas: los derechos individuales se especifican en un código normativo que está verbalizado en un determinado idioma; asimismo, las deliberaciones sobre cuál ha de ser la carga fiscal del Estado así como las sentencias judiciales que resuelven una controversia jurídica también se expresan en una determinada lengua. Resulta, pues, perfectamente razonable que los usuarios de una lengua distinta a la que tienda a emplear un Estado en todas estas manifestaciones de sus competencias no deseen formar parte de éste sino de otra comunidad política que se exprese en su propia lengua (pensemos simplemente en la problemática derivada de no entender adecuadamente la lengua en la que está escrita una ley o la que se emplea en los procesos judiciales). Otro ejemplo podría ser la visión que los distintos individuos tengan sobre asuntos controvertidos dentro del liberalismo, como el proviso de Locke, la propiedad intelectual o la usucapión de propiedades aparentemente abandonadas: algunos grupos de individuos, incluso partiendo de planteamientos liberales, pueden considerar que esos tres conceptos son derechos individuales, mientras que otros grupos pueden no verlos como tales. Por esos y otros motivos, no convendrá que un Estado se expanda territorialmente sin límite e imponga su particular especificación de los derechos a grupos humanos que preferirían determinarlos de un modo alternativo: «Existen ciertos derechos que son inalienables y fundamentales y que a la hora de ratificar el contrato social han de ser descubiertos y establecidos. [...] Que las personas sean incapaces de acordar cuáles son esos derechos debería constituir un argumento de peso contra la presunción de que conforman una misma sociedad y de que han de ser gobernados por un mismo sistema de leyes» (The Federal Farmer, 1787). En lugar de un Estado mínimo único, resulta preferible una pluralidad de Estados mínimos diversos que se alineen más estrechamente con los valores subyacentes en cada una de aquellas sociedades dentro de la que están garantizando el orden público:

> El liberalismo político es la teoría política que responde al problema de la diversidad y del desacuerdo con estructuras instituciona-

> les que no buscan establecer unos principios o fundamentos comunes, sino diversos árbitros. No un único árbitro, como a Hobbes le habría gustado, sino diversidad de árbitros, cada uno de los cuales es decisivo dentro de su dominio pero no en el dominio de los demás (Kukathas, 2003: 265).

En definitiva, desde el punto de vista de la extensión territorial, el liberalismo también propugna una limitación geográfica del tamaño mínimo que sea compatible con su objetivo de preservar el orden público.

Límites formales del Estado mínimo: pesos y contrapesos

Y tercera limitación a la que debe someterse el Estado: límites formales dirigidos a minimizar el riesgo de que exceda sus competencias y utilice su poder de manera arbitraria y tiránica. ¿Cuándo podemos considerar que un gobierno se está tiranizando? Cuando desborda las limitadas competencias con las que cuenta exclusivamente para proteger los derechos individuales: «Siempre que el poder que los ciudadanos han delegado para ser gobernados y para proteger sus propiedades se utiliza para otros fines como empobrecer, intimidar o someter a los súbditos a los mandatos arbitrarios y abusivos de quien lo ostenta, ese gobierno se convierte en tiranía, tanto si se halla en manos de una sola persona o de muchas» (Locke, 1689b: §201). O de manera igualmente clara, podemos mencionar la Declaración de Independencia de Estados Unidos, en la que claramente se subordinaba la existencia de un gobierno a la delegación de poder por parte de los individuos con el propósito de proteger sus derechos fundamentales, deviniendo en tiranía aquel Estado que se salta tales límites:

> Sostenemos como evidentes por sí mismas dichas verdades: que todos los hombres son creados iguales; que son dotados por su Creador de ciertos derechos inalienables; que entre éstos están la Vida, la Libertad y la búsqueda de la Felicidad. Que para garantizar estos derechos se instituyen entre los hombres los gobiernos, que derivan sus

> poderes legítimos del consentimiento de los gobernados; *que cuando quiera que una forma de gobierno se haga destructora de estos principios, el pueblo tiene el derecho a reformarla, o abolirla, e instituir un nuevo gobierno que se funde en dichos principios, y a organizar sus poderes en la forma que a su juicio ofrecerá las mayores probabilidades de alcanzar su seguridad y felicidad* [énfasis añadido].

El riesgo de tiranización se halla muy presente en cualquier comunidad política, no sólo en las estatales: a la postre, toda comunidad política concentra un enorme poder dirigido supuestamente a defender los derechos de sus ciudadanos; y precisamente porque las comunidades políticas poseen un poder militar suficiente como para aplacar las ofensivas contra tales derechos, también poseen el poder suficiente como para ser ellas mismas las que los ataquen y los aplasten. ¿Cómo conseguir un cierto equilibrio pacífico en el que la comunidad política, y más concretamente el Estado mínimo, no aplaste por su cuenta los derechos individuales de los ciudadanos? El liberalismo ha tendido a rechazar aquellas fórmulas que consistan en delegar la totalidad del poder militar a una sola institución: que la comunidad política deba tener un poder suficiente como para defender a los ciudadanos no equivale a decir que deba concentrar absolutamente todo el poder existente en una sociedad. El propio lord Acton (1887) acuñó célebremente esa máxima que tan bien resume el espíritu liberal en materia de poder político: «El poder corrompe, y el poder absoluto corrompe absolutamente». También James Madison se mostraba profundamente preocupado con la naturaleza amenazante del poder político y promovía el establecimiento de límites que dificultaran su desborde: «Es difícil negar que el poder tiene una naturaleza intrusiva y que debe ser adecuadamente restringido para evitar que sobrepase sus límites» (Madison, 1788b [2001]).

Es decir, el liberalismo propugna establecer restricciones a la concentración del poder político por parte del Estado: esto es, propugna crear pesos y contrapesos *(checks and balances)* frente al ejercicio del poder estatal. De acuerdo con Thomas Jefferson (1781: 128): «El gobierno que buscamos es un gobierno [...] cuyos poderes estén divididos y equilibrados entre distintos cuerpos de magistrados, de manera que ninguno pueda traspasar sus límites legales sin ser controlado y restringido por los otros». Estos pesos y contrapesos al Estado pueden ser externos o internos.

Los externos estarían constituidos por todo aquel conjunto de instituciones sociales que constituyen un contrapoder real frente al Estado y que pueden dificultarle su objetivo de apropiarse de competencias que no le han sido expresamente delegadas por los ciudadanos. Ejemplos de estas instituciones externas al Estado que podrían llegar a frenar sus abusos de poder son: la familia, las confesiones religiosas, la prensa, los fueros, los sindicatos, las universidades, las multinacionales, la comunidad internacional, la fragmentación de un territorio en múltiples Estados en competencia (lo que hemos denominado previamente «limitación territorial del Estado» y que facilita que los ciudadanos escapen de un Estado agresivo para refugiarse en otro Estado cercano menos abusivo) o la presencia de una sociedad armada capaz de organizarse en milicia.

Los contrapesos externos constituyen auténticos contrapoderes (militares, jurídicos, intelectuales o afectivos) contra los intentos del Estado por expandirse: pero justamente porque son poderes alternativos a los del Estado, también pueden coaligarse con él para tiranizar de manera más efectiva a la sociedad (la historia está repleta de confesiones religiosas, gobiernos extranjeros, medios de comunicación, sindicatos, universidades o multinacionales que se han coaligado con el Estado para parasitar más eficazmente a la población).

Acaso la única excepción (parcial) a esta regla sea el de una sociedad extensamente armada: no porque los grupos armados dentro de una sociedad no puedan aliarse con el Estado para reprimir a otros individuos, sino porque, al menos, esos otros individuos cuyos derechos pretenden reprimirse estarán armados y contarán con la opción de defenderse frente a sus agresores (alternativamente, si nadie dentro de una sociedad tuviera armas y, por tanto, si el Estado contara con su monopolio, a éste le resultaría muy fácil armar en cualquier momento a aquellos grupos dentro de una sociedad que pudieran convertirse en sus aliados para reprimir las libertades de otros individuos: las fuerzas paramilitares son un claro ejemplo). Jefferson, por ejemplo, pensaba que «un pueblo que sea libre, y que quiera seguir siendo libre, necesita de una milicia armada y bien organizada que lo proteja» (Jefferson, 1808). O como ha expresado más recientemente David Kopel (2013: 39-44):

> Al reservarse mayor poder para sí mismos, los estadounidenses han entregado menos poder al gobierno. El proceso judicial; los jurados; los pesos y contrapesos de las tres limitadas ramas del gobierno; la soberanía dual y limitada de los gobiernos estatales y locales; así como la muy dispersa propiedad de armas, todo ello refleja la idea de que no debemos confiar en que ningún gobierno vaya a controlarse a sí mismo. La libertad de los ciudadanos sólo puede garantizarse si la gente retiene para sí misma el derecho a ejecutar directamente la ley. [...] El derecho humano fundamental a tener y portar armas es un derecho inherente a todas las personas, no sólo los estadounidenses: a saber, el derecho a usar las armas para protegerse de criminales a gran escala como tiranos y genocidas —y también de criminales menores que invaden nuestros hogares o nuestras escuelas.

En suma, y con la excepción parcial del derecho a portar armas, el problema de muchos de estos contrapesos externos es que pueden volverse en contra de las libertades de los ciudadanos a menos que se consiga un adecuado equilibrio antagónico entre todos ellos.

Por su parte, los contrapesos internos se refieren al diseño de la arquitectura organizativa de un Estado con el propósito de maximizar las probabilidades de que se autocontrole y se autorrestrinja a la hora de abusar de su poder. Los tres grandes contrapesos internos que históricamente ha promovido el liberalismo para encorsetar el crecimiento estatal han sido la separación de poderes, la democracia y la constitución.

Por separación de poderes entendemos que las funciones que típicamente ha de desarrollar la comunidad política —especificar la estructura de derechos y prevenir o sancionar la conculcación de esos derechos— no sean concentrados en la misma persona o en el mismo órgano. Es decir, el poder para especificar los derechos (poder legislativo) no ha de estar unido al poder para proteger tales derechos (poder ejecutivo) ni al poder para determinar las sanciones imponibles a aquellos que los han violado (poder judicial): de este modo, un órgano del Estado se encarga de establecer normas universales aplicables a todos los ciudadanos —incluidos los miembros del Estado—; otro órgano se encarga de analizar y fiscalizar en qué medida esas normas son respetadas en el día a día, y en caso contrario establecer sanciones; y finalmente otro órgano, que también se somete a esas normas generales diariamente fiscalizadas, puede usar el poder militar, dentro de los estrictos límites marcados por la ley, para defender los derechos individuales de los ciudadanos o para aplicar las sanciones vinculadas a su violación. Si un solo órgano concentrara estos tres poderes, nos expondríamos al muy elevado riesgo de que la voluntad arbitraria del órgano que controla el poder militar se convirtiera en norma universal y a que, a su vez, ese mismo órgano jamás considerara que él mismo se ha saltado sus propias leyes. Es decir, la concentración de todas las funciones de la comunidad política en unas mismas manos supondría dar carta de naturaleza al uso arbitrario del poder estatal, esto es, a la tiranía: «La acumulación de todos los poderes —legislativo, ejecutivo y judicial— en unas mismas manos, sean las de una sola persona o las de muchas, sea hereditario, autoproclamado o elegido, constituye con rigor la definición misma de tiranía» (Madison, 1788a [2001]).

Por democracia entendemos ampliamente una forma de organizar el gobierno de una comunidad política consistente en agregar las preferencias libremente expresadas de sus ciudadanos. Es decir, en democracia, el conjunto de los votos de todos los ciudadanos determina de algún modo la forma de actuar de la comunidad política o, al menos, de determinados departamentos de la comunidad política. Nótese que alternativamente una comunidad podría regirse bajo el mando de una sola persona (lo que tradicionalmente se ha venido a denominar «monarquía») o bajo el mando de un grupo reducido de personas (lo que tradicionalmente se ha denominado «aristocracia»). Desde un punto de vista liberal, la presunta ventaja de la democracia frente a tales formas alternativas de gobierno es que el riesgo de tiranización resulta aparentemente menor: cuando la democracia es directa (esto es, las funciones de la comunidad política las ejercen diariamente los ciudadanos mediante votación), se supone que los propios ciudadanos no tratarán de abusar del poder contra sí mismos o, al menos, que lo harán en menor medida que cuando ese poder recae en unas pocas manos; cuando la democracia es indirecta o representativa (esto es, los ciudadanos escogen a aquellas personas que administrarán el día a día de la comunidad política), se supone que los ciudadanos tenderán a expulsar de su cargo a aquellos gobernantes que abusen de su poder. A este respecto, téngase en cuenta que en ausencia de democracia, la única forma de deponer a un monarca que está abusando de su poder es a través del tiranicidio. Por eso, desde antaño, los intelectuales favorables a la limitación del poder político avalaron la legitimidad social de matar al tirano: «Supongamos que existe un tirano semejante a una bestia feroz y cruel, que por donde quiera que pasa todo lo destruye, todo lo devasta y lo arruina [...], si no hubiere otro medio más oportuno de defenderse, entonces por el mismo derecho de defensa propia y por autoridad propia se le podrá quitar la vida al príncipe, declarado enemigo público» (Mariana, 1599 [1845]: 74-76). En contraste, la democracia permite que los ciudadanos se opongan al rumbo tiranizador de un Estado desde las propias instituciones habilitadas por ese mismo Estado; es decir, sin necesidad de utilizar la violencia para derrocar a unos gobernantes que se están tiranizando. En palabras de Karl Popper (1945: 128-130):

> La teoría de la democracia no se basa en el principio de que debe gobernar la mayoría sino, más bien, en el de que lo diversos métodos igualitarios para el control democrático, tales como el sufragio universal y el gobierno representativo, han de ser considerados simplemente salvaguardias institucionales, de eficacia probada por la experiencia, contra la tiranía, repudiada generalmente como forma de gobierno. [...] La democracia [...] suministra el marco institucional

> para la reforma de las instituciones políticas sin el uso de la violencia. [...] En un estado no-democrático, la única manera de alcanzar cualquier reforma razonable consiste en el derrocamiento violento del gobierno y en la introducción de un sistema democrático.

Por último, por constitución entendemos meramente los estatutos fundacionales de la comunidad política y, en su caso, del Estado. En principio, el contenido mínimo de esa constitución apenas requeriría estar formado por los criterios de organización interna de esa comunidad política, esto es, cómo se estructura la separación de poderes y cómo se toman las decisiones dentro de cada uno de esos poderes (monarquía, aristocracia o democracia). Sin embargo, la tradición liberal también ha insistido en la necesidad de incluir, dentro de los textos constitucionales, declaraciones expresas de cuáles son los derechos del ciudadano que el poder político no puede conculcar en ningún caso. Por ejemplo, durante los debates sobre la aprobación de la Constitución estadounidense en 1787, uno de los principales argumentos que empleaba el bando contrario a la Constitución (los llamados «antifederalistas») era que ésta no recogía ninguna declaración de derechos, lo que abría la puerta a la tiranía (finalmente, merced a la presión política de este grupo, se lograron aprobar las diez primeras enmiendas a la Constitución estadounidense, que contienen su carta de derechos básicos):

> Antes de establecer un gobierno, cuyas acciones se conviertan en la ley suprema de esta tierra y cuyos poderes se extiendan en todas direcciones sin excepción, deberíamos protegernos cuidadosamente a nosotros mismos con una declaración de derechos: protegernos contra el riesgo de invasión de esas libertades que nos es básico retener y que el gobierno no debería arrebatarnos por mucho que, a lo largo de la historia de la humanidad, hayan sido frecuentemente menoscabadas con todo el desenfreno de la más frívola barbarie (An Old Whig, 1787 [1981]).

Las constituciones, por tanto, actúan a modo de unos estatutos asociativos donde se explicita la estructura y los límites del poder político con el objetivo de forzarlo a que se mantenga dentro de tales restricciones.

Ahora bien, mientras que muchos contrapesos externos al Estado resultaban potencialmente peligrosos por suponer fuentes de poder adicionales que podían aliarse con el poder político para cercenar más eficazmente los derechos de los ciudadanos, los contrapesos internos también resultan potencialmente peligrosos pero por motivos opuestos: pueden generar la (falsa) percepción de que el poder del Estado está efectivamente controlado desde dentro, desactivando así la necesaria contestación social contra los abusos de poder. Los pensadores liberales también han sido tradicionalmente conscientes de estos riesgos de los contrapesos internos y, por eso, han tratado de poner de manifiesto sus problemas.

Primero, en cuanto a la separación de poderes: ¿por qué el poder Ejecutivo, siendo el poder que dispone del aparato militar del Estado, acepta que los otros dos poderes, el Legislativo y el Judicial, limiten su autonomía para actuar del modo en que él desea? Es decir, ¿con qué *poder* efectivo pueden el Legislativo y el Judicial oponerse a las intromisiones del auténtico *poder* Ejecutivo? Por necesidad, Legislativo y Judicial necesitan de fuentes externas de poder para plantar cara a un Ejecutivo que podría pretender abusar de sus limitadas competencias mediante su enorme capacidad militar: por ejemplo, la sociedad debería estar preparada para organizarse y plantarle cara a un Ejecutivo que socava la independencia judicial o usurpa funciones del parlamento. El respeto efectivo a la separación interna de poderes —garantizado normalmente por contrapesos externos que presionan al Ejecutivo para que no invada competencias del Legislativo o del Judicial— puede ser un buen síntoma de que el Estado no está en un proceso de tiranización, pero el mero establecimiento formal de la separación de poderes no es garantía *per se* de que el Estado no se tiranizará. Tal como resume Anthony de Jasay (1985 [1998]: 53): «Invocar el argumento de la separación de poderes nos empuja con demasiada fuerza a la errónea suposición de que gracias a que los poderes del Estado han sido separados, el Estado se comporta de manera benigna;

sin embargo, la relación de causalidad suele ser la opuesta: los poderes del Estado sólo se mantienen genuinamente separados si el Estado se comporta de manera benigna». Si los ciudadanos confían ciegamente en la separación de poderes como un Deus ex machina capaz de constreñir por sí solo los abusos del Estado, podrían terminar socavando aquellas condiciones institucionales —la vigilancia ciudadana contra la tiranización política— que hacen posible que esos poderes se mantengan separados.

Segundo, en cuanto a la democracia: por mucho que ésta pueda constituir un procedimiento relativamente pacífico para expulsar a aquellos gobernantes que estén abusando de su poder, también puede constituir un mecanismo por el que las mayorías abusan de su poder laminando a las minorías. Si la democracia deja de ser vista como un medio para salvaguardar la libertad y pasa a ser vista como un fin en sí mismo; si los ciudadanos terminan reemplazando la premisa de que «el individuo es soberano» por la premisa de que «el pueblo es soberano», entonces tan sólo estaremos confiriendo a determinados grupos mayoritarios el privilegio de conculcar los derechos de determinados individuos, es decir, el privilegio de tiranizarse con el aval democrático. No será una tiranía autocrática, como solemos imaginárnosla intuitivamente, sino una tiranía mayoritaria. Fue Alexis de Tocqueville quien mejor describió los riesgos de otorgar un poder absoluto al pueblo con la excusa de que el pueblo no puede dañarse a sí mismo:

> Nada hay tan irresistible como el poder tiránico ejercido en el nombre del pueblo, dado que ese poder actúa con la misma decisión, prontitud y tenacidad a como lo haría un solo hombre pero manteniendo la fuerza moral de hallarse investido por la voluntad de la mayoría (Tocqueville, 1835 [2012]: 360).
>
> [...]
>
> La mayoría tomada colectivamente es sólo un individuo cuyas opiniones, y normalmente intereses, son contrarias a las de otro individuo, al que llamamos minoría. Si somos conscientes de que cualquier hombre que posea un poder absoluto puede abusar de él

dañando a sus adversarios, ¿por qué no cabe dirigirle exactamente el mismo reproche a la mayoría? Los hombres no cambian de carácter cuando se juntan los unos con los otros. [...] Cuando veo conceder el derecho y la facultad de hacer cualquier cosa a un poder cualquiera, llámese pueblo o rey, democracia o aristocracia, digo: aquí está el germen de la tiranía (Tocqueville, 1835 [2012]: 411-413).

O en un sentido similar, también Bertrand de Jouvenel:

La voluntad del Poder democrático se proclama general. Aplasta a cada individuo, que se siente abrumado bajo el peso de una voluntad que representa a la totalidad de los individuos; oprime cada interés particular en nombre del interés general que se halla encarnado en ese poder democrático. La ficción democrática confiere a los gobernantes la autoridad que se deriva del conjunto de la sociedad. Es el conjunto de la sociedad el que desea y actúa (De Jouvenel, 1945 [1962]: 257).

[...]

El Poder democrático no reconoce ninguna otra autoridad dentro de la sociedad y pretende llegar tan lejos como le lleve, o finja llevarle, la voluntad general. Pero al tratarse de un Poder no sometido a freno alguno, termina convirtiéndose en un poder susceptible de ser capturado. Es verdad que todo Poder se intenta capturar mediante maniobras de este tipo, tanto más extendidas cuanto menos limitado sea el poder, y tanto más eficaces cuanto más amplia sea su base. [...] El Poder democrático se basa en la opinión de la mayoría y si, en consecuencia, los intereses particulares saben cómo organizarse para crear y manejar la opinión pública, estos intereses particulares podrán adueñarse del Poder democrático, envilecerlo e incluso tomarlo para ejercerlo en su propio provecho y en detrimento de otros grupos o de la sociedad entera (De Jouvenel, 1945 [1962]: 263).

O, finalmente, asimismo Hayek (1978: 143):

El liberalismo es incompatible con la democracia ilimitada, del mismo modo en que también es incompatible con cualquier forma de gobierno ilimitado. El liberalismo presupone la limitación del poder, incluyendo el de los representantes de la mayoría, a quienes se les exige un compromiso con principios explícitamente recogidos en la constitución o aceptados por la opinión pública.

Por último, las constituciones pueden efectivamente establecer limitaciones al poder político, sobre todo por la vía de explicitar aquellos derechos individuales que el Estado en ningún caso puede violentar. Sin embargo, también cabe la posibilidad de que las constituciones se utilicen para legitimar los abusos del Estado en contra de esos derechos individuales. A la postre, las constituciones pueden incorporar mandatos para que el Estado se comporte de determinados modos que vulneran las libertades de los ciudadanos: por ejemplo, si una constitución exige que el Estado planifique todas las relaciones económicas o que encarcele a los ateos en nombre de una determinada religión, tal constitución no estará constriñendo al Estado, sino expandiendo sus potestades. Fue Edmund Burke quien originalmente contrapuso las constituciones limitadoras del poder político frente a las constituciones habilitadoras del poder político. Y sólo las primeras son compatibles con el liberalismo:

> Si los derechos naturales del hombre son reafirmados y manifestados mediante un pacto expreso, si están claramente definidos y protegidos contra la mala fe, contra el poder y contra la autoridad mediante instrumentos escritos y compromisos positivos, tales derechos se ven reforzados: no sólo están protegidos por su santidad intrínseca, sino también por una solemne fe pública que reconoce su importancia. [...] Este tipo de constituciones han ennoblecido la propia palabra «constitución» en el corazón de todos los ingleses. Pero puede haber, y de hecho hay, constituciones de una naturaleza distinta, ideadas sobre principios totalmente opuestos a los anteriores. Por ejemplo, la constitución de la Compañía de las Indias Orientales. La Carta Magna es una constitución dirigida a constreñir el poder, a destruir el monopolio. En cambio, la constitución de la Compañía de las Indias Orientales es una constitución para establecer el monopolio y para crear el poder (Burke, 1783).

En definitiva, el liberalismo promueve el ideal de un gobierno limitado al mantenimiento del orden público, esto es, a proteger las libertades de los ciudadanos. Ese gobierno limitado no posee ninguna soberanía sobre sus ciudadanos: es un mero administrador delegado de únicamente aquellas potestades necesarias para proteger los derechos de aquellas personas que se encuentren dentro de su territorio. Y para evitar que ese gobierno limitado se tiranice, los liberales también han propuesto históricamente diversas estrategias, en forma de contrapesos externos e internos al poder político, que no obstante no cabe considerar infalibles: en cierto modo, la historia de la humanidad es la historia de unas personas buscando explotar a otras del modo más eficiente posible —en la actualidad, a través de la hiperlegitimidad que se otorga, y que no debería otorgarse, a muchos Estados—, de modo que no parece probable que aparezcan soluciones definitivas e infalibles contra el riesgo de tiranización más allá de vigilar y denunciar permanentemente las violaciones de las libertades más básicas de los ciudadanos.

10

Globalización

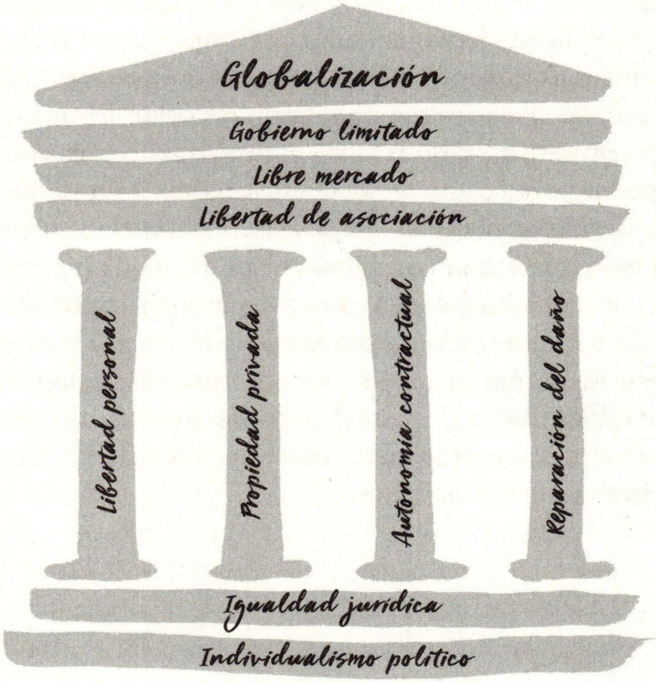

Principio 10: el orden político liberal es un orden global, puesto que todas las personas poseen universalmente los derechos individuales anteriores

La sociedad liberal es una sociedad con múltiples comunidades políticas, cada una de las cuales especifica y protege a su manera la estructura de derechos de sus ciudadanos. Ahora bien, esas comunidades políticas no son islas autárquicas y aisladas del resto, sino que inevitablemente interactúan de algún modo entre sí. Por ello, la cuestión que para finalizar debemos plantearnos va más allá de la de cuáles han de ser las reglas internas de cada una de estas comunidades y abarca la de cuáles han de ser los principios liberales que presidan las relaciones exteriores *entre* las distintas comunidades políticas.

Con todo, antes siquiera de reflexionar sobre cuáles deberían ser los términos de interacción entre comunidades políticas distintas, conviene reiterar cuáles son los dos puntos de partida de la filosofía política liberal: el individualismo y la igualdad. Es decir, *todos* los individuos poseen los *mismos* derechos generales *con independencia* de la comunidad política que integren. El liberalismo es, pues, una filosofía política universalista y cosmopolita, al menos en lo referente a las bases jurídicas de la sociedad. El liberalismo rechaza la idea de que cada comunidad política sea naturalmente soberana para imponer desde arriba los derechos que poseen sus ciudadanos y para privar de ellos a los no ciudadanos: los derechos individuales no son concesiones que la autoridad política otorgue a los individuos, sino que son restricciones interpersonales que también afectan a las actividades que puede legítimamente desarrollar cada comunidad política hacia sus ciudadanos. En definitiva, el liberalismo reivindica la existencia de unos derechos humanos de carácter universal para todos los individuos. En palabras de Ludwig von Mises (1927 [1985]: 105-106):

> El pensamiento liberal siempre ha tomado en consideración a la humanidad en su conjunto, y no sólo a algunas partes de ella. No se interesa por este o aquel grupo, provincia, nación o continente. Es cosmopolita y ecuménico: se preocupa por todos los seres humanos del planeta. En este sentido, el liberalismo es humanismo; y el liberal es un cosmopolita ciudadano del mundo.

Cuestión distinta es que, como ya explicamos en el capítulo anterior, cada comunidad política pueda especificar esos derechos generales de un modo distinto a las demás: pero esa especificación no debería constituir una excusa para anular o restringir en la práctica tales derechos. Por ello, el liberalismo no convalidará moralmente las conculcaciones de los derechos individuales ejecutados por una comunidad política en virtud de una presunta soberanía para disponer de las libertades de sus ciudadanos: al contrario, denunciará que tal comunidad política está violando los derechos humanos de sus ciudadanos, esto es, que se está tiranizando.

Antiimperialismo

Sentado lo anterior, ¿cómo deben relacionarse dos comunidades políticas que respeten los derechos de sus ciudadanos? Partiendo de la libertad de asociación individual, la primera regla relativa a las relaciones entre comunidades políticas es la de no intervención exterior: es decir, siempre que una comunidad política respete los derechos individuales de sus ciudadanos, el resto de las comunidades políticas tendrán hacia ella la obligación de no interferir en su organización interna (pues en caso contrario violaría la libertad de asociación de las personas). «[A las personas de otras comunidades] les debemos buena voluntad para que triunfen de acuerdo con sus propios términos; debemos comprometernos a no interferir con sus vidas, libertades y propiedades» (Lomasky y Tesón, 2015: 62).

Los miembros de cada comunidad política tienen derecho a asociarse libremente del modo en que consideren oportuno sin que otras comunidades políticas los conquisten y les impongan su idea de cómo deben organizarse. Desde esta perspectiva, el liberalismo sólo resulta plenamente compatible con las guerras defensivas, esto es, con las guerras para protegerse frente a agresiones externas: de hecho, la función última de toda comunidad política constituida es mantener el orden público frente a aquellos agresores internos o externos que traten de socavarlo. De ahí que la comunidad política —normalmente el Estado— sí esté legitimada para emplear los recursos militares que posea —obtenidos incluso mediante impuestos— para proteger a sus ciudadanos. Lo que, en cambio, no puede hacer una comunidad política es emplear esos recursos militares para iniciar la agresión contra otras comunidades políticas con el propósito de anexionarlas y someterlas.

En este sentido, el liberalismo será profundamente antiimperialista; es decir, se opondrá a que una comunidad política inicie una guerra ofensiva contra otra comunidad política de carácter liberal con el propósito de conquistarla y anexionarla. No en vano, el imperialismo supone una amenaza tanto para las libertades individuales del agredido como para las del agresor. Lo es para las del agredido por motivos obvios: un grupo de personas es sometido por la fuerza a una autoridad política a la que no le ha brindado su consentimiento; esto es, se viola su libertad de asociación (y probablemente también su integridad física y su derecho de propiedad si la anexión forzosa se desarrolla vía una ofensiva militar). Ya el propio John Locke (1689b: §176) manifestó desde un comienzo que «el agresor que entra en un estado de guerra con otra persona y que invade injustamente sus derechos no puede por esta vía adquirir un derecho sobre aquel al que ha conquistado. Cualquiera puede estar fácilmente de acuerdo con esta proposición a menos que se sostenga que los ladrones y los piratas adquieren el derecho a gobernar sobre aquella gente a la que han dominado por la fuerza». Asimismo, Mises también manifestó que «la política liberal no tiene nada en común con el imperialismo: al contrario, está diseñada para destronar al imperialismo y para expulsarlo de la esfera del comercio internacional» (Mises, 1922 [1951]: 235). Igualmente, varios pensadores liberales estadounidenses llegaron a reunirse a finales del siglo XIX alrededor de la denominada Liga Antiimperialista (1899), cuyo manifiesto fundacional declaraba lo siguiente:

> Creemos que la política conocida como imperialismo es contraria a la libertad y afín al militarismo, un mal del que afortunadamente hemos escapado hasta la fecha. Nos apena que sea necesario que en la tierra de Washington y de Lincoln debamos reafirmar que todos los hombres, con independencia de su raza o color, poseen el derecho a la vida, a la libertad y a la búsqueda de la felicidad. Creemos que los gobiernos derivan sus justos poderes del consentimiento de los gobernados. Y reiteramos que someter a cualquier persona constituye una agresión criminal y una deslealtad a los singulares principios de nuestro gobierno.

Pero, a su vez, el imperialismo también resulta problemático para el agresor o, mejor dicho, para los ciudadanos bajo la bota del gobierno imperialista. A la postre, el Estado agresor suele arrogarse poderes extraordinarios sobre su población (servicio militar obligatorio, subidas impositivas, intervención de las comunicaciones, etc.) con tal de desplegar su ofensiva militar contra aquellas comunidades que desea conquistar: en tales casos, el Estado no se limita a actuar como un protector del orden público, sino como un ente que explota a su población para ejecutar sus fines invasivos propios. Por ejemplo, Herbert Spencer (1902: 171) pensaba que las comunidades que practicaban el imperialismo terminaban renunciando a sus libertades personales para crear un Estado belicoso y omnipotente: «En la medida en que se desee seguir conquistando a otra gentes y mantenerlas subyugadas, los ciudadanos fusionarán sus libertades personales con el poder del Estado y aceptarán la esclavitud que el imperialismo requiere». Asimismo, William Graham Sumner (1899), miembro de la Liga Antiimperialista y fuertemente influido por el pensamiento de Spencer, consideraba que el imperialismo podía asociarse con términos como «guerra, deuda, impuestos, diplomacia, sistema de gran gobierno, pompa, gloria, un ejército y una marina enormes, derroche de gastos y corrupción política», todos los cuales se hallaban «en frontal oposición con las mejores tradiciones, principios e intereses del pueblo estadounidense».

Autodeterminación

Ahora bien, recordemos que los Estados, como comunidades políticas no voluntarias que son, han determinado históricamente sus fronteras a través de la conquista (o de la anexión voluntaria de otros Estados que previamente habían sido constituidos mediante la conquista). Dicho de otro modo, en cierto sentido, todo Estado actualmente existente es fruto del imperialismo histórico: de ahí que si el liberalismo defendiera el *statu quo* estatal, estaría a todos los efectos convalidando moralmente las agresiones imperialistas del pasado. Por eso, la crítica liberal al imperialismo —a las guerras ofensivas de un Estado para anexionarse nuevos territorios y nuevas poblaciones— necesariamente ha de ir de la mano de una defensa liberal de la secesión, esto es, de la posibilidad de que una parte de los ciudadanos de un determinado Estado se separen jurisdiccionalmente de éste para constituir su propia comunidad política independiente. A este derecho de secesión, que como todos los derechos es de carácter individual aun cuando pueda ejercerse en grupo, también podemos denominarle «derecho de autodeterminación» y ha sido defendido por algunos destacados liberales como Mises:

> El derecho de autodeterminación con respecto a un Estado significa que siempre que los habitantes de un territorio particular, ya sea una aldea, un distrito o un conjunto de distritos, hagan saber, mediante un referéndum organizado en libertad, que ya no quieren seguir unidos a ese Estado y que, en cambio, quieren formar parte de un Estado independiente o asociarse a otro Estado existente, sus deseos han de ser respetados. [...] Calificar a este derecho como «un derecho de autodeterminación de las naciones» es no entender a qué se refiere. [...] El derecho de autodeterminación del que hablamos no es el derecho de autodeterminación de las naciones, sino el derecho de autodeterminación de los habitantes de cualquier territorio lo suficientemente grande como para conformar una unidad administrativa independiente. Si fuera posible otorgar el derecho de autodeterminación a cada persona, debería hacerse. Esto último no es posible por consideraciones técnicas, las cuales hacen necesario que una región sea gobernada por una única unidad administrativa y que, en consecuencia, restringen el derecho de autodeterminación a la mayoría de los habitantes de aquellas áreas lo suficientemente extensas como para contar como unidades territoriales administrativas (1927 [1985]: 108-109).

Asimismo, Rothbard (1994) constató cómo el derecho de secesión puede ser útil para descomponer Estados que emergieron históricamente por vías coactivas, acercándose de ese modo a un mucho más ideal escenario de comunidades políticas voluntarias:

> Un objetivo de los liberales debería ser el de transformar las naciones-Estado existentes en entidades cuyas fronteras puedan ser

> denominadas «justas», en el mismo sentido en el que las fronteras de la propiedad privada son justas. Es decir, el objetivo del liberalismo debería ser el de descomponer los actuales Estados-nación de tipo coactivo para transformarlos en naciones genuinas; esto es, en naciones por consentimiento.

De hecho, que un Estado reprima violentamente la autodeterminación de un conjunto de ciudadanos que aspiran a secesionarse pacíficamente sería tanto como emprender una guerra ofensiva de carácter imperialista: algo que, como ya hemos mencionado, no resulta admisible desde un punto de vista liberal. Ahora bien, lo anterior, por supuesto, no significa que el derecho de secesión pueda ejercerse irrestrictamente bajo cualesquiera circunstancias; en esencia, por tres motivos: primero, en la medida en que el derecho de autodeterminación es individual pero, normalmente, sólo puede ejercerse grupalmente (se independizan varias personas que habitan un mismo territorio para conformar una comunidad política propia), podrá haber personas dentro de ese territorio que *no* quieran secesionarse y que, en consecuencia, sean arrastradas a un nuevo Estado en contra de su voluntad; segundo, la secesión de una comunidad política también tiene implicaciones sobre los derechos de los ciudadanos que permanecen dentro del Estado del que se separan (por ejemplo, la secesión podría afectar a la capacidad de un Estado de garantizar el orden público entre sus ciudadanos si se pierde un área militarmente estratégica); y tercero, si un grupo se secesiona pero la garantía de su orden público sigue dependiendo indirectamente del Estado del que antes formaban parte, en realidad no se tratará de una secesión constitutiva de una nueva comunidad política independiente, sino sólo de una forma de escaquearse, a modo de *free-rider*, de cubrir los gastos inherentes a la provisión de ese bien público que es el orden público.

Por eso, los pensadores liberales también han especificado aquel conjunto de circunstancias que podrían modular o limitar (sin necesariamente llegar a anular) ese derecho individual de secesión ejercido grupalmente, a saber: 1) que el grupo que quiera secesionarse no sea lo suficientemente amplio como para asumir las responsabilidades de un Estado independiente; 2) que el grupo que quiera secesionarse no vaya a permitir la secesión de otros de sus grupos aun cuando ésta sea moral y efectivamente posible; 3) que el grupo que quiera secesionarse pretenda explotar u oprimir a otros subgrupos que no pueden secesionarse por hallarse dispersos territorialmente o por otros motivos; 4) que el grupo que desea secesionarse no sea fronterizo y, por tanto, la autodeterminación vaya a crear un enclave dentro del territorio del Estado; 5) que el grupo que desee secesionarse vaya a ocupar un área cultural, económica o militarmente fundamental para el Estado, y 6) que el grupo que desea secesionarse vaya a ocupar un área desproporcionadamente grande de los recursos económicos del Estado existente (Beran, 1984).

Con todo, muchos de estos problemas pueden solventarse condicionando el ejercicio del derecho de secesión a que se proporcionen suficientes cautelas y protecciones hacia los derechos de todos los individuos afectados: por ejemplo, garantizando el derecho a la intrasecesión (que aquellas personas que no deseen formar parte de la nueva comunidad política puedan separarse de ella y reasociarse con su Estado anterior a través de la conformación de enclaves o de jurisdicciones solapadas); otorgando ciertos derechos al Estado que sufre la secesión sobre algunos recursos estratégicos de la nueva comunidad política (por ejemplo, con la firma de un tratado bilateral que autorice el establecimiento de bases militares dentro de la nueva comunidad política); o contribuyendo a financiar aquellos servicios que el Estado del que se independizan les sigue proporcionando a la nueva comunidad política (verbigracia, pago de un canon por los servicios de defensa). Si, empero, estas condiciones no fueran practicables o, todavía peor, no fueran aceptadas por aquel grupo que desea secesionarse, habría razones para oponerse a su derecho de autodeterminación.

En definitiva, el liberalismo rechaza las guerras cuya finalidad es anexionar (o mantener anexionadas) a personas que no desean formar parte de una comunidad política porque ya forman (o pueden formar) voluntariamente parte de otra comunidad política. Cuestión distinta, eso sí, es cuál debe ser la actitud de una comunidad política con relación a otro Estado que está violando abiertamente los derechos de sus ciudadanos (o de algunos de sus ciudadanos), esto es, contra un Estado extranjero que se haya tiranizado.

En principio, cualquier persona o asociación de personas puede acudir en defensa de otro individuo cuyos derechos están siendo vulnerados: la legítima defensa puede ser ejercida tanto por la propia víctima como por cualquier otro individuo en auxilio de la víctima. Desde esta óptica, pues, las intervenciones militares de una comunidad política dirigidas a proteger a la población de otra comunidad política no son necesariamente contrarias a los principios de justicia liberales: constituyen usos potencialmente *legítimos* de la fuerza para evitar la conculcación de los derechos individuales.

Sin embargo, no hay que perder de vista que las intervenciones militares, incluso las que cuentan con un propósito legítimo, pueden constituir vulneraciones de los derechos de otros individuos. Por un lado, un ataque militar suele dañar los derechos de víctimas inocentes (daños colaterales); por otro, una comunidad política podría dirigir la ofensiva militar en el exterior en contra de la voluntad de sus ciudadanos, lo que conculcaría su derecho de libertad y de propiedad: esto es, si bien cabe pensar que existe una obligación de defender a la propia comunidad política (especialmente si ésta se ha constituido de manera voluntaria a modo de pacto de defensa mutua), desde luego no existe una obligación similar con respecto a comunidades políticas extranjeras, por lo que tampoco existe ninguna obligación de destinar recursos humanos y materiales a ello. En suma, las intervenciones militares de una comunidad política sobre sociedades extranjeras podrán llegar a ser legítimas bajo un conjunto de circunstancias muy restrictivas: a) que tengan como propósito proteger las libertades individuales; b) que se le hayan suministrado a la comunidad política los recursos militares de manera voluntaria, y c) que eviten el daño sobre terceros inocentes o, en su defecto, que reparen ese daño a sus víctimas (normalmente, mediante compensaciones).

En definitiva, el liberalismo no es necesariamente pacifista si entendemos por pacifismo el oponerse a cualquier tipo de guerra: lo que sí hace es limitar los objetivos que pueden perseguir las guerras legítimas (la defensa de libertades individuales sin conculcar libertades de terceros inocentes) así como los medios que pueden emplearse para librarlas (recursos que la comunidad política haya obtenido legítimamente: ya sea en el ejercicio de su potestad para mantener el orden público interno o mediante contribuciones voluntarias para proteger las libertades de otras personas extranjeras).

Una aldea y un bazar globales

Por último, del derecho de propiedad privada y de la autonomía contractual también podemos derivar dentro del ámbito internacional un derecho prima facie a la libre interacción civil y económica entre ciudadanos de comunidades políticas distintas: el deber de no intervención exterior de un Estado también abarca el deber de no bloquear las interacciones voluntarias entre personas de distintas comunidades políticas. Es decir, salvo que al constituir voluntariamente una determinada comunidad política sus ciudadanos hayan pactado de manera expresa limitar su interacción con los ciudadanos de comunidades políticas extranjeras —éste sería el caso de, por ejemplo, una comuna autárquica y autosuficiente—, cada persona retiene pleno derecho a relacionarse con otra en los términos en los que ambas convengan, por mucho que pertenezcan a comunidades políticas distintas: cualquier ciudadano nacional ha de tener derecho a comprarle una mercancía, alquilarle un inmueble o contraer matrimonio con un ciudadano extranjero. En el caso concreto de los Estados modernos, ya hemos mencionado que éstos no surgieron de un pacto libre, expreso y unánime entre todos sus ciudadanos y, en consecuencia, carecen de legitimidad para regular cómo sus ciudadanos se relacionan con los miembros de otras comunidades políticas: otorgarle al Estado la legitimidad para imponerles a sus ciudadanos la renuncia a determinados derechos a los que ellos mismos no han renunciado expresa y voluntariamente (en este caso, el derecho a interactuar con los ciudadanos de otras comunidades políticas) permitiría justificar a todos los efectos que el Estado erradicara caprichosamente cualquier derecho individual. Como ya hemos expuesto, los Estados no son asociaciones voluntarias a las que sus miembros les hayan autorizado a restringir sus libertades: un club tiene derecho a limitar la membresía sólo a hombres, sólo a mujeres, sólo a cristianos, sólo a ateos, sólo a heterosexuales o sólo a homosexuales porque es una asociación *voluntaria* cuyas reglas han sido libremente pactadas por sus creadores. Pero un Estado no es un club debido a que nadie le ha cedido voluntariamente tal parcela de su libertad y, en consecuencia, tiene tanta legitimidad para prohibir la entrada de personas o de bienes extranjeros a su territorio como para restringir la permanencia de católicos, homosexuales o arquitectos dentro de su territorio (Huemer, 2010): es decir, ninguna.

Acaso la única justificación que excepcionalmente sí pueda invocar un Estado para limitar esa libre interacción y asociación entre personas de distintas comunidades políticas sería la preservación de su orden público interno (pues es la única competencia que, con el menor quebrantamiento posible de los derechos individuales, está legitimado a administrar): por ejemplo, un Estado podría legítimamente limitar la entrada de personas o mercancías a su territorio si éstas fueran portadoras de un virus altamente infeccioso o si se sospechara que forman parte de un comando militar extranjero para invadir el país; o, asimismo, podría condicionar la entrada y permanencia dentro del territorio del país a que una persona dispusiera de un espacio privado en el que alojarse (es decir, a que esa persona no necesite ocupar espacios públicos o privados que no tiene derecho a ocupar). Pero en esos casos, lo que hace el Estado es modular el ejercicio de los derechos de algunos individuos para evitar la conculcación de los derechos de otros individuos: lo que el Estado no estaría legitimado a hacer es, en cambio, anular arbitrariamente tales derechos.

En otras palabras, el liberalismo abraza por entero la globalización, como aplicación a gran escala de los principios de libre asociación y de libre mercado al archipiélago de comunidades políticas organizadas: así, el liberalismo abraza la libertad de movimientos de personas, mercancías y capitales entre las diversas comunidades políticas existentes. Por mucho que las sociedades se organicen en Estados diferentes para salvaguardar su seguridad, las personas retienen sus plenos derechos a comerciar o a asociarse entre ellas. De ahí que cualquier intromisión de un Estado en la libertad de circulación transfronteriza de personas, mercancías y capitales que no esté realmente justificada en consideraciones de orden público constituye un ataque a la libertad de las personas. En palabras de Mises (1922 [1951]: 235):

> El liberalismo busca abrir al comercio todas las puertas que hoy se encuentran cerradas. No desea obligar a la gente a comprar o a vender. Su antagonismo se dirige exclusivamente contra aquellos gobiernos que, mediante prohibiciones y limitaciones comerciales, excluyen a sus ciudadanos del comercio global y por tanto deterioran la calidad de vida del conjunto de la humanidad.

También en esa misma dirección se manifestó Ayn Rand (1966 [1967]: 39):

> La esencia de la política exterior del capitalismo es el libre comercio, es decir, la abolición de todas las barreras comerciales, de todos los aranceles proteccionistas, de todos los privilegios especiales; la apertura de las rutas comerciales globales al libre intercambio internacional y a la competencia entre los ciudadanos de todos los países, quienes así ya podrían pasar a interactuar directamente entre ellos.

O igualmente podemos leer a Álvaro Florez Estrada (1835: 429), liberal español y discípulo intelectual de Adam Smith, defendiendo la libertad de movimientos de las personas:

> La libertad que cada individuo debe tener para trasladarse a donde le parezca, sin obstáculo ni permiso previo, es lo que constituye el derecho incontestable que él tiene de hacer uso de sus facultades intelectuales y físicas del modo que juzgare más conveniente; en otros términos, esta libertad es la facultad de asegurar y mejorar la existencia individual. En la sociedad en que se ponen trabas al ejercicio de esta importante facultad, las leyes no respetan ni la

dignidad del hombre, ni la propiedad más sagrada de cuantas ha recibido del Creador.

De hecho, los liberales no sólo han sostenido que la libre interacción global —la globalización— constituye un derecho individual de carácter universal sino que, además, también creen que es la mejor forma de alcanzar la paz mundial. Cuanto más interdependientes se vuelvan las personas de distintas sociedades, más interesadas se mostrarán en cooperar y menos en combatir entre sí. O, a contrario sensu, si los individuos de una comunidad necesitan algún tipo de recurso presente en otra comunidad y, debido a las barreras políticas, no son capaces de conseguirlo comerciando, entonces tendrán fuertes incentivos para adquirirlos por la vía de la conquista y de la invasión. Así, por ejemplo, Richard Cobden, el principal impulsor de la liberalización comercial de Inglaterra a mediados del siglo XIX, declaró que «hemos defendido el libre comercio no sólo por la riqueza material que generará en nuestra comunidad, sino por el mucho más noble motivo de asegurar la paz permanente entre las naciones» (Cobden, 1848 [1870]). Y asimismo Bastiat (1845 [1996]: 117) pensaba que «las barreras comerciales conducen al aislamiento, el aislamiento conduce al odio, el odio conduce a la guerra y la guerra conduce a la invasión».

En definitiva, el lema liberal en materia de relaciones exteriores es idéntico al lema liberal en materia de relaciones interiores: «No interfieras violentamente en la vida de otras personas, limítate a interactuar pacíficamente con ellas». No a las guerras ofensivas de carácter imperialista y sí a la globalización de las interacciones voluntarias entre individuos. Se trata, pues, de extender a la esfera internacional los principios de libre asociación civil y de libre asociación comercial, pero no el de adscripción política obligatoria: una aldea y un bazar globales, pero no un Estado planetario.

II

Los principios resumidos, contrastados y aplicados

1

Los principios resumidos: ¿qué es, pues, el liberalismo?

El liberalismo es una filosofía política basada en el reconocimiento universal e igualitario a cada individuo del derecho a que nadie interfiera violentamente sobre sus proyectos vitales, tal como éstos se despliegan a través de las propiedades que pacíficamente haya adquirido y de los contratos que voluntariamente haya suscrito. El liberalismo es libertad de asociación civil y comercial entre personas sobre la base de su propiedad y de sus contratos, así como limitación, interna y externa, del poder político que vela por toda esta estructura de derechos. De ahí que su basamento sean el individualismo y la igualdad; sus columnas, la libertad de acción, la propiedad privada, la autonomía contractual y la reparación del daño causado; su entablamento, la libertad de asociación, el libre mercado y el gobierno limitado; y su frontispicio, la globalización, esto es, el orden político liberal de carácter universal.

En las páginas anteriores hemos construido el edificio filosófico del liberalismo a partir de diez simples principios, a saber:

- Principio 1: Los individuos son sujetos de derecho.
- Principio 2: Todos los individuos poseen los mismos derechos.

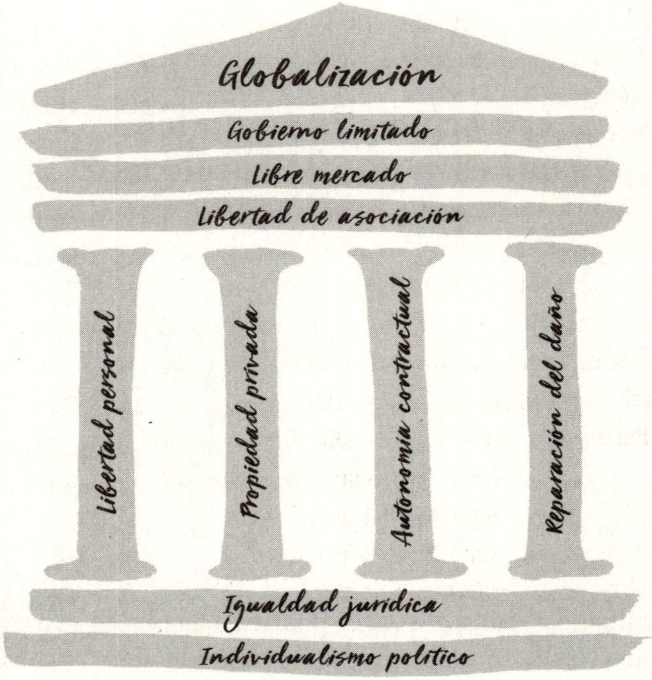

- Principio 3: El principal derecho de toda persona es la libertad.
- Principio 4: La libertad comprende el derecho de usar, disfrutar y disponer de los bienes que hemos adquirido pacíficamente.
- Principio 5: La libertad también comprende el derecho a obligarse en favor de terceros.
- Principio 6: Quien viola las libertades ajenas debe reparar el daño causado a la víctima.
- Principio 7: Los individuos tienen el derecho a asociarse con otras personas.
- Principio 8: Las personas también tienen derecho a asociarse económicamente con otras personas.
- Principio 9: El gobierno ha de limitarse estrictamente a proteger los derechos individuales.
- Principio 10: El orden político liberal es un orden global, puesto que todas las personas poseen universalmente los derechos individuales anteriores.

Estos diez principios permiten estructurar la coexistencia, la cooperación y la convivencia de los seres humanos en las condiciones y en la escala en la que cada uno de esos seres humanos considere adecuada según sus proyectos vitales. Cada cual es libre de tratar de perseguir sus propios sueños sin dañar a los demás y cooperando de buena fe con ellos. Acaso podamos apreciar más claramente la crucial importancia de todos ellos planteándonos qué sucedería en su ausencia, esto es, cuáles serían las consecuencias sobre nuestro orden político de anular o vaciar de contenido cada uno de los principios que configuran el liberalismo.

Principio antiliberal 1: los individuos no son sujetos de derecho

Si los seres humanos no somos sujetos de derecho, entonces o carecemos de derechos o somos objetos de derecho: es decir, las personas no somos jurídicamente soberanas sobre nuestras propias vidas, sino que son otras personas u otros entes —deidades, tradiciones, supersticiones, superhombres, grupos mayoritarios, etc.— los que pueden impunemente ejercer la violencia contra nosotros o, incluso, quienes gozan de derechos sobre nosotros para instrumentarnos en la consecución de sus fines.

El grado máximo de anulación de la soberanía individual se produce en el caso de la esclavitud: jurídicamente, un esclavo es un objeto indistinguible de cualquier otro ser inerte y, por tanto, es un «bien» susceptible de apropiación y sobre el que el propietario puede ejercer un absoluto control (en el derecho romano, de hecho, los esclavos eran considerados como *res,* cosas, y su dueño podía ejercer un pleno dominio sobre ellos del mismo modo en que un propietario puede ejercerlo sobre su vivienda o sobre un jarrón).

Por consiguiente, una sociedad en la que se denegara al individuo la categoría de sujeto de derecho sería una sociedad en la que o las personas carecerían de derechos sobre sí mismas o, incluso, las personas devendrían esclavas de alguna entidad que fuera considerada sujeto de derecho. Es decir, sería una sociedad en la que, según el grado de limitación de los derechos individuales, las personas podrían ser —o incluso cargarían con el deber de ser— asesinadas, torturadas, maltratadas, subyugadas o expoliadas con absoluta impunidad por parte de quienes cometieran tales acciones.

Principio antiliberal 2: los individuos no poseen los mismos derechos

Si no todos los seres humanos tienen los mismos derechos fundamentales —si no todos ellos son *iguales* sujetos de derecho—, entonces habrá algunas personas que gozarán de privilegios sobre otras: es decir, algunos individuos podrán actuar de formas en las que otros individuos no tendrán permitido actuar. Una sociedad basada en los privilegios jurídicos y no en la igualdad jurídica es una sociedad de castas o estamentos: una sociedad en la que las condiciones estructurales de la coexistencia pacífica no son equitativas entre todos los sujetos de derecho. Por ejemplo, si los zurdos tienen derecho a la integridad física pero los diestros no, si los hombres tienen derecho a la propiedad y las mujeres no, si los católicos tienen derecho a firmar contratos y los musulmanes no, entonces algunas personas tendrán vetados proyectos de vida que sí estarán abiertos para otras: o, en otras palabras, dos personas merecerían *distinta* protección jurídica *aun cuando* emprendieran el mismo plan de acción simplemente por ser dos personas distintas. En la misma estructura del orden político, pues, se estaría estableciendo un conflicto irresoluble entre unos individuos (los estamentos privilegiados) y otros individuos (los estamentos no privilegiados); algo que, en el fondo, estaría minando la misma justificación individualista de los derechos: éstos ya no servirían para delimitar espacios morales donde cada persona viera salvaguardados sus planes de acción, sino para otorgar prevalencia a los planes vitales de ciertas personas sobre los de otras, convirtiendo consecuentemente a esas otras en, al menos parcialmente, objetos de derecho de las primeras.

Por consiguiente, una sociedad en la que se denegara la igualdad jurídica entre todas las personas sería una sociedad en la que, según el grado de limitación de la igualdad jurídica, algunas personas sin derechos podrían ser —o incluso cargarían con el deber de ser— asesinadas, torturadas, maltratadas, subyugadas o expoliadas con absoluta impunidad por aquellas otras personas con privilegios.

Principio antiliberal 3: la libertad no es el derecho principal de los individuos

Si todas las personas tienen los mismos derechos pero su derecho principal no es la libertad —entendida como derecho a no ser activamente interferido en la ejecución de mis planes de acción—, entonces habrá ámbitos en los que las personas estarán al servicio de otros individuos: es decir, las personas cargarán con obligaciones positivas en favor de otras personas. Cuanto más abundantes sean tales ámbitos —es decir, cuanto mayores sean las obligaciones positivas de unos individuos hacia otros—, menor será el espacio moral de cada uno para poder escoger hacia dónde quiere orientar su propia vida. En el extremo, de hecho, si las obligaciones positivas en favor de terceros fueran ilimitadas —es decir, si cualquier individuo pudiese reclamarle cualquier cosa a otro—, entonces cada persona se convertiría en un esclavo del resto (si bien seríamos un tipo peculiar de esclavos: seríamos unos sujetos de derecho cuyas únicas facultades consistirían en el poder de controlar a otros pero sin ejercer ningún control sobre nosotros mismos).

Cuanto más se subordine la libertad personal a otros derechos positivos, menor sentido irán teniendo tales derechos positivos para el propio individuo: si valoramos los derechos positivos es porque podemos escoger qué hacer con ellos. Pero si nuestra libertad de elección se ve restringida por las obligaciones positivas que mantenemos hacia otros, entonces también vamos perdiendo la autonomía que necesitamos para poder orientar tales derechos positivos hacia aquellos fines que consideremos valioso. Por ejemplo, si cada individuo carga con la obligación de producir y entregar un ordenador a otra persona, todas las personas recibirán un ordenador de manos del resto, pero ninguna podrá escoger si preferiría recibir otro tipo de bien o si, incluso, preferiría no recibir un ordenador a cambio de tampoco tener que producir nada para otros. Partiendo del respeto a la libertad personal, en cambio, cada cual sí puede intentar construir (a través de contratos) aquellos derechos positivos a los que otorgue verdaderamente valor.

Por consiguiente, una sociedad en la que se denegara a los individuos el derecho negativo a la libertad sería una sociedad en la que otras personas estarían legitimadas a marcar total o parcialmente el rumbo de nuestras vidas: es decir, una sociedad en la que, según el grado de limitación del derecho de libertad, los individuos podrían tener el derecho a asesinar, torturar, maltratar, subyugar o expoliar a los demás.

Principio antiliberal 4: la libertad no comprende el derecho de propiedad

Si reconocemos a todas las personas un derecho a no ser interferidas violentamente en la elección de sus planes vitales pero, al mismo tiempo, les negamos el derecho a controlar aquellos bienes que han adquirido pacíficamente para poder ejecutar tales planes, entonces estaremos vaciando de contenido material su derecho a la libertad. En concreto, las personas no podrían acceder o disfrutar de los medios que necesitan para cumplir sus proyectos vitales (ni siquiera podrían elaborar planes cuyo propósito fuera acceder a tales medios). El derecho de propiedad es la aplicación del derecho de libertad a la interacción entre los sujetos de derecho y los objetos de derecho: un sujeto de derecho sin objetos de derecho con los que interactuar es un sujeto cuyos planes pueden ser interrumpidos en cualquier momento por cualquier otra persona que perturbe los medios materiales que está precariamente utilizando, sin que quepa exigirle a esa persona que se abstenga de hacerlo. Por ejemplo, si una persona puede quemar impunemente los periódicos que han sido editados por un grupo de periodistas, entonces la libertad de prensa de esos periodistas se verá inevitablemente comprometida; asimismo, si una persona no tiene permitido transformar un local comercial en una librería, entonces su libertad para escoger ocupación también se ve comprometida; o si una persona no puede edificar un templo religioso que no sea profanado o demolido, su libertad religiosa también se ve afectada.

Por consiguiente, una sociedad en la que se denegara a los individuos el derecho de propiedad sería una sociedad en la que otras personas estarían legitimadas a marcar total o parcialmente el rumbo de nuestras vidas, no de manera directa (imponiéndonos obligaciones positivas específicas), pero sí de manera indirecta (privándonos de los medios que podemos conseguir para realizar nuestros fines): es decir, una sociedad en la que, según el grado de limitación del derecho de propiedad, los individuos podrían tener directamente el derecho a expoliar a los demás para, indirectamente, asesinarlos, torturarlos, maltratarlos o subyugarlos.

Principio antiliberal 5: la libertad no comprende el derecho a obligarse en favor de terceros

Si todas las personas pueden actuar libremente y controlar aquellas porciones de su entorno pacíficamente ocupadas pero no se les permite obligarse en favor de otras, entonces estaríamos limitando los proyectos vitales que los individuos pueden alcanzar cooperando entre sí. Cualquier intercambio aplazado —una persona entrega algo ahora a cambio de recibir otra cosa más adelante— dependería de la buena fe de la otra parte y, en consecuencia, constituiría una transacción demasiado arriesgada para muchas personas —entregar algo ahora sin el derecho a recibir otra cosa en el futuro—. Permitir que los seres humanos se obliguen en favor de terceros (es decir, que constituyan voluntariamente derechos positivos en favor de terceros) es sólo una forma más de respetar su libertad para perseguir sus proyectos vitales: conculcando tal libertad, habría fines que tendrían vetado alcanzar.

Por consiguiente, una sociedad en la que se denegara a los individuos el derecho a obligarse en favor de terceros sería una sociedad en la que muchas formas de cooperación humana quedarían fuera del alcance de las personas; es decir, una sociedad en la que, según el grado de limitación del derecho a la autonomía contractual, estaría prohibido a cooperar con terceros.

Principio antiliberal 6: quien viola las libertades ajenas no ha de reparar el daño causado a la víctima

Si no hay obligación de reparar el daño causado al conculcar alguno de los anteriores derechos individuales, entonces tales derechos quedan en meras declaraciones de buenas intenciones sin contenido efectivo alguno: si es posible secuestrar a una persona, o robarle su propiedad o incumplir las obligaciones adquiridas contractualmente sin generar un derecho de reparación en favor de la víctima, entonces el derecho de libertad, de propiedad y de autonomía contractual no existen como tales.

Por consiguiente, una sociedad en la que se denegara a los individuos el derecho de reparación por el daño que se les haya causado sería una sociedad sin derechos: es decir, una sociedad en la que, según el grado de limitación del derecho de reparación del daño, los individuos podrían asesinar, torturar, maltratar, subyugar o expoliar a los demás con absoluta impunidad.

Principio antiliberal 7: los individuos no tienen derecho a asociarse con otras personas

Sin libertad de asociación no habría manera de que grupos de personas persiguieran objetivos que fueran comunes a todos ellos. Al asociarse, cada uno asume obligaciones en favor de la asociación para que ésta persiga los fines que se le asignan. Limitar la libertad de asociación no sólo supondría limitar la autonomía contractual, sino que a todos los efectos erradicaría, o dificultaría enormemente, la posibilidad de desarrollar una vida comunitaria sostenida en el tiempo. Si las personas no pueden asumir compromisos compartidos para con una causa común, entonces tales causas comunes resultarán inviables o de muy difícil realización. Imaginemos una asociación donde cualquiera pudiera ser socio sin ningún tipo de compromiso o contrapartida, incluso pudiendo atentar contra el objeto social de tal organización (por ejemplo, una comunidad religiosa en la que se pudiese blasfemar contra Dios, saltarse los ritos, ignorar los dogmas, promover herejías, etc.): tal asociación resultaría difícilmente viable a largo plazo y, en consecuencia, el objetivo compartido entre muchos de sus miembros no llegaría a materializarse.

Por consiguiente, una sociedad en la que se denegara a los individuos el derecho a asociarse libremente sería una sociedad en la que muchas formas de cooperación humana —matrimonios, confesiones religiosas, clubes deportivos, asociaciones culturales, sociedades de ayuda mutua, etc.— quedarían fuera del alcance de las personas; es decir, una sociedad en la que, según el grado de limitación del derecho a la libertad de asociación, estaría prohibido comprometerse a perseguir un objetivo compartido con otras personas.

Principio antiliberal 8: las personas no tienen derecho a asociarse económicamente con otras personas

Si limitáramos la libertad de asociación a fines no económicos, entonces los individuos no podrían aprovecharse de todas aquellas ventajas que derivan de asociarse económicamente: en particular, no podrían constituir comunas ni empresas con las que organizar su actividad productiva. No habría consecuentemente posibilidad de que dos o más individuos cooperaran sostenidamente en el tiempo para alcanzar un objetivo productivo compartido. Además, y como ya hemos mencionado, no existe una clara línea de división entre asociaciones con fines económicos y asociaciones con fines no económicos que nos permita limitar unas pero no las otras: una confesión religiosa, por ejemplo, produce *servicios* para su comunidad de creyentes y para el resto de la sociedad (ceremonias, confesiones, asistencia a los necesitados, etc.); de hecho, incluso obtiene recursos de sus miembros para financiar esas actividades. ¿Por qué los fines de una confesión religiosa pueden calificarse de no económicos pero los de una comuna socialista o los de una empresa capitalista sí han de ser conceptualizados como económicos? Restringir la libre asociación económica en el fondo implica restringir la libertad de asociación en general.

Por consiguiente, una sociedad en la que se denegara a los individuos el derecho a asociarse libremente sería una sociedad en la que muchas formas de cooperación humana —comunas, empresas, comunidades de vecinos, sindicatos, patronales, cámaras de comercio, etc.— quedarían fuera del alcance de las personas; es decir, una sociedad en la que, según el grado de limitación del derecho a la libertad de mercado, estaría prohibido comprometerse a perseguir un objetivo económicamente compartido con otras personas.

Principio antiliberal 9: el gobierno cuenta con un poder ilimitado

Un gobierno que no se limitara a proteger los derechos individuales de carácter negativo que se derivan de los principios estudiados en la primera parte de este libro sería, por definición, un gobierno con autoridad para violar al menos alguno de esos derechos: ya sea el derecho de libertad, de propiedad, de contratos, de reparación del daño, de libre asociación o de libre mercado. Por consiguiente, de ese gobierno no-limitado se derivarían todos los perjuicios que ya hemos mencionado con respecto a la violación total o parcial de tales derechos. Ahora bien, nótese que, además, un gobierno no-limitado también conculcaría el principio de igualdad jurídica y, en última instancia, de individualismo polñitico: si *sólo* el gobierno está legitimado a conculcar los derechos del resto de los individuos, entonces el gobierno no se somete a las mismas restricciones que el resto de las personas, esto es, cuenta con privilegios frente al resto (ausencia de igualdad jurídica). Y si el gobierno, por el mero hecho de ser gobierno, cuenta con el privilegio de no respetar los derechos de los individuos, entonces las personas dejan de ser sujetos *plenos* de derecho y pasan a ser objetos parciales de derecho sometidos al gobierno no-limitado: a saber, se abandona el individualismo moral por una especie de estatismo moral.

Por consiguiente, una sociedad en la que se denegara a los individuos el derecho a restringir las potestades del gobierno sería una sociedad en la que, según el grado de limitación del derecho a la restricción competencial del gobierno, los individuos podrían ser —o incluso cargarían con el deber de ser— asesinados, torturados, maltratados, subyugados o expoliados con absoluta impunidad por el gobierno.

Principio antiliberal 10: El orden político liberal no es un orden global, puesto que no todas las personas poseen universalmente los derechos individuales anteriores

Si no todas las personas, con independencia de la comunidad política que integren, poseen los derechos fundamentales anteriores, entonces estamos reconociendo la legitimidad de algunas comunidades políticas para violar tales derechos individuales. Es decir, estamos legitimando que algunas comunidades políticas violen los derechos o de sus ciudadanos —no toda persona cuenta con el derecho a limitar las competencias de su gobierno y a que sus libertades sean respetadas— o de ciudadanos extranjeros —los gobiernos no tienen por qué limitar sus potestades con respecto a los extranjeros—. De ser así, estaríamos nuevamente tirando por la borda los principios de individualismo político y de igualdad jurídica: el sujeto de derecho no sería cada persona, sino sólo algunas personas en función del grupo al que pertenecen. Los derechos derivarían de la adscripción al grupo y no de ser un agente moral.

Por consiguiente, una sociedad en la que se denegara a los individuos la universalidad de los derechos fundamentales anteriores sería una sociedad en la que, según el grado de limitación de tales derechos universales, los individuos de otras comunidades políticas podrían ser —o incluso cargarían con el deber de ser— asesinados, torturados, maltratados, subyugados o expoliados con absoluta impunidad por su gobierno o por gobiernos extranjeros.

Como vemos, conculcar alguno de los diez principios anteriores conduce inexorablemente a interferir —en mayor o menor medida— sobre los planes de vida de algunos individuos, o incluso de la mayoría de ellos; conduce, por tanto, al conflicto y al enfrentamiento entre personas incluso al nivel más estructural de una sociedad; es decir, dentro de su misma base jurídica. En un mundo donde los individuos son diversos y donde sus proyectos personales son plurales, donde no todos queremos ni opinamos lo mismo, ¿qué es aquello que unos individuos sí pueden exigirles a otros sin por ello dejar de tratarlos como sujetos de derecho? Respeto: respeto recíproco a sus decisiones vitales según las despliegan en sus propiedades pacíficamente adquiridas, en los contratos autónomamente firmados y en las asociaciones —económicas y no económicas— voluntariamente constituidas. El liberalismo supone generalizar ese respeto mutuo para, ante todo, sentar las bases jurídicas de la coexistencia pacífica entre los individuos que componen una sociedad y, sobre tal presupuesto, posibilitar su cooperación y convivencia. Es, en definitiva, una propuesta de marco institucional para evitar el enfrentamiento violento dentro de una sociedad: para alcanzar una paz social asentada sobre el respeto a cada persona y no sobre la parasitación estructural de unos sobre otros. En palabras de Chandran Kukathas (2003: 2):

> El liberalismo es una corriente política que responde a la diversidad humana proponiendo instituciones que permitan la coexistencia de las distintas creencias y estilos de vida; el liberalismo acepta como hecho la pluralidad de la vida (la multiplicidad de valores morales y religiosos del mundo moderno) y en consecuencia promueve la tolerancia. El liberalismo se diferencia de otras filosofías políticas en su oposición a la idea de un orden social orgánico y espiritualmente unificado en el que los intereses de los individuos se hallan en perfecta armonía con los intereses de la comunidad. Los individuos tienen fines diferentes y no un objetivo común que todos deban compartir: por tanto, esos fines individuales por necesidad entrarán en conflicto. La problemática reside no en erradicar esos conflictos, sino en regular [los términos de su coexistencia].

2

Los principios contrastados: la crítica liberal a las ideologías no liberales

En el capítulo anterior hemos expuesto resumidamente por qué los diez principios sobre los que se fundamenta el liberalismo son imprescindibles para alcanzar un orden político estructuralmente respetuoso con los proyectos de vida de todas las personas. La falta de vigencia de alguno de esos principios inexorablemente nos lleva al conflicto social incluso en su nivel más básico posible. Sin embargo, a lo largo de la historia del pensamiento político, han surgido diversas ideologías alternativas al liberalismo que se han basado en el rechazo a algunos de sus principios constitucionales. En este último capítulo, vamos a resumir brevemente los principales planteamientos de algunas de estas doctrinas políticas para, por un lado, clarificar en qué sentido son incompatibles con el liberalismo y, por otro, exponer cuáles son sus mayores errores por los cuales deberían ser rechazadas en favor del liberalismo.

Socialismo

El socialismo es una filosofía política que en sus diferentes variantes aboga por socializar la propiedad privada para así reducir, o en algunos casos eliminar, las desigualdades materiales entre las personas. O dicho de otra forma, el socialismo aspira a la igualdad material entre los seres humanos y atribuye el origen (y la perpetuación) de esas desigualdades a la propiedad privada (especialmente, a la propiedad privada de los medios de producción): de ahí que su propósito sea reemplazar esa propiedad privada por una propiedad socializada o comunal (ya sea gestionada por el Estado o por comunas anarquistas). En palabras de Marx y Engels (1848 [2000]: 51):

> La propiedad privada actual, la propiedad burguesa, es la última y la más perfecta expresión del modo de producción y de apropiación basado sobre los antagonismos de las clases, sobre la explotación de los unos por los otros. En este sentido, los comunistas pueden resumir su teoría en esta fórmula única: abolición de la propiedad privada.

Así pues, socialismo y liberalismo se enfrentan esencialmente en la cuestión de la propiedad privada. ¿Deben los individuos, de manera separada, poder ejercer un dominio absoluto sobre algunas porciones de su entorno material o, por el contrario, la totalidad de ese entorno material ha de ser controlado por el conjunto de la humanidad? El socialismo rechaza la separabilidad de la propiedad: es decir, todo ha de ser de todos, en especial cuando se trata de producir y distribuir la renta (una vez distribuida esa renta, el socialismo sí puede admitir su separabilidad para su consumo final: mi pasta de dientes es mía y no de mi vecino). El liberalismo, en cambio, acepta la separabilidad de la propiedad, incluyendo la propiedad relativa a la producción y distribución de la renta.

¿Qué ocurre en un mundo en el que toda la propiedad (salvo acaso la destinada al consumo final) es mantenida en común? Pues que los planes vitales de una persona se someten a la voluntad de la mayoría (o de aquellas minorías que consiguen manipular a las mayorías). Es la mayoría la que decide qué, cuánto, cómo, dónde, cuándo y para quién se produce: es la mayoría, por tanto, la que decide qué medios (si es que alguno) le proporciona a cada individuo para satisfacer sus fines. Si, por ejemplo, la mayoría se niega a que se editen libros de la Biblia o del Corán, entonces nadie podrá leerlos; si la mayoría se niega a que se grabe música clásica o heavy metal, entonces nadie podrá escucharlos; si la mayoría se niega a producir determinado tipo de comida, de vestimenta o de vivienda, entonces nadie podrá acceder a ese tipo de bienes. Formalmente, por tanto, el socialismo podrá decir que defiende la libertad personal: en la práctica, sin embargo, la abolición de la propiedad privada convierte el derecho de libertad en una mera concesión de quienes controlan la propiedad común. La falta de separabilidad de la propiedad supone la falta de separabilidad de las vidas de los seres humanos.

Ciertamente, los socialistas pueden replicar que un orden político liberal tampoco garantiza que una persona tenga acceso a todos los medios que necesita para realizar sus fines personales: los individuos pueden carecer de propiedad suficiente como para satisfacer sus proyectos vitales. Es decir, en cierto modo también cabría afirmar que, bajo el liberalismo, la libertad de algunos individuos constituye una concesión por parte de aquellos que poseen propiedades materiales. Sin embargo, la separación y dispersión de la propiedad bajo el liberalismo permite que incluso aquellas personas sin propiedades puedan cooperar con alguna de las muchas personas con propiedades y, de ese modo, devenir propietarios: intercambiar sus servicios laborales a cambio de bienes que devienen suyos y que pueden dedicar o al consumo o a la producción futura. Por ejemplo, Marx les reprochaba a los capitalistas que «en vuestra sociedad la propiedad privada está abolida para las nueve décimas partes de sus miembros. Precisamente porque no existe para esas nueve décimas partes existe para vosotros» (Marx y Engels, 1848 [2000]: 55). Es decir, en la caracterización que efectuaba Marx sobre el liberalismo, el 90 por ciento de la sociedad carecía de cualquier tipo de propiedad y, sobre todo, estaba imposibilitado para conseguir alguna. Pero lo cierto es que en sociedades como las actuales, el 65 por ciento de las familias estadounidenses y el 75 por ciento de las familias españolas son propietarias de su vivienda. Asimismo, más del 65 por ciento de las personas más ricas del planeta (aquellas con un patrimonio neto superior a 30 millones de dólares) crearon esa fortuna por sí solos; más del 20 por ciento lo crearon por sí mismos con ayuda de su herencia; y sólo el 11 por ciento la heredaron (Wealth-X, 2018). En suma, no es verdad que, como pensaba Marx, la propiedad esté secuestrada en manos de una élite hermética y que, en consecuencia, los desposeídos sean del todo incapaces de acceder a ella: el liberalismo, a través del libre mercado, proporciona un marco institucional para la cooperación voluntaria y es a través de ésta como cada cual accede a la propiedad. Dada la dispersión en la titularidad de esa propiedad, existen infinidad de opciones diversas por las que cada cual puede tratar de generar valor para otros y, en contrapartida, adquirir propiedad.

Por consiguiente, en la medida en que el socialismo quiere abolir toda propiedad privada, subordinando todos los planes vitales de cualquier individuo a la voluntad arbitraria de quienes ejerzan el control de la propiedad comunal forzosa, el socialismo es opuesto al liberalismo. Con todo, conviene recordar que, dentro de un orden jurídico liberal, pueden conformarse voluntariamente comunas donde la propiedad esté socializada entre los comuneros: los socialistas, pues, pueden tratar de materializar dentro del liberalismo sus aspiraciones políticas haciendo uso de la libertad de asociación y, claro está, respetando la libertad de desasociación de aquellos que no quieran integrar su comunidad.

Socialdemocracia

La socialdemocracia o socioliberalismo es una filosofía política que, como el liberalismo, parte del individualismo y de la igualdad jurídica, pero que, a diferencia del liberalismo, adopta un concepto de libertad mucho más vinculado a los derechos positivos: a saber, libertad no significa solamente ausencia de interferencia en los proyectos vitales de cada persona, sino la disposición de ciertos medios materiales y sociales que permitan la ejecución efectiva de esos planes de acción. Evidentemente, reconocer derechos positivos a las personas implica establecer deberes positivos entre las personas: es decir, para la socialdemocracia, los individuos no sólo cargan con el deber de abstenerse de intervenir en los planes del resto de los individuos, sino también con el deber de proporcionarles a otros individuos aquello que necesitan para cumplir con algunos de sus proyectos. En tal caso, parece claro que los planes de acción de las diversas personas se interferirán mutuamente entre sí: cada sujeto deberá dejar de lado parte de sus fines vitales para trabajar obligatoriamente en aras de algunos de los fines vitales ajenos.

Claro que de acuerdo con la socialdemocracia, tal subordinación de unas personas hacia otras (y de otras hacia unas) no debe ser ilimitada, pues en tal caso cada individuo se convertiría en un esclavo del resto (quien sólo tiene deberes positivos hacia los demás y no el derecho a que los demás le respeten un espacio moral propio es un esclavo) y la socialdemocracia también otorga importancia a la libertad personal entendida como no interferencia. Así pues, ¿cuál es el límite que establece esta doctrina filosófica a la proliferación de derechos individuales positivos que inevitablemente limitan la libertad negativa de las personas? El límite viene marcado por la consecución de una cierta «igualdad» básica en la distribución de los recursos, de las oportunidades o de las capacidades entre los individuos que componen una sociedad.

Es decir, la socialdemocracia justifica violar *algunas* libertades individuales de las personas mientras subsista alguna desigualdad en la distribución de alguna de las variables anteriores (recursos, oportunidades o capacidades): de este modo, confía en estar compatibilizando la libertad con una visión de la igualdad que va mucho más allá de la igualdad jurídica. Por ejemplo, en palabras de John Rawls (1971: 54):

> Todos los valores sociales —libertad y oportunidad, renta y riqueza, así como las bases sociales del amor propio— deben distribuirse igualitariamente salvo que su distribución desigual sea beneficiosa para todos. La injusticia es, simplemente, desigualdades no beneficiosas para todos.

¿Cuáles son las libertades que la socialdemocracia acepta restringir en aras de promover esa mayor igualdad en la distribución de ciertas variables? En general, la socialdemocracia no defiende limitar ni la integridad física, ni la libertad de pensamiento, ni la libertad religiosa, ni la libertad de asociación, ni la libertad de prensa, ni la libertad de expresión. Las libertades que, en cambio, sí considera legítimo limitar son las libertades de contenido económico: es decir, la propiedad privada (especialmente, sobre los medios de producción) y la autonomía contractual (especialmente, en materia laboral, industrial o comercial) pueden restringirse para promover una mayor igualdad. Por ejemplo, Rawls se mostraba partidario de priorizar lo que él denominaba «libertades básicas» a cualquier tipo de búsqueda de la igualdad social o económica pero, a la vez, consideraba que «el derecho a ciertos tipos de propiedad (como los medios de producción) y la libertad contractual tal como la entiende la doctrina del *laissez faire* no son libertades básicas y, por tanto, no están salvaguardadas por la prioridad del [principio de libertad]» (Rawls, 1971: 54). En definitiva: menos libertad económica a cambio de mayor igualdad socioeconómica. Es sobre ese principio sobre el que se edifica el famoso Estado de bienestar: una vulneración del derecho de propiedad y de la autonomía contractual con el propósito de promover una redistribución igualitarista de recursos, oportunidades y capacidades entre los ciudadanos.

La crítica central del liberalismo contra la socialdemocracia se fundamenta en el rechazo de lo que el filósofo John Tomasi (2012: 42-43) ha denominado «excepcionalismo económico», a saber, la idea de que las libertades económicas son menos importantes que las libertades no económicas y, en consecuencia, son merecedoras de un régimen de protección menor. Ya hemos analizado no sólo que la distinción entre libertades económicas y libertades no económicas es menos clara de lo que tiende a pensarse —todo fin humano aparentemente no económico tiene alguna vertiente económica y todo fin humano aparentemente económico tiene alguna vertiente no económica— sino que, además, conviene recalcar que las libertades individuales buscan proteger los planes de acción de los individuos *sean éstos cuales sean* (siempre que no interfieran en los planes de acción de otras personas): el grado de protección jurídica a cada persona no cambia en función de cuáles sean sus proyectos de vida porque, en tal caso, estaríamos predeterminando cómo debe vivir cada persona su propia vida. De hecho, cabría afirmar que limitar la protección de las llamadas «libertades económicas» supone conculcar la igualdad jurídica entre las personas: en particular, aquellos individuos cuyos fines vitales se orientaran especialmente hacia «lo económico» recibirían una menor protección jurídica que aquellos otros orientados hacia «lo no económico».

En definitiva, del mismo modo que la socialdemocracia no acepta, en general, que la integridad física o la libertad de asociación puedan ser conculcadas para promover la igualdad en determinados ámbitos de la sociedad (por ejemplo, limitar la libertad religiosa de aquellas confesiones más exitosas a la hora de divulgar su palabra para así equilibrar las oportunidades con respecto a otras confesiones con menor éxito; o afear a los más guapos para que no concentren un mayor número de relaciones afectivas con respecto a los menos guapos), tampoco debería aceptar limitar las (mal llamadas) «libertades económicas» para promover esa mayor igualdad socioeconómica: los planes vitales orientados hacia «lo económico» no son planes vitales necesariamente menos relevantes que los «no económicos» para muchísimas personas. Y su libertad personal en ese ámbito *también* merece ser respetada. Las personas partidarias de impulsar una mayor igualdad socioeconómica —al igual que aquellas partidarias de promover una determinada religión, una determinada moral, un determinado estilo de vida, una determinada dieta, un determinado proyecto comunitario, una determinada interpretación de un hecho histórico, un determinado folclore regional, etc.— deberían hacerlo usando su libertad personal y *sin* violar la libertad personal ajena: también en el ámbito «económico».

Republicanismo

El republicanismo es una doctrina política que si bien podría llegar a ser descrita como individualista y partidaria de la igualdad jurídica (en términos similares aunque no idénticos a los del liberalismo), suscribe un concepto de libertad que es profundamente distinto al del liberalismo: en particular, frente a la libertad entendida como no interferencia en los planes de acción de una persona, el republicanismo identifica la libertad con la ausencia de dominación, entendiendo dominación como el poder que un agente puede ejercer sobre otro para interferir en su vida de manera arbitraria (Pettit, 1997: 52). Mientras que el liberalismo rechaza aquellas interferencias que se materializan en intromisiones sobre la libertad de acción, sobre la propiedad privada o sobre los contratos voluntariamente suscritos, el republicanismo repudia cualquier tipo de interferencia —incluso la persuasión de una persona por otra— siempre que se desarrolle de manera arbitraria, esto es, sin someterse a procedimientos reglados y públicos que fuercen a una persona a tomar en consideración los valores y los intereses de la otra persona.

Expresado en otras palabras, el republicanismo rechaza aquellas interacciones entre personas en las que una de ellas tenga capacidad para influir sobre la otra (lo considerará un ejercicio de dominación y, por tanto, una restricción de su «libertad republicana»), a menos que ese uso del poder se canalice por procedimientos reglados y públicos que respeten los valores e intereses de la persona que sufre tal interferencia. ¿Cómo evitar la dominación de unos agentes privados sobre otros agentes privados (lo que los republicanos denominan *dominium*)? De acuerdo con el republicanismo, mediante un Estado que les reconozca a los ciudadanos un conjunto de derechos negativos *y positivos* que garanticen su desarrollo autónomo frente a la potencial influencia de cualquier otra persona (integridad física, asistencia sanitaria, educación gratuita, medio ambiente saludable, acceso a la vivienda, etc.).

Ahora bien, para que el Estado pueda cumplir con tales derechos positivos de los ciudadanos deberá imponerles obligaciones positivas a esos mismos ciudadanos (pues el Estado carece de recursos propios para ello): es decir, deberá forzar a las personas a que renuncien a su propiedad privada, a que vean restringida su autonomía contractual o, incluso, a que sea conculcada su libertad de acción. En tal caso, ¿no podría ocurrir que el Estado adquiriera suficiente poder como para interferir de manera arbitraria en la vida de los ciudadanos (dominación que los republicanos denominan *imperium*)? Es aquí donde los procedimientos reglados y públicos para constreñir la interferencia arbitraria cobran sentido y, en última instancia, legitiman esa interferencia: las decisiones del Estado han de canalizarse a través de una democracia constitucional, deliberativa, contestataria e inclusiva por parte de una ciudadanía lo suficientemente virtuosa como para anteponer la búsqueda del bien común a sus intereses particulares. Si los ciudadanos pueden controlar —mediante las instituciones democráticas— cómo el Estado interfiere en sus vidas, entonces las interferencias del Estado carecerán de un carácter arbitrario y no cabrá considerarlas lesivas de la libertad republicana de las personas: «El requisito para que el poder del Estado no sea arbitrario es que ese poder se ejerza sin tener en cuenta el bienestar o la cosmovisión de quien ejerce el poder, sino teniendo en cuenta el bienestar y la cosmovisión del público en general» (Pettit, 1997: 56).

En suma, para el republicanismo una persona agredirá la libertad republicana de otra —aun cuando no ataque su libertad de acción, su propiedad privada o su autonomía contractual— siempre que la primera cuente con capacidad para influir sobre las decisiones que adopta la segunda sin tomar en consideración sus preferencias o intereses (ni siquiera es necesario que se ejerza esa influencia: basta con que potencialmente una persona esté sometido al arbitrio de otra); en cambio, el Estado no agredirá la libertad republicana de una persona —aun cuando sí ataque su libertad de acción, su propiedad privada o su autonomía contractual— siempre que el Estado tome sus decisiones dentro de un marco democrático que oriente sus acciones hacia los intereses del conjunto de los ciudadanos. Muchas acciones que para el liberalismo no constituyen interferencias ilegítimas en los planes de acción de una persona, para el republicanismo sí lo constituirán (por ejemplo, que un individuo cuente con mayor habilidad negociadora frente a otro y, por tanto, sea capaz de inclinar un intercambio más a su favor); a su vez, muchas acciones que para el liberalismo sí constituyen interferencias ilegítimas en los planes de acción de una persona, para el republicanismo no lo constituirán (por ejemplo, interferir en la libertad de prensa para imponer una presencia equilibrada de las diferentes ideologías en los medios de comunicación).

Liberalismo y republicanismo son, pues, incompatibles por cuanto parten de definiciones de libertad —y, por tanto, de visiones sobre cómo debe organizarse el orden político— parcialmente contradictorias. ¿Cuál de las dos es correcta? El concepto republicano de libertad es simplemente imposible (Simpson, 2017): si una persona no es libre por la mera potencialidad de que otras lleguen a interferir arbitrariamente sobre ella, entonces la existencia de cualquier Estado —aun cuando esté prima facie sometido a procedimientos reglados y públicos para tomar decisiones— ya vuelve a las personas no-libres desde un punto de vista republicano en tanto en cuanto ese Estado tiene el potencial de tiranizarse e interferir arbitrariamente sobre la vida de las personas. De hecho, aun cuando los ciudadanos cuenten con medios suficientes como para resistir la tiranización de un Estado —por ejemplo, si la población estuviera armada—, tampoco cabría considerar a esos ciudadanos republicanamente libres, puesto que si un determinado número de esos ciudadanos son capaces de organizarse para resistir la tiranización de un Estado, también serán capaces de organizarse para interferir arbitrariamente en la vida de cualquier ciudadano individual. Por consiguiente, dado que sea cual sea el marco institucional de una sociedad siempre existirán desequilibrios de poder y, en consecuencia, la potencialidad de que unos individuos influyan arbitrariamente sobre otros, el concepto republicano de libertad es una entelequia imposible.

Lo anterior, empero, no significa que el republicanismo no ponga de manifiesto algunos problemas relevantes dentro de un orden político liberal (en realidad, dentro de *cualquier* orden político): en particular, si distintos individuos, en distintos contextos, poseen distintos grados de poder negociador, también poseerán distintas capacidades de influir sobre la vida de los demás, lo cual podría degenerar en situaciones de enorme sumisión —aun voluntaria— de unos frente a otros. Ahora bien, para el liberalismo, tales problemas no justifican la conculcación estructural de las libertades individuales, especialmente teniendo en cuenta que dentro del propio orden político liberal también pueden emerger alternativas dirigidas a contrarrestar tales problemas. A la postre, el poder negociador suele emerger en situaciones de monopolio (u oligopolio) y de monopsonio (u oligopsonio): por ejemplo, cuando sólo haya una empresa que ofrezca empleo, cuando sólo haya un médico al que acudir, cuando sólo haya un chico con el que emparejarse, cuando sólo haya un medio de comunicación del que informarse, etc. Pero dentro de un orden político liberal existen miles de millones de personas con las que potencialmente cooperar para satisfacer nuestros muy heterogéneos fines; y si, en algún ámbito concreto, existe una situación cercana al monopolio o monopsonio, las personas afectadas siempre cuentan con la opción de asociarse libremente para ganar poder negociador frente al monopolista o monopsonista (por ejemplo, si un empresario tiene un gran poder de negociación sobre sus trabajadores locales, éstos pueden asociarse sindicalmente para plantarle cara).

De hecho, la alternativa republicana de otorgar un enorme poder de intervención al Estado sobre la vida de las personas no solventa el problema de fondo que el propio republicanismo denuncia: más bien lo agrava al ni siquiera reconocer ámbitos individuales donde nadie, ni siquiera el Estado o la propia sociedad, puede interferir.

Feminismo

El feminismo es una doctrina política que busca alcanzar la igualdad entre sexos. Dependiendo del tipo de igualdad que busque alcanzar, el feminismo será compatible o incompatible con el liberalismo. En particular, si el feminismo aspira a establecer una estricta igualdad jurídica entre hombres y mujeres, entonces no es que el feminismo sea compatible con el liberalismo, sino que es consustancial: ya hemos expuesto por qué la igualdad jurídica es uno de los principios fundamentales del liberalismo.

Ahora bien, el feminismo también puede aspirar a conseguir no sólo la igualdad *jurídica* entre hombres y mujeres, sino también la igualdad social y económica: y, en tal caso, será potencialmente compatible con el liberalismo en función de los métodos que utilice para alcanzar semejante igualdad.

En particular, buena parte del movimiento feminista actual busca demoler el llamado «patriarcado», es decir, el conjunto de relaciones institucionales (estructuras jurídicas, políticas, sociales y económicas) que supuestamente perpetúan la opresión del hombre sobre la mujer. En cierto modo, podríamos calificar al feminismo como un republicanismo preocupado por el poder de influencia del conjunto de los hombres sobre el conjunto de las mujeres. Por ejemplo, en palabras de Andrea Dworkin (1974: 192-193):

> Nuestro propósito es la transformación cultural. El desarrollo de una nueva clase de ser humano y de una nueva clase de comunidad humana. [...] El camino para llegar a ello no será sencillo. [...] Hemos de rechazar someternos a esas instituciones que por definición son sexistas: el matrimonio, la familia nuclear o las religiones edificadas sobre el mito de la maldad femenina. Hemos de rechazar someternos a todas las formas de comportamiento y de relaciones que refuercen la polaridad hombre-mujer, que alimenten patrones básicos de dominación masculina y sumisión femenina.

El objetivo de transformar culturalmente una sociedad es en abstracto un objetivo perfectamente legítimo —y en ocasiones, según cuál sea el contenido de la cultura predominante, incluso loable— siempre que no implique una violación de los derechos individuales. Sin embargo, buena parte del feminismo sí se muestra partidario de instrumentar al Estado para promover ese cambio cultural: por ejemplo, leyes de discriminación «positiva» (desigualdad jurídica entre el hombre y la mujer, en favor de esta última), regulaciones que marquen los sueldos de las mujeres en búsqueda de la igualdad salarial o prohibición de la prostitución, de la pornografía o incluso de cualquier expresión artística que «cosifique» a la mujer. En tales casos, estaremos ante ataques a la igualdad jurídica, a la libertad de acción o a la autonomía contractual: es decir, con planteamientos absolutamente incompatibles con el liberalismo. Que una persona exhiba una moral personal que nos desagrada profundamente no debería constituir una excusa para que reprimamos su libertad: como mucho, constituirá una razón para tratar de persuadirlo de que altere sus valores morales.

En definitiva, el feminismo que aboga por la igualdad jurídica es consustancial al liberalismo. El feminismo que lucha por el cambio cultural es potencialmente compatible con el liberalismo siempre que no pretenda imponer tal cambio cultural desde el Estado en conculcación de los derechos básicos de las personas. Aquel feminismo que lo pretenda, es totalmente incompatible con el liberalismo.

Mercantilismo

Mercantilismo es un término que ha recibido diferentes significados a lo largo de la historia y que hoy se utiliza para describir un sistema económico capitalista manejado por el Estado en interés de ciertas corporaciones mercantiles organizadas en forma de grupos de presión (Rodrik, 2013). La evolución del término no es casual: el mercantilismo describía originalmente una fase del pensamiento económico europeo caracterizado por la instrumentación del sistema económico para consolidar el poder del Estado (Heckscher, 1931 [1935]: 2-30) y promover sus intereses. Sin embargo, al arrogarse el Estado la potestad de redefinir los derechos de propiedad y las relaciones comerciales, tal potestad fue capturada por aquellos grupos de poder con mayor influencia sobre el Estado para, de ese modo, imponer sus propios intereses al conjunto de la sociedad (Ekelund y Tollison 1997, 235-238). Por consiguiente, hablaremos de mercantilismo para referirnos a todo el conjunto de intervenciones estatales que limitan la libertad de mercado en beneficio de algunas de las empresas establecidas que operan en él. Otra forma de denominar al mercantilismo será corporativismo o capitalismo clientelar *(crony capitalism).*

El mercantilismo se opone frontalmente al liberalismo por cuanto es contrario al libre mercado; es decir, al ejercicio pleno de la propiedad privada y de la autonomía contractual. En particular, bajo el paraguas del mercantilismo pueden justificarse todo un entramado de intervenciones estatales sobre la vida de las personas con el presunto objetivo de impulsar el bienestar de la economía en general pero con el auténtico propósito de proteger los intereses de determinados *lobbies* empresariales: a saber, subvenciones corrientes, inyecciones de capital, rescates estatales, planes de estímulo económico, licencias gremiales, precios de venta garantizados, créditos blandos a costa del contribuyente, aranceles exteriores, cuotas a la importación, etc. Cualquiera de estas medidas supone otorgar privilegios jurídicos en el terreno económico a algunas personas a costa de otras. Por ejemplo, los aranceles consisten en encarecer la importación de mercancías extranjeras: por esa vía, se privilegia al productor nacional (al que se le protege de empresarios foráneos capaces de producir y vender sus mercancías más baratas) a costa del consumidor nacional (que no puede comerciar libremente con un fabricante extranjero más competitivo y, en consecuencia, se ve empujado a comprar la más cara mercancía nacional). O lo mismo sucede con los rescates o las subvenciones corrientes: el Estado le transfiere capital a una empresa (normalmente inviable en ausencia de tales transferencias) a costa de extraérselos a los ciudadanos socavando su propiedad privada (y entre esos ciudadanos pueden hallarse los accionistas de empresas que compiten con la agraciada por las subvenciones y que, en consecuencia, son atracados para sostener a sus competidores directos).

En suma, el mercantilismo suele ser una forma de robar y de explotar a la mayoría de los ciudadanos para privilegiar a una minoría de entre ellos: una redistribución de los recursos desde la mayoría hacia la minoría. Tales minorías suelen estar constituidas por aquellos grupos de presión bien organizados y mejor conectados con el poder político para así conseguir que éste promueva su agenda en nombre del interés general. Por eso, entre otras razones, el liberalismo defiende un gobierno estrictamente limitado: para que no pueda ser capturado e instrumentado en su favor por los cazadores de rentas mientras apelan a un genérico y tramposo «interés general». De acuerdo con el liberalismo, la mejor forma de combatir a los *lobbies* que instrumentan al Estado para parasitar al resto de la sociedad es reducir los ámbitos sociales y económicos en los que el Estado está legitimado a intervenir: si el Estado no está legitimado para conceder subvenciones, entonces no podrá otorgar ninguna a ningún *lobby* bajo ningún pretexto; si el Estado no está legitimado para imponer aranceles, entonces no podrá establecer ninguno para proteger a ningún *lobby* bajo ningún pretexto; si el Estado no está legitimado para rescatar a ninguna compañía quebrada, entonces no podrá hacerlo para beneficiar a ningún inversor bajo ningún pretexto.

En definitiva, el liberalismo se limita a reivindicar la igualdad jurídica entre todos los seres humanos así como la libertad de asociación entre ellos para que puedan conformar aquellas agrupaciones —empresariales o no empresariales— que consideren oportunas: lo que en ningún caso defiende el liberalismo es que las libertades individuales sean conculcadas para *privilegiar* a ninguna corporación mercantil a costa de los demás. Pese a que muchas personas tienden a confundir al liberalismo económico con una especie de marco institucional construido para privilegiar a las grandes corporaciones empresariales, el liberalismo, como ya expusimos en el capítulo 9, nació como doctrina económica de la mano de Adam Smith para luchar precisamente *contra* el mercantilismo.

Neoliberalismo

El término «neoliberalismo» no es una doctrina política con un contenido claramente definido y determinado, sino que se suele utilizar más bien como una etiqueta vacía para descalificar al liberalismo. Sus orígenes cabe hallarlos en la Viena de los años veinte, cuando intelectuales marxistas y fascistas lo acuñaron para desdeñar a pensadores liberales, como Ludwig von Mises, que nunca se describieron a sí mismo como «neoliberales» (Magness, 2018).

En la actualidad, la etiqueta continúa empleándose para fines similares. Los politólogos Taylor Boas y Jordan Gans-Morse (2009), tras revisar 148 ensayos publicados entre 1990 y 2004, llegaron a la conclusión de que el término «neoliberalismo» se emplea académicamente sin ningún tipo de rigor ni coherencia: «El significado de neoliberalismo jamás se debate y a menudo ni siquiera se define. Como consecuencia, no es que nos hayamos encontrado con demasiadas definiciones de neoliberalismo, sino con demasiado pocas». Además, cuando el término «neoliberalismo» aparece en un ensayo, suele ser para colocarlo en un contexto peyorativo para los mercados libres: «Los resultados de nuestro análisis de ensayos académicos confirman que el uso negativo del término "neoliberalismo" supera amplísimamente sus usos positivos». De ahí que ambos politólogos consideren que en la actualidad el concepto de «neoliberalismo» no es más que un eslogan antiliberal vacío de contenido distintivo.

En suma, el liberalismo ha sido históricamente desdeñado como «neoliberalismo» para sugerir que esta tradición de pensamiento intelectual se ha ido corrompiendo o degenerando con el paso del tiempo y que lo que en un pasado pudo ser una filosofía política noble y socialmente valiosa, hoy ha dejado de serlo. De este modo, el neoliberalismo trata de equipararse en cierta manera con el mercantilismo: a saber, una ideología al servicio de las élites empresariales y que, a la hora de la verdad, no defiende la libertad de las personas.

Ahora bien, por paradójico que parezca, los pocos intelectuales que aceptan definirse como «neoliberales» —por ejemplo, históricamente Alexander Rüstow (1950) o en la actualidad Brad DeLong (1999) o Samuel Hammond (Smith, 2017)— son intelectuales que presentan el neoliberalismo como una tercera vía entre el liberalismo tradicional y el socialismo, esto es, como una especie de socialdemocracia o socioliberalismo: economía de mercado globalizada más Estado de bienestar.

En definitiva, cuando el término «neoliberalismo» se utiliza como (des)calificación contra quienes no se autoidentifican como tales, normalmente se hace equiparando neoliberalismo con mercantilismo; en cambio, cuando el término «neoliberalismo» lo utilizan aquellos que desean autocalificarse con semejante etiqueta ideológica, frecuentemente lo hacen equiparándolo con socialdemocracia. Lo que en todo caso no es el neoliberalismo es liberalismo: jugando con las palabras bien podríamos decir que el neoliberalismo es más bien un no-liberalismo.

Conservadurismo

El conservadurismo es una doctrina filosófica preocupada por preservar el orden civilizatorio. Para los conservadores (Kirk, 2006: 4-22), el ser humano no es bondadoso por naturaleza sino que sus instintos son controlados por el marco moral e institucional en el que se ubica (civilización): ese entorno moral e institucional se halla materializado en un conjunto de costumbres, tradiciones y estructuras sociales y jurídicas que han sido heredadas del pasado y cuya funcionalidad ningún individuo es capaz de comprender en su totalidad, motivo por el cual suelen ser despreciadas como meras supersticiones sin utilidad alguna cuando, en realidad, son esenciales para la propia sociedad. El conservadurismo, pues, tratará de defender ese marco moral e institucional de carácter civilizatorio que evita que el ser humano caiga en el salvajismo pero que el propio ser humano siente recurrentemente la pulsión de destruir por su inherente incapacidad para comprender su rol: o dicho con otras palabras, el conservadurismo reivindicará la prudencia a la hora de impulsar cambios sociales revolucionarios porque teme que el ser humano, buscando el paraíso en la tierra (es decir, suprimiendo o rectificando aquellas tradiciones, costumbres o estructuras sociales que aparentemente son estériles o incluso nocivas para el individuo), termine construyendo un infierno de caos y destrucción. En palabras de Russell Kirk (2006: 44):

> El conservador trata de proteger la herencia de la civilización que ha sido legada por el abnegado trabajo de innumerables generaciones humanas y que ahora mismo está siendo amenazado por el fanatismo y por la obsesión de lo novedoso. El conservador sabe

> que somos pigmeos montados sobre hombros de gigantes y que sólo somos capaces de ver más lejos que nuestros antepasados gracias a su esfuerzo: y que, en consecuencia, también somos susceptibles de caer en el abismo si arrogantemente nos burlamos de la sabiduría de nuestros antepasados.

A un nivel superficial, el conservadurismo no tiene por qué ser incompatible con el liberalismo. El orden civilizatorio que tratan de preservar los conservadores se corresponde, según los propios conservadores admiten, con un orden en el que la libertad personalidad y la propiedad privada estén salvaguardadas frente a la barbarie. De hecho, hay algunos liberales que optan por definirse como liberal-conservadores para enfatizar que no sólo defienden los principios básicos del liberalismo, sino también aquellas costumbres, tradiciones y estructuras que permiten la preservación del orden civilizatorio en el que el liberalismo puede arraigar y florecer.

Ahora bien, aunque liberalismo y conservadurismo constituyan dos tradiciones de pensamiento que pueden llegar a compatibilizarse en ciertos aspectos, en última instancia son dos tradiciones de pensamiento distintas que colisionan en numerosas ocasiones debido a un conflicto crucial e irresoluble: el conservador concede primacía absoluta a la preservación del orden civilizatorio aun a costa de reprimir sistemáticamente la libertad personal, mientras que el liberal concede primacía a la libertad personal y, en consecuencia, tratará de reformar las tradiciones, costumbres y estructuras existentes en una sociedad para volverlas compatibles con la libertad personal (Kirk, 1981). Como consecuencia directa de lo anterior, el conservador tendrá una visión positiva del Estado como institución evolutiva especializada en proteger el orden civilizatorio (si bien, claro, también será consciente de sus importantes peligros totalizadores); por el contrario, el liberal observará siempre con negatividad y desconfianza al Estado porque, aun cuando lo considere imprescindible para garantizar el orden público (en el caso de los liberales minarquistas), es consciente de su origen coactivo y, por ende, contrario a la libertad de acción, propiedad privada, autonomía contractual y libertad de asociación de las personas (lo que significa, claro, que el liberal, incluso el minarquista, siempre presionará para reducir al mínimo la esfera de lo estatal).

En este sentido, los conservadores parecen soslayar que el propósito de una tradición, costumbre o estructura no es siempre el de mantener un orden civilizatorio compatible con el liberalismo, sino a veces todo lo contrario: consolidar un orden parasitario en el que unos individuos violan sistemáticamente las libertades de otros escudándose en el respeto ciego a la tradición. Tomemos el caso de la esclavitud: del mismo modo que el derecho de propiedad sobre las cosas puede transmitirse consuetudinariamente entre generaciones, también puede hacerlo el derecho de propiedad sobre las personas. Tras varias centurias en las que la civilización conocida ha coexistido con la institución de la esclavitud, también podría pensarse que ésta desempeña funciones que escapan a nuestra razón y que, en consecuencia, ha de ser preservada para evitar el caos. Pero, en tal caso, la prudencia a la hora de aceptar determinadas instituciones tradicionales sólo habría actuado como un aliado de los privilegios detentados por los esclavistas. Los principios básicos del liberalismo, pues, sirven como una orientación para determinar qué tradiciones, costumbres o instituciones merecen ser tratadas con prudencia por todo el conocimiento ancestral que pueden incorporar a la hora de contribuir a articular un orden político liberal y cuáles, en cambio, deben ser consideradas radicalmente incompatibles con él.

Lo anterior no significa que el liberal no sea consciente de muchos de los riesgos sobre los que, en ocasiones con razón, advierte el conservador. Es cierto que no todo progreso contribuye a ampliar la libertad personal y que, en consecuencia, no todo espíritu conservador es contrario a las libertades individuales: las buenas instituciones merecen ser conservadas y no descartadas por el mero hecho de ser una herencia de nuestro pasado. De hecho, las revoluciones que tratan de hacer una completa tabula rasa del pasado suelen ser revoluciones profundamente liberticidas y criminales que no dudan en arrasar con todo aquello que no encaje en su limitada visión del mundo. Y es que, como señalan los conservadores, el ser humano no es omnisciente; muchas tradiciones, costumbres o estructuras heredadas son útiles para defender nuestras libertades aun cuando no lleguemos a entender cómo funcionan; y, por tanto, abrogar arrogantemente toda institución vigente puede llevarnos a perder nuestra libertad. Pero esto tampoco significa que para los liberales el simple riesgo descivilizatorio constituya un argumento que justifique la conculcación sistémica de las libertades individuales. Todo lo contrario: el liberal jamás defenderá instituciones como la esclavitud, los matrimonios forzosos o las teocracias bajo el argumento de que acaso contribuyan a mantener el orden. Más bien, el liberal buscará avanzar prudentemente hacia otros órdenes civilizatorios en los que instituciones tan liberticidas como las anteriores no existan.

Nacionalismo

El nacionalismo es una doctrina política que coloca la soberanía en manos de la nación, entendida ésta como un colectivo de individuos caracterizados por una determinada identidad étnico-cultural (Breuilly, 1993: 2-3). A su vez, esta nación será típicamente descrita como propietaria de un determinado territorio ancestral dentro del cual deberían idealmente residir los nacionales y sobre el cual ejerce su soberanía. Y, finalmente, para que el colectivo nacional pueda ejercer su soberanía sobre el territorio y sobre sus nacionales necesitará de una organización institucional: a esa organización institucional que gestiona la soberanía nacional se la denomina Estado-nación.

En otras palabras, el nacionalismo, como doctrina política, otorga a la nación la titularidad sobre los tres elementos que caracterizan a los Estados modernos: la población, el territorio y la soberanía. De ahí que el nacionalismo vincule estrechamente las ideas de nación y de Estado: toda nación que no posea un Estado ha de aspirar a construirlo y, a su vez, toda nación que ya posea un Estado ha de combatir su disolución. Históricamente, pues, el nacionalismo ha exhibido tendencias tanto expansionistas (por ejemplo, la unificación italiana o el Anschluss nazi) como secesionistas (los movimientos independentistas catalanes y vascos): su objetivo no es, *per se*, ni crecer anexionando ni fragmentar dividiendo, sino ajustar las fronteras soberanas de cada Estado a los contornos naturales de la nación, pues es cada nación quien posee la soberanía sobre sus nacionales y sobre su territorio.

El nacionalismo se opone al liberalismo en la cuestión básica de la soberanía: para el liberalismo, el sujeto de soberanía es la persona, de modo que son los individuos quienes poseen derechos inalienables frente a cualquier colectivo (nacional o no) que pretenda conculcarlos y son los individuos quienes, además, conforman las comunidades políticas a través de su asociación voluntaria; para el nacionalismo, en cambio, el sujeto de soberanía es la nación, de modo que son las naciones quienes poseen derechos frente a cualquier otra entidad que pretenda conculcarlos —incluyendo los individuos—, y son las naciones las que, además, constituyen comunidades políticas naturales a las que cada individuo debe *lealtad* (deberes en favor del colectivo nacional con los que carga cada persona aun cuando no haya prestado su consentimiento). Stricto sensu, por tanto, para el nacionalismo no existen derechos individuales (restricciones consustanciales a la persona acerca de lo que otras personas o grupos pueden hacerle), sino sólo concesiones que el colectivo nacional puede efectuar (o no) en favor de los individuos: lo que, en cambio, sí existen son los deberes de lealtad del individuo hacia la nación que *naturalmente* integra.

El nacionalismo es una doctrina antiindividualista, antiigualitarista, antiliberal y antiuniversalista: no coloca el foco moral ni en el individuo —sino en la nación—, ni en la igualdad jurídica —sino en la diversidad de identidades nacionales—, ni en la libertad —sino en la lealtad—, ni en la universalidad —sino en el particularismo jurídico de cada colectivo nacional—. Primero el interés de la nación y después, siempre que no haya incompatibilidad alguna, el interés de las personas a las que forzosamente se adscribe a semejante nación.

A tenor de lo expuesto, cabe decir que el nacionalismo tiene tres problemas fundamentales. Primero, el nacionalismo no cuenta con una buena justificación a por qué el interés de la nación deba primar sobre el interés de las personas que componen la nación cuando no existen intereses nacionales que no sean, en el fondo, los intereses de determinadas personas en relación con la nación (de modo que no queda claro por qué los intereses de ciertos individuos han de prevalecer sobre los de los otros). Segundo, el nacionalismo tampoco cuenta con una teoría sobre el origen de los títulos de propiedad que detenta el colectivo nacional sobre un determinado territorio: la nación se considera naturalmente propietaria de un territorio aun cuando históricamente algunas élites nacionales lo hayan adquirido mediante conquista militar (¿por qué, pues, tal territorio le corresponde a una determinada nación y no a otra?). Y tercero, el nacionalismo tampoco cuenta con una explicación sobre cómo determinar qué es una nación y qué individuos forman parte de ella: en gran medida, la filiación nacional es una cuestión sentimental (¿a qué colectivo étnico-cultural se siente más cercano una persona?), pero si esa percepción subjetiva es la que determina los contornos de la soberanía nacional, entonces será la elección de cada persona a integrar una nación lo que creará a la nación y si, en cambio, no es esa percepción subjetiva, entonces el nacionalismo carecerá de elementos objetivos para demarcar la adscripción nacional de cada persona (¿un gallego es sólo gallego, sólo español, español a fuer de gallego, sólo portugués, español a fuer de portugués, etc.?).

Frente a un nacionalismo étnico de carácter antiindividualista, antiigualitario, antiliberal y antiuniversalista, algunos pensadores han defendido un nacionalismo de carácter cívico: a saber, lo que definiría a una nación no sería una determinada identidad étnico-cultural, sino un conjunto de instituciones políticas que preservarían la libertad de sus integrantes. La nación, pues, vendría definida en función de la ciudadanía: quienes sean ciudadanos/miembros de una determinada comunidad política serían, a su vez, nacionales de ella y le deberán lealtad a sus instituciones. El nacionalismo cívico o patriotismo es potencialmente compatible con el liberalismo siempre que siga reconociendo la soberanía individual de los ciudadanos; es decir, siempre que la comunidad política hacia la que se reclama lealtad haya sido conformada voluntariamente por todos sus integrantes (de modo que todos los ciudadanos hayan jurado consentidamente lealtad a tales instituciones): en caso contrario, si algunos ciudadanos hubiesen sido integrados a la fuerza en esa comunidad política, el nacionalismo cívico sólo sería compatible con el liberalismo si, con las limitaciones que ya analizamos en el capítulo 10, habilitara un mecanismo de salida (de secesión) para aquellos ciudadanos que no han consentido formar parte de esa comunidad política. A la postre, si una persona es integrada coactivamente dentro de un Estado y, siendo posible su desasociación política, no se permite tal desasociación, entonces el sujeto de soberanía no será el individuo sino el propio Estado: algo incompatible con los principios básicos del liberalismo.

Fascismo

El fascismo es una ideología que aboga por otorgarle una primacía moral absoluta al Estado, por cuanto considera que el Estado es el mecanismo que organiza y materializa la voluntad de la nación. En cierto modo, cabría conceptualizarlo como un hiperestatismo nacionalista o como un totalitarismo nacionalista. En palabras del propio Benito Mussolini (1932 [1933]):

> La concepción fascista remarca la importancia del Estado y acepta al individuo sólo en la medida en que sus intereses coinciden con los del Estado, el cual representa la conciencia y la voluntad universal del ser humano como entidad histórica. El fascismo se opone al liberalismo clásico, que simplemente fue una reacción contra el absolutismo y que agotó su función histórica cuando el Estado se convirtió en la expresión de la conciencia y la voluntad de la gente. El liberalismo negó al Estado en el nombre del individuo; el fascismo reafirma al Estado como expresión de la auténtica esencia del individuo. Y si entendemos la libertad como un atributo del hombre real, y no del fantoche abstracto que se ha inventado el liberalismo individualista, entonces el fascismo también se posiciona a favor de la libertad: a favor de la única libertad posible, a saber, la libertad del Estado y del individuo dentro del Estado. Para el fascismo, todo se

> ubica dentro del Estado y nada humano o espiritual existe, especialmente nada que tenga valor, fuera del Estado. En este sentido, el fascismo es totalitario, y el Estado fascista, a modo de síntesis y unidad de todos los valores, desarrolla y mejora la vida de todo el pueblo.

Así pues, fascismo y liberalismo se enfrentan esencialmente en la cuestión del individualismo político. ¿Ha de ser el individuo el centro moral de un orden político o, por el contrario, el centro moral de ese orden político ha de estar constituido por un Estado totalitario ante cuya voluntad todo, incluidos los individuos, queda subordinado?

Como ya tuvimos ocasión de explicar, las instituciones políticas —como el Estado— son importantes únicamente porque los individuos son importantes: es decir, el valor de los Estados —si es que tienen alguno— es meramente instrumental al valor de las personas. Más en particular: en la medida en que los Estados pueden ser útiles para proteger los derechos de los individuos, los Estados pueden poseer valor (para los individuos). Pero ¿por qué hay que proteger los derechos de las personas? ¿Cuál es el cometido de reconocerles derechos? Pues para otorgarles un espacio moral dentro del que perseguir sus *propios* fines. El fascismo, en cambio, apuesta por otorgarle al Estado un monopolio del espacio moral, de modo que los individuos sólo pueden desplegar aquellos proyectos personales que no sean incompatibles con la voluntad del Estado. Dicho de otro modo, para el liberalismo, el Estado puede llegar a ser legítimo como instrumento para la salvaguarda de los derechos individuales; pero para el fascismo sucede justo lo opuesto: los derechos individuales pueden llegar a ser legítimos como instrumento para salvaguardar los derechos superiores del Estado. Mas recordemos que, en el fondo, la voluntad del Estado no es más que la voluntad de aquellas personas (mayorías o minorías) que consiguen controlar y dirigir el aparato estatal, de manera que lo que habría que justificar es por qué determinadas personas han de poseer un mayor espacio moral que otras.

Desde esa perspectiva, el fascismo se fundamenta no ya en el rechazo al individualismo, sino en el rechazo a la igualdad jurídica de los individuos: unos individuos poseen un derecho natural a gobernar sobre otros individuos que tienen un deber natural a obedecer. En este sentido, el octavo mandamiento de El Decálogo Fascista, publicado en 1938, fue que «no existen cosas que sean importantes o no importantes: sólo existe el deber», mientras que el décimo fue que «Mussolini siempre tiene razón». El fascismo, sin embargo, no es capaz de justificar por qué algunas personas —y cuáles— poseen un derecho natural a gobernar sobre otras —y cuáles—. Parte implícitamente de la desigualdad jurídica de las personas, pero ni siquiera es capaz de especificar los criterios moralmente relevantes que nos permitan discriminar entre quiénes son los líderes naturales y quiénes son los siervos naturales. Más que un estudio de los principios generales necesarios para alcanzar la coexistencia pacífica entre los individuos, el fascismo es una doctrina diseñada para justificar que una parte de la sociedad obedezca irracionalmente a los caprichos arbitrarios de otra parte de la sociedad.

Así pues, en la medida en que el fascismo rechaza el individualismo y la igualdad jurídica, se tratará de una ideología radicalmente incompatible con el liberalismo. Eso no significa, empero, que dentro del liberalismo no puedan existir jerarquías o relaciones de autoridad entre ciudadanos de pleno derecho: pero deberán ser jerarquías voluntariamente aceptadas por las partes, fruto de su libertad de asociación y, por tanto, de la delegación voluntaria de autoridad (por ejemplo, los miembros de una asociación pueden escoger a un presidente que, a partir de entonces, posea mayor poder ejecutivo interno que cualquiera de esos miembros).

Utilitarismo

El utilitarismo es una doctrina filosófica que sostiene que cada individuo debería comportarse de tal manera que contribuya a maximizar el bienestar del conjunto de la sociedad. En palabras de Jeremy Bentham (1776: vol. II), a quien se suele considerar como el primer gran sistematizador del utilitarismo, «la medida de lo que está bien y de lo que está mal viene dada por aquello que contribuya a generar la mayor felicidad para el mayor número de personas».

Aunque la regla moral parece ser bastante clara, su concreción dista de serlo. A la hora de definir el «bienestar de la sociedad» surgen dos problemas que dan lugar a las distintas ramas del utilitarismo. Por un lado, ¿qué entendemos por «bienestar»? La mayoría de los utilitaristas definen «bienestar» como el excedente neto del placer sobre el dolor (hablamos en tal caso de «utilitarismo hedonista») pero existen otros utilitaristas que definen «bienestar» como la cantidad de preferencias individuales que son finalmente satisfechas (hablamos en tal caso de «utilitarismo de preferencias»). Por otro, ¿qué entendemos por «de la sociedad»? Dado que son los individuos quienes experimentan bienestar (en cualquiera de sus definiciones anteriores), será necesario transformar el bienestar individual en bienestar colectivo para poder, acto seguido, proceder a maximizarlo. Así, podemos calcular ese bienestar colectivo o bien agregando los bienestares individuales (hablaremos en tal caso de «utilitarismo total»), o bien promediando los bienestares individuales (hablaremos en tal caso de «utilitarismo medio»).

El problema fundamental del utilitarismo, y por lo cual se convierte en incompatible con el liberalismo, es que rechaza de frente el individualismo político del que parte el liberalismo. Dentro del utilitarismo, las personas no son sujetos de derecho, sino objetos de derecho: instrumentos para maximizar el bienestar del conjunto de la sociedad, esto es, el bienestar de otras personas. El utilitarismo constituye, pues, un tipo de colectivismo moral: cada cual no ha de perseguir sus propios fines vitales, sino que debe sacrificarse personalmente para favorecer el bienestar del conjunto de la sociedad; es decir, de otras personas. No se trata de que cada individuo acepte sacrificios propios en la actualidad a cambio de ventajas propias en el futuro (por ejemplo, trabajo durante un trimestre dos horas diarias adicionales para poder pagarme unas vacaciones), sino de que, de acuerdo con el utilitarismo, cada persona puede ser estructuralmente sacrificada en beneficio de los demás. Otra forma de expresar esta misma crítica contra el utilitarismo es señalar que el utilitarismo no respeta la «separabilidad de las personas» (Zwolinski, 2008); es decir, no reconoce que las personas son agentes morales *individuales e independientes* que han de ser reputadas «siempre como un fin y nunca como un medio» (Kant, 1785 [1898]: 47).

Por ejemplo, el utilitarismo hedonista total (maximizar el placer agregado de una sociedad) permite convalidar moralmente la tortura o el asesinato siempre que el bienestar de los sádicos supere netamente el dolor de las víctimas; asimismo, el utilitarismo hedonista promedio (maximizar el placer medio de una sociedad) conduce a legitimar el exterminio de aquellos individuos que sean capaces de experimentar menos placer que el promedio de una sociedad (pues el promedio de utilidad aumenta prescindiendo de aquellos que se hallan por debajo de la media). En otras palabras, el utilitarismo convalida las prácticas de aquellos «monstruos de utilidad» (Nozick, 1974: 41) que, conculcando las libertades de otras personas, sean capaces de aumentar la utilidad agregada o promedio dentro de una sociedad. Como reconoce el filósofo utilitarista Robert Goodin (1995: 22) admitiendo algunas de las implicaciones más problemáticas del utilitarismo:

> El utilitarismo podría recomendar alimentar a los leones con cristianos si de ese modo la utilidad de los asistentes que disfrutan del espectáculo (más la satisfacción de los leones por la comida) excede la desutilidad de los cristianos sacrificados. O el utilitarismo podría recomendar diseccionar a una persona y redistribuir sus órganos hacia otras personas necesitadas de trasplantes si la utilidad del receptor excede la desutilidad del donante. O el utilitarismo podría recomendar colgar a un inocente para calmar a las masas iracundas si la utilidad de la masa calmada excede la desutilidad de la víctima colgada. O el utilitarismo podría recomendar entregar todos los recursos del planeta a unas pocas personas si éstas fueran máquinas supereficientes a la hora de transformar placer capaces de transformar esos recursos en satisfacción; o podría recomendar no entregar ningún recurso a los discapacitados si éstos fueran particularmente ineptos a la hora de transformar los recursos en satisfacción. No puede negarse que las prescripciones utilitaristas podrían recomendar en algún momento este tipo de cosas.

Con todo, existe una variante del utilitarismo que sí podría llegar a ser compatible con el liberalismo: el utilitarismo de reglas (Yeager, 2001). De acuerdo con el utilitarismo de reglas, una norma es legítima o ilegítima si contribuye a generar de manera indirecta e imparcial el mayor bienestar para el mayor número de personas. En la medida en que cabría argumentar que los principios fundamentales del liberalismo, analizados a lo largo de los capítulos anteriores, contribuyen a configurar un marco jurídico estable que permite que el mayor número de personas alcance el mayor bienestar posible a lo largo del tiempo, entonces puede decirse que un enfoque del utilitarismo de reglas nos acerca a un orden político liberal (no así el utilitarismo hedonista o de preferencias, el cual puede legitimar en cada momento comportamientos que conculquen, incluso gravísimamente, los derechos de las personas).

3

Los principios aplicados: liberalismo para el día a día

Aunque a lo largo de las páginas anteriores ya hemos tenido ocasión de ilustrar cómo los diez principios sobre los que se fundamenta un orden político liberal pueden aplicarse para resolver muchas de las polémicas que emergen en el día a día dentro de nuestras sociedades, acaso convenga reformular en este último capítulo cuáles son las implicaciones de estos diez principios liberales sobre diversas controversias políticas, sociales o económicas de enorme relevancia en el debate público actual.

Aborto

Las personas tienen derechos en cuanto a agentes; es decir, en cuanto a individuos que se autorrealizan vitalmente desarrollando sus propios proyectos de acción. En este sentido, los derechos individuales buscan proporcionar a cada individuo un espacio moral propio dentro del que desplegar tales proyectos sin verse sometido a ninguna interferencia ajena. De ahí que no pueda concluirse que un orden político liberal deba defender necesariamente los derechos del nasciturus: al cabo, el nasciturus no es todavía un agente con capacidad para desarrollar planes de acción propios hacia los que orientar deliberadamente su vida: y si los derechos dependen de la capacidad de agencia, la ausencia de capacidad de agencia podría implicar ausencia de derechos. Si adoptáramos esta perspectiva, que la gestante aborte al nasciturus sería algo del todo lícito de acuerdo con los principios liberales dado que no se estaría conculcando el derecho de nadie. Ahora bien, que ésta *pueda ser* una postura coherente con el liberalismo no significa que sea la única postura coherente ni que se halle libre de problemas: a la postre, que los derechos dependan de la capacidad de agencia no implica necesariamente, tal como ya expusimos en el capítulo 1, que la ausencia de capacidad de agencia deba implicar ausencia de derechos cuando concurren dos circunstancias adicionales: por un lado, el potencial del nasciturus para desarrollar con el tiempo esa capacidad para actuar elaborando proyectos vitales propios y, por otro, la responsabilidad de terceros en haber engendrado al nasciturus y, por tanto, en haberlo colocado en una posición de precariedad y necesitada de auxilio temporal para desarrollar tal capacidad de agencia. En caso de que estas dos condiciones estén presentes, también resulta plenamente compatible con el liberalismo el que se reconozcan derechos parciales al nasciturus: entre ellos, el derecho de no interferencia y el derecho de asistencia parental para poder desarrollar su capacidad de agencia y, por ende, su estatus de sujeto pleno de derecho. Desde esta perspectiva, el aborto también podría considerarse totalmente incompatible con el orden político liberal: una conculcación de los derechos que el nasciturus posee frente a sus tutores legales. En consecuencia, ambas interpretaciones caben dentro del liberalismo porque dependen del grado de protección que socialmente creamos pertinente otorgarle a un ser vivo que, por el momento, carece de capacidad de agencia (nasciturus). Acaso la pendiente resbaladiza en la que pudiera llegar a caer el proabortismo sería que aplicando su misma lógica (la ausencia de capacidad de agencia implica ausencia de derechos), también cabría llegar a justificar el infanticidio pasivo o al menos el aborto por evicción en estadios muy avanzados del feto (si los tutores no cargan con obligaciones positivas hacia los menores por carecer éstos de capacidad de agencia, ¿por qué los tutores no pueden desentenderse por entero de sus deberes de asistencia hacia el feto o hacia el menor ya nacido?). Sea como fuere, dentro de un orden político liberal cabrían comunidades políticas con una concepción más restringida de los derechos del nasciturus (en las que el aborto estuviese consecuentemente permitido) y comunidades políticas con concepciones más reforzadas de los derechos del nasciturus (en las que el aborto estuviese consecuentemente prohibido). Ambas podrían resultar compatibles con el liberalismo en tanto en cuanto optar por una o por la otra no depende de proteger o no la capacidad de agencia (éste es el auténtico núcleo liberal), sino del grado de protección previa que se quiera otorgar a las potencialidades de desarrollar esa capacidad de agencia.

Controles de precios

Fijar el precio de un bien o servicio (ya sea estableciendo la cuantía exacta por la que han de efectuarse las transacciones o, alternativamente, estableciendo franjas máximas o mínimas que no puedan rebasarse) es contrario al orden político liberal por cuanto atenta contra la autonomía contractual de las partes y, por tanto, contra el libre mercado. Los contratos son el instrumento que las partes utilizan para acordar los términos de su interacción cooperativa: fijar precios equivale a prohibir todas aquellas interacciones cooperativas que no se materialicen en las condiciones que establece la ley y aun cuando los sujetos implicados desearían efectuarlas en las condiciones que proscribe la ley. Por ejemplo, el establecimiento de precios máximos sobre los alquileres supone que los individuos no cuentan con libertad contractual para acordar una renta mensual superior a aquella marcada por la ley; asimismo, la fijación de precios mínimos sobre los salarios implica que los individuos carecen de autonomía para acordar un salario mensual inferior a aquel determinado por la ley. Semejantes regulaciones suelen aprobarse, supuestamente, con la finalidad de proteger los intereses de la parte «débil» dentro de una relación contractual (el inquilino o el trabajador, en los ejemplos anteriores): pero dejando de lado que en muchas ocasiones el efecto económico de los controles de precios sea el de desproteger a esa parte débil (impidiendo que los inquilinos arrienden un inmueble o que los trabajadores encuentren un empleo), desde un punto de vista moral los controles de precios atacan la autonomía contractual bajo la premisa de que no debe respetarse la igualdad jurídica entre las partes, esto es, que hay individuos más importantes que otros y que, en consecuencia, sus intereses han de ser protegidos a costa de conculcar la libertad de otras personas. De ahí que este tipo de prácticas sean rechazables desde una perspectiva liberal (como ya expusimos en el capítulo 4, sólo en aquellos casos en los que una persona se haya apropiado de la totalidad de un recurso natural cabría justificar una limitación parcial de su derecho de propiedad y de su autonomía contractual sobre esa propiedad, apelando al proviso de Locke). En general, un orden político liberal ofrece dos vías respetuosas con la libertad de los individuos para nivelar el poder de negociación entre las partes: la primera, aumentar el número de competidores que pueden actuar como contraparte (verbigracia, aumentar el número de arrendadores que ofrecen sus inmuebles en alquiler o el número de empresarios que demandan trabajadores); la segunda, formar coaliciones entre aquellas personas con menor poder de negociación (agrupaciones de inquilinos o sindicatos de trabajadores) para promover mejores condiciones contractuales. Estas fórmulas son perfectamente compatibles con el liberalismo; los controles estatales de precios no.

Discriminación positiva

La discriminación positiva consiste en establecer leyes especiales para un colectivo de personas que o bien estuvieron jurídicamente discriminadas en el pasado o bien permanecen socialmente discriminadas en el presente: por ejemplo, mujeres, homosexuales, negros, etc. El liberalismo es contrario a las leyes de discriminación positiva porque atentan contra el principio de la igualdad jurídica entre todas las personas. Asimismo, en la medida en que la discriminación positiva consiste en conceder privilegios legales a unos grupos frente a otros grupos (mujeres frente a hombres, homosexuales frente a heterosexuales, negros frente a blancos), también conculcan el principio individualista de que sólo la persona —y no el colectivo— es sujeto de derecho. Que el liberalismo sea contrario a la legislación de discriminación positiva no significa, sin embargo, que el liberalismo niegue de plano la existencia o de discriminaciones jurídicas pasadas o de discriminaciones sociales presentes hacia estos colectivos: lo que sostiene es que la forma de contrarrestarlas no es mediante discriminaciones jurídicas presentes, sino en todo caso mediante acciones sociales de tipo voluntario que se dirijan a intentar cambiar la mentalidad y los comportamientos del resto de las personas que componen la sociedad.

Drogas

La producción y el consumo de sustancias psicoactivas es del todo compatible con un orden político liberal dado que sólo constituye una manifestación más del derecho de libertad personal: toda persona puede hacer lo que quiera siempre que no interfiera activamente sobre la libertad de otras personas. Eso significa que una persona también tiene el derecho a consumir drogas en tanto en cuanto sus efectos queden restringidos a su propio cuerpo: si un individuo no es libre de hacer lo que quiera con su cuerpo —es decir, de tomar las decisiones que considere oportunas sobre el ámbito más inmediato de su propia vida—, entonces, en coherencia, tampoco debería ser libre para tomar decisiones que vayan más allá de su propio cuerpo. Asimismo, la libertad para producir drogas no es más que una manifestación del derecho de propiedad: a saber, de la potestad para usar los bienes de una persona como considere oportuno (incluyendo la de producir drogas para el autoconsumo o para el consumo ajeno). Respetar la libertad y la propiedad de las personas también significa respetar aquellos usos que hagan de su libertad y de su propiedad que puedan parecernos incorrectos o inmorales: como ya explicamos en el capítulo 6, penalizar el consumo y producción de drogas sería equivalente a establecer crímenes sin víctimas (Huemer, 2004). Lo anterior, sin embargo, no significa que no quepa imponer restricciones al contexto en el que se usan las drogas: por ejemplo, si hay actividades que requieran de la plenitud de las facultades de una persona para no poner en riesgo la libertad de otros individuos (conducir un automóvil, pilotar un avión, operar a un paciente, etc.), aquellos que ejecuten alguna de estas actividades no deberían hallarse bajo los efectos de las drogas (o, al revés, aquellos que se hallen bajo los efectos de las drogas no deberían tener permitido desarrollar ninguna de estas actividades). Tales restricciones, en todo caso, deberían ir dirigidas a proteger a terceros frente al usuario de drogas con facultades disminuidas, pero nunca a proteger al usuario de sí mismo.

Eutanasia

Eutanasia significa etimológicamente «buena muerte» y no es más que un procedimiento mediante el cual una persona, normalmente un médico, pone fin a la vida de un paciente con el consentimiento de ese paciente. La eutanasia cumple un propósito muy parecido al del suicidio asistido, con la única diferencia de que, en este último caso, es el propio paciente quien pone activamente fin a su propia vida aun cuando cuente con el apoyo de un equipo médico. Ambos casos, pues, constituyen una forma de cooperación humana para terminar la vida de una persona cuando ésta quiera informadamente hacerlo: nadie, pues, debería oponerse a ese ejercicio soberano de la libertad personal. Sin embargo, los partidarios de prohibir la eutanasia suelen argumentar que, prohibiéndola, están defendiendo el derecho más fundamental de todos: el derecho a la vida. Semejante argumento, empero, confunde el derecho a la vida (a saber, el derecho a que un tercero no atente contra mi integridad física de un modo no consentido por mí) con la obligación a la vida (el deber de seguir viviendo y, por tanto, la prohibición de decidir qué hacer con mi propia vida). El derecho a la vida es una manifestación (acaso la más importante) del derecho de libertad: es decir, del derecho a que nadie interfiera violentamente sobre mis decisiones (entre ellas, la de mantener mi integridad física); pero derecho a la vida no equivale a la prohibición de disponer sobre mi vida. En última instancia, la muerte es la etapa final de toda vida y, del mismo modo en que nos corresponde a cada uno de nosotros decidir cómo vivir, también debería correspondernos decidir cómo morir. En ocasiones, para muchas personas determinadas formas de vivir —plagadas de sufrimiento y carentes de cualquier esperanza de cambio— pueden constituir un calvario y una agonía peores que la misma muerte. Por las mismas razones que nadie debería tener derecho a acabar con una buena vida, tampoco nadie debería tener derecho a impedir una buena muerte. Por eso, prohibir la eutanasia atenta contra la libertad personal y, por tanto, contra un orden político liberal.

Gestación subrogada

La gestación subrogada es una técnica de reproducción asistida mediante la cual una mujer gesta un embrión con el que generalmente no guarda ninguna relación genética y cuya filiación le corresponde a otra persona o pareja (denominados «padres comitentes»). Con tal de proporcionar garantías a todas las partes implicadas (a la gestante, a los padres comitentes y al embrión), la gestación subrogada suele organizarse en torno a un contrato que especifica los derechos y obligaciones de todas ellas. Así, la gestante suele adquirir el compromiso de llevar el embarazo a buen término a cambio del derecho a no asumir la patria potestad del menor (pues, recordemos, la gestante subrogada no desea hacerse cargo del menor, y debido a su implicación en el proceso de gestación sería una de las potenciales candidatas a tener que asumir la patria potestad) y, en ocasiones, también de una gratificación monetaria; a su vez, los padres comitentes se obligan a asumir la patria potestad sobre el menor y a abonar la posible gratificación monetaria a cambio del derecho de que la gestante lleve la gestación a buen término; y, finalmente, el embrión deviene beneficiario del contrato tanto frente a la gestante como frente a los padres comitentes (la gestante tiene la obligación de gestarlo y los padres comitentes la obligación de asumir su patria potestad). En la medida en que todas las interacciones (entre la gestante y los padres comitentes) sean voluntarias y en la medida en que, como ya expusimos en el capítulo 3, los derechos de filiación del menor queden absolutamente protegidos (tenga asegurada una tutela —la de los padres comitentes— que salvaguarde sus derechos), la gestación subrogada es totalmente compatible con un orden político liberal. Prohibirla atentaría contra la libertad personal y contra la autonomía contractual de los individuos.

Herencia

Heredar supone únicamente transferir a un tercero la posición patrimonial de una persona a su muerte. Habitualmente, el continuador de la personalidad jurídica del causante son sus familiares (muy en especial, sus hijos), pero no hay ninguna necesidad de que así sea: heredero es aquella persona que el causante escoge como tal y que, a su vez, acepta serlo. Se trata, por tanto, de un encuentro libre de voluntades entre el causante y el heredero: el derecho a transferir la herencia y a recibirla es, simplemente, una manifestación del ejercicio del derecho de propiedad y de la autonomía contractual. Los ataques a la herencia suelen ir dirigidos tanto contra la libertad del causante para transmitir la herencia como contra la libertad del heredero para recibirla. Entre los ataques a la libertad de transmisión de la herencia cabe mencionar la legítima, a saber, aquella parte de la herencia sobre la que el testador no puede disponer por quedar obligatoriamente reservada a los llamados «herederos forzosos» (normalmente, sus hijos): la legítima es incompatible con un orden político liberal en tanto en cuanto impide que una persona disponga *plenamente* de su propiedad. Entre los ataques a la libertad de recepción de la herencia cabe mencionar los impuestos sobre el caudal hereditario, que disminuyen el patrimonio neto transmitido al heredero, habitualmente bajo el argumento de que el heredero no ha hecho nada para merecer los bienes del causante: pero quien tiene que apreciar la existencia o inexistencia de ese mérito, y quien ha de poseer la potestad de decidir si ese mérito es suficiente o no para devenir heredero, es el causante. La transmisión hereditaria de carácter testamentario es simplemente una manifestación del ejercicio del derecho de propiedad del causante: limitar la libertad de testar es contrario al orden político liberal porque limita el derecho de propiedad privada y la autonomía contractual (la sucesión automática en ausencia de testamento, la llamada sucesión *ab intestato*, sí podría ser criticada desde una perspectiva liberal).

Homeschooling

Un niño es un ser humano en una etapa temprana de maduración: un ser humano que todavía no es capaz de ejercer libre y responsablemente toda su capacidad de agencia. Por ello, y mientras dure esa etapa de maduración, su libertad es sometida a la supervisión de un tutor con el propósito tanto de fomentar su desarrollo como de evitar que dañe a terceros. Ese tutor carga con el deber de ejercer su tutelaje atendiendo al interés de ese menor, lo que significa que carga con una serie de obligaciones hacia él: entre ellas, la obligación de proporcionarle una educación adecuada para desarrollarse emocional e intelectualmente. Ahora bien, el término «educación adecuada» es un concepto muy amplio no sólo en lo relativo a los contenidos a impartir, sino también en cuanto a metodologías a seguir. No existe una única forma válida de educar a un menor y, por tanto, han de ser los tutores legales (generalmente los padres) quienes determinen cuál escoger de entre todas ellas. De hecho, aun cuando hubiera formas objetivamente mejores y objetivamente peores, eso no significaría que los tutores cargasen con la obligación de proporcionarles aquella forma que resulte óptima, sino que bastaría con que les proporcionasen una educación lo suficientemente buena como para permitir y potenciar ese desarrollo (Lomasky, 1987: 165-187). Por supuesto, los tutores no tienen derecho a obstaculizar el desarrollo del menor; ni siquiera a mantener una actitud indiferente hacia ese desarrollo: pero entre todo el abanico de fórmulas educativas que impulsan positivamente su desarrollo, sí están legitimados a escoger aquella que deseen aplicar. Al respecto, podemos trazar una analogía con el derecho a la alimentación de los menores: por un lado, no existe una única forma de alimentar a un menor y, por ende, han de ser los padres quienes determinen su dieta; pero, por otro, aun cuando hubiera algunos menús objetivamente mejores que otros, los tutores no cargarían con la obligación de ofrecer el mejor menú posible a sus hijos, sino una dieta lo suficientemente completa como para fomentar el saludable desarrollo físico y cognitivo del menor; eso sí, por mucha discrecionalidad con la que cuenten los padres para seleccionar los alimentos, lo que en ningún caso pueden hacer es desentenderse de alimentar al menor y, todavía menos, impedirle que él mismo se alimente. Así las cosas, la prohibición estatal de la educación en casa (del *homeschooling*) es del todo incompatible con un orden político liberal: si los tutores de un menor desean educarlo en el seno del hogar, han de poder hacerlo aun cuando su escolarización contribuyera a desarrollar en mayor medida algunas de sus facultades: mientras que el *homeschooling* le proporcione al menor una educación suficiente como para desarrollarse física y mentalmente, la libertad de sus tutores debería ser respetada. Lo que en todo caso no formaría parte de la libertad de los tutores sería desentenderse por entero de la educación del menor o impedir activamente su aprendizaje desde dentro del hogar: en ese supuesto, la tutela del menor sí podría serles parcialmente retirada (por dejación de sus obligaciones para con el menor). A su vez, si quedara fehacientemente acreditado que el *homeschooling* atrofiara gravemente algunas facultades relevantes del menor (como su socialización), entonces acaso cabría requerir a los padres que lo complementaran con otras actividades capaces de suplir esa carencia formativa (como academias, asociaciones, convivencias...), pero ni siquiera en ese caso cabría obligarles a escolarizar al menor y, mucho menos, a hacerlo a través de unos planes de estudio que no cuenten con su aprobación.

Igualdad

La igualdad jurídica es uno de los principios fundamentales del liberalismo: todas las personas cuentan exactamente con los mismos derechos. Distinto es el caso de otras dimensiones de la igualdad: la igualdad de renta, de riqueza, de consumo, de oportunidades, de capacidades, de resultados, de esperanza de vida, de roles de género, de estatus social, de poder de negociación, de belleza, de ideología política, de gustos literarios o de fe religiosa. Dentro de un orden político liberal, todo individuo que así lo desee puede promover socialmente cualquiera de estas dimensiones de la igualdad: de hecho, en gran medida, casi todos los individuos impulsan a lo largo de sus vidas una cierta igualación de alguna de estas variables. Lo que, en cambio, no tiene permitido hacer una persona dentro de un orden político liberal es promover alguna de estas visiones de la igualdad violando las libertades de otros individuos: la igualdad jurídica de todas las personas en su derecho de libertad proscribe que unos individuos tengan el privilegio de imponerles a las restantes sus particulares preferencias igualitaristas.

Impuestos

Los impuestos son una exacción contra la propiedad legítimamente adquirida por parte de una persona (Huemer, 2017): o gravan sus ingresos, o su gasto o su patrimonio. En ninguno de estos tres casos, los impuestos respetan el derecho de las personas a disponer libremente de su propiedad y, en consecuencia, son contrarios a un orden político liberal. Pese a lo anterior, existen dos tipos de figuras impositivas que sí podrían llegar a compatibilizarse con el liberalismo. El primero son los impuestos dirigidos a financiar los bienes públicos (técnicamente denominados «precios Lindahl»): ya hemos explicado en el capítulo 4 que los pagos forzosos dirigidos a sufragar un bien que el usuario valora más que su coste y que no puede proveerse de ningún otro modo (por ejemplo, la protección del orden público) no suponen un ataque frontal al derecho de propiedad (cuestión distinta es que el usuario no valore el bien más que su coste o que sí existan otras formas de proveerlo distintas de la transferencia obligatoria, en cuyos casos el pago forzoso no estaría justificado). El segundo son los impuestos dirigidos a internalizar una externalidad negativa (técnicamente denominados «impuestos pigouvianos»): ya hemos explicado en el capítulo 6 que si las acciones de un individuo repercuten de un modo indirecto pero ilegítimo sobre otros individuos (por ejemplo, a través de la contaminación), entonces habrá que reparar el daño causado y, a falta de otros mecanismos que permitan negociar una compensación pactada entre partes, una forma de repararlo podría ser un impuesto sobre ese tipo de acciones dirigido a sufragar la compensación de las víctimas. Todos los demás impuestos simplemente no son justificables desde una perspectiva liberal.

Inmigración y barreras arancelarias

Los individuos que conforman una comunidad política voluntaria pueden acordar cuantas restricciones internas a sus libertades consideren oportunas: sus miembros pueden pactar o que el uso de vehículos esté prohibido; o que la religión católica sea la única confesión oficial; o que todas las personas deban memorizarse *El capital*, de Marx; o que el consumo de drogas esté prohibido; o que todas las parejas deban concebir un número mínimo o máximo de hijos; o que nadie mantenga ningún tipo de relación con miembros de otras comunidades políticas, deviniendo así en una comuna autárquica. Distinto es el caso de las comunidades políticas no voluntarias, es decir, de los Estados: en tales casos no ha habido ningún consentimiento por parte de sus ciudadanos para cederle al Estado ninguna de estas libertades, de modo que no cabe presuponer que el Estado cuenta con autoridad para regularlas. En ausencia de consentimiento, las únicas funciones que, como mucho, cabe atribuirle a un Estado son las mínimas imprescindibles para el mantenimiento del orden público; esto es, para salvaguardar los derechos individuales de sus ciudadanos. De ahí que aun cuando una comunidad política voluntaria pueda estar legitimada para cerrar sus fronteras (si así lo han acordado voluntariamente sus miembros), un Estado no lo está (como tampoco lo está para prohibir el uso de vehículos, para decretar una religión oficial o para imponer cuotas de natalidad). Si un ciudadano desea relacionarse pacíficamente con otros ciudadanos extranjeros —a la hora de comprarles algún bien, de prestarles un servicio, de proporcionarles financiación, de arrendarles un inmueble o de contraer matrimonio—, el Estado no debe impedírselo salvo en aquellos supuestos excepcionales en los que esa interacción suponga una violación grave de las libertades individuales de otros conciudadanos: todo lo cual implica que las mercancías y las personas extranjeras puedan desplazarse libremente y permanecer en el interior de una sociedad en los mismos términos que cualquier otro ciudadano (por ejemplo, si ningún ciudadano puede permanecer dentro de una sociedad ocupando espacios públicos, tampoco los extranjeros podrán hacerlo). El orden político liberal se basa en la premisa de que todas las personas poseen los mismos derechos fundamentales y, por tanto, que los Estados no poseen legitimidad alguna para establecer distinciones arbitrarias en materia de esos derechos fundamentales entre sus ciudadanos y los ciudadanos extranjeros (Lomasky y Tesón, 2015: 90-120).

Libertad de expresión

La libertad de expresión es una de las implicaciones más prominentes de la libertad personal: consiste en el derecho a no ser interferido a la hora de manifestar una opinión. Precisamente porque el ser humano razona a través de la palabra y tales razonamientos contribuyen a que otros puedan entender sus pensamientos y acciones, la libertad de expresión constituye uno de los más incuestionables prerrequisitos de una sociedad libre: la palabra —salvaguardada por la libertad de expresión— permite que las personas negocien, debatan y se entiendan, alzándose así como una alternativa a la violencia en las relaciones sociales.

Dada la importancia capital de la libertad de expresión dentro de una sociedad libre, el liberalismo tiende a protegerla de un modo ilimitado: es decir, cualquier persona ha de poder decir cualquier cosa, aun cuando su discurso ofenda a otros individuos. De hecho, si la libertad de expresión de una persona pudiera restringirse en función de las molestias que genere sobre terceros, los censores lo tendrían tan sencillo como extremar su sensibilidad hacia las expresiones ajenas: bastaría con *mostrarse* extremadamente afectado frente a los comentarios de alguien para tener derecho a silenciarlo. Por ello, que a alguien le incomoden las palabras de otro individuo (o sus opiniones, o sus creencias religiosas, o su ideología política, o sus chistes, etc.) no constituye un argumento válido para iniciar la violencia contra él y acallarlo: como mucho, constituirá una razón de peso para que verbalicemos otras palabras en un sentido contrario a las suyas (ya sea para explicar por qué sus razonamientos o creencias no son válidos o replicando a unos chistes con otros chistes). Las palabras se combaten con palabras, no con acciones censoras. Ahora bien, que la libertad de expresión sea una externalización fundamental de la libertad personal no significa que esa libertad de expresión pueda ejercerse donde se quiera irrestrictamente. Para expresar nuestras ideas necesitamos de un medio material: una arenga política se pronuncia desde un determinado espacio; un artículo de opinión se publica en un determinado periódico; un parte informativo se graba en un estudio y se retransmite por alguna emisora de radio, por algún canal de televisión o por algún servicio de *streaming*. Dicho de otra forma, la libertad de expresión suele requerir de medios materiales para ejecutarse y, por tanto, ha de conciliarse con el derecho de propiedad privada sobre esos medios materiales. A saber: un individuo no puede apelar a su libertad de expresión para entrar en una vivienda ajena a medianoche, subirse a la mesa del comedor y soltar un mitin político; asimismo, tampoco puede obligar a un periódico a publicar sus artículos de opinión o a una emisora de radio a convertirlo en tertuliano habitual. Nadie ha de perseguirnos por el contenido de nuestras palabras, pero esas palabras no cuentan con el privilegio de socavar los derechos de propiedad de terceros. Adicionalmente, merece la pena aclarar que, en ocasiones, las palabras pueden utilizarse para iniciar la coacción sobre terceros: por ejemplo, tanto las amenazas contra un individuo o la incitación efectiva a la violencia contra una persona concreta se canalizan a través de palabras pero no por ello deberían quedar salvaguardadas por la libertad de expresión, del mismo modo que propinarle un puñetazo a otra persona no queda salvaguardado por la libertad de acción.

Matrimonio homosexual

El matrimonio es una asociación entre dos personas para regular los términos —personales y económicos— de su convivencia. Como tal, cualesquiera dos personas que sean sujetos plenos de derecho han de poder firmar un contrato matrimonial con independencia de cuál sea su sexo. Tradicionalmente, las religiones y los Estados sólo han reconocido, por distintos motivos, la libertad para formalizar acuerdos matrimoniales a parejas compuestas por un hombre y una mujer: en el caso de las religiones, se han negado a reconocer a los matrimonios entre dos personas del mismo sexo como matrimonios compatibles con las normas internas de su comunidad de creyentes; en el caso de los Estados, han llegado a prohibir la celebración de contratos matrimoniales válidos entre personas del mismo sexo dentro de su territorio. En este sentido, resulta plenamente compatible con un orden político liberal el que una religión, surgida de la libre asociación de los ciudadanos, declare que un determinado tipo de matrimonio resulta incompatible con sus estatutos internos: cada religión, como asociación que es, tiene autonomía para organizarse *internamente* como sus miembros escojan. Lo que, en cambio, sí es del todo incompatible con un orden político liberal es que el Estado (*motu proprio* o capturado por alguna religión) prohíba que dos personas adultas firmen un contrato matrimonial dentro de su territorio. El liberalismo, pues, respeta a aquellas religiones que no deseen oficiar matrimonios homosexuales, pero también exige que las religiones y los Estados respeten los contratos matrimoniales suscritos entre personas homosexuales. De hecho, para el liberalismo, los Estados no deberían regular los matrimonios en absoluto: es una materia que debería recaer enteramente en la autonomía contractual y en la libertad de asociación entre las partes. Y dado que todas las partes son jurídicamente iguales, el matrimonio entre personas del mismo sexo resulta absolutamente legítimo.

Medio ambiente

El medio ambiente no es más que el entorno en el que habitamos los seres humanos y que, según hemos expuesto en el capítulo 4, es susceptible de apropiación plena por parte de los individuos dentro de un orden político liberal. Desde un punto de vista ecológico, la interacción del ser humano con ese entorno presenta dos problemas básicos: su sostenibilidad y sus externalidades. En particular, las acciones que un individuo tome hoy sobre su propiedad pueden acarrear fuertes repercusiones ecológicas sobre esa misma propiedad en el futuro (de manera que hace falta administrarla con visión de largo plazo o sobre las propiedades ajenas en el presente o en el futuro, de modo que hace falta internalizar tales externalidades). Un orden político liberal protege el medio ambiente de estos dos problemas a través de la institución de la propiedad privada: si todas las externalidades negativas —incluidas las ecológicas— que derivan de las acciones de un individuo se hallan internalizadas dentro de su propiedad, entonces cualquier persona poseerá fuertes incentivos, como propietario, para preservar a largo plazo sus dominios precisamente porque todos los perjuicios generados por sus decisiones recaerán sobre estos dominios (y, por tanto, sobre el propietario). La propiedad privada no es, desde luego, garantía de que absolutamente todos los individuos vayan a efectuar un uso ecológicamente razonable de su propiedad, pero en la medida en que la mayoría de las personas sí se preocupan por preservar el medio ambiente y, sobre todo, en la medida en que nadie tenga la obligación de cargar con la contaminación ajena, la protección del entorno a través de la institución de la propiedad privada descentralizada sí será muy reforzada: la mayoría de las personas preservarán ecológicamente su propiedad y podrán impedir que otros la deterioren si ese deterioro genera externalidades sobre ellos. Ahora bien, ¿cómo internalizar las externalidades ecológicas de tipo negativo? Por un lado, aquellas que tengan un carácter local, se internalizarán tal como hemos expuesto en el capítulo 6: mediante la negociación bilateral entre el contaminador y el contaminado (siendo el propietario contaminado quien generalmente goza de la potestad para prohibir al contaminador que siga contaminado); si el coste de negociar entre distintos propietarios cómo internalizar las externalidades negativas resultara muy elevado, lo que históricamente ha tendido a suceder es que los distintos usuarios implicados en ese proceso se han organizado en régimen de copropiedad privada para estructurar desde dentro normas orientadas a garantizar la sostenibilidad ecológica de su propiedad y, en suma, la internalización de las externalidades (Ostrom, 1990). Por otro, aquellas externalidades que tengan un carácter más global deberían internalizarse igualmente negociando entre las partes implicadas o, de resultar muy costosa tal negociación, mediante impuestos pigouvianos que reflejen tan fielmente como sea posible el coste derivado de ella y cuya recaudación se oriente a indemnizar el daño causado a sus víctimas. Por ejemplo, una propuesta compatible con el ideario liberal para combatir el cambio climático sería establecer un impuesto sobre cada tonelada emitida de CO_2 (recogiendo el perjuicio que generan tales emisiones sobre terceros y, al mismo tiempo, desincentivando su emisión) y repartir su recaudación entre todos los ciudadanos perjudicados por el cambio climático (Feldstein, Halstead y Mankiw, 2017). Por ambas vías, el medio ambiente no está en absoluto desatendido dentro de un orden político liberal sino que, en realidad, está más protegido que en cualquier otro orden político en el que su salvaguarda se encomiende a personas —burócratas estatales— que carecen de un interés directo en protegerlo cuando no están directamente capturados por grupos de presión y en el que, además, no se reconoce a las víctimas de la contaminación ningún derecho de exigir a los contaminadores ninguna reparación por el daño causado.

Okupaciones

Okupar un terreno o un inmueble vacíos supone tomar el control de ellos para darles un uso efectivo (como vivienda, centro cultural, tierra de labranza...). La motivación detrás del movimiento okupa no es solamente la de utilizar algo que aparentemente no se está empleando por nadie, sino también denunciar políticamente el mal uso que los propietarios efectúan de sus dominios: se trata, pues, de un movimiento político que carga contra determinadas manifestaciones del derecho de propiedad privada. Para el liberalismo, sin embargo, el derecho de propiedad privada sobre un bien es completo y abarca también la potestad de no darle un uso visiblemente activo a ese bien: incluye, pues, el derecho a usar un bien como depósito de ahorro, como fuente de renta, como posesión estética o como activo para su reventa futura. En la medida en que el movimiento okupa sustrae la propiedad a sus legítimos propietarios, está atacando los derechos individuales y es incompatible con el orden político liberal. Ahora bien, conviene recordar que las tierras o los inmuebles vacíos podrían ser bienes que han sido abandonados por sus dueños (*res derelictae*) y, en tales caso, podrían ser objeto de nueva ocupación pacífica (si el abandono hubiese sido expreso, la nueva ocupación pacífica surtiría efectos inmediatos; si existiese la presunción de abandono tácito, la nueva ocupación debería cumplir los requisitos de la usucapión de buena fe). Por consiguiente, no toda ocupación de bienes vacíos es incompatible con el liberalismo: si el movimiento okupa se limitara a ocupar propiedades verdaderamente abandonadas por sus antiguos dueños, estarían desarrollando una actividad completamente lícita dentro del orden político liberal y mediante la cual devendrían nuevos propietarios legales. El problema, claro está, es que en la mayoría de las ocasiones las propiedades okupadas están vacías pero no han sido abandonadas por sus propietarios (simplemente no están dándoles un uso visiblemente activo en ese momento), por lo que los okupas sí suelen violar las propiedades privadas ajenas y, en tal caso, deberían ser forzados a restituir inmediatamente la posesión a sus legítimos dueños así como a repararles el daño que les han causado.

Posesión de armas

La libertad de portar armas es perfectamente compatible con un orden político liberal. En general, casi nadie disputa el derecho a poseer ciertos tipos de armas (cuchillos, navajas, hachas, motosierras, etc.), pero sí otros como las armas de fuego. Sin embargo, poseer un arma de fuego no atenta *per se* contra las libertades de ninguna persona y, de hecho, en muchas circunstancias puede convertirse en un instrumento idóneo para defender eficazmente esas libertades (Huemer, 2003). En particular, dos son los casos paradigmáticos en los que poseer un arma puede contribuir a proteger eficazmente la libertad de su propietario. El primero es en casos de legítima defensa frente a delincuentes: si una persona pretende agredir gravemente a otra y esta otra cuenta con un arma, entonces sus probabilidades de repeler la agresión aumentan. A este respecto, sin embargo, podría replicarse que si el Estado, en su función de garante del orden público, desarrollara mejor sus competencias policiales, entonces la posesión privada de armas de fuego no aportaría ninguna utilidad real al individuo a la hora de proteger sus libertades: pero, incluso dejando de lado que la eficiencia de la defensa estatal jamás alcanzará en muchos casos a la eficiencia de la autodefensa con un arma de fuego (pensemos, por ejemplo, en personas que vivan aislados en el campo y muy alejados de cualquier comisaría), existe un segundo caso en el que la posesión privada de armas de fuego sí contribuye a preservar las libertades individuales y que no es reemplazable por una mayor eficiencia de la labor policial del Estado: a saber, la resistencia frente al riesgo de tiranía. Como ya explicamos en el capítulo 9, la posesión privada de armas de fuego constituye un importante contrapoder ciudadano frente a la posibilidad de que el Estado utilice sus recursos policiales para reprimir los derechos de los ciudadanos en lugar de para defenderlos. Y la única forma de preservar ese específico contrapoder es respetando la libertad de posesión de armas de fuego (otorgar más recursos policiales al Estado sólo incrementaría los riesgos de tiranización). Ahora bien, debido a la peligrosidad que esa posesión genera sobre las libertades ajenas, no resultaría contrario a un orden político liberal que se establecieran ciertos requisitos previos para poseer un arma de fuego (por ejemplo, superar determinados exámenes psicotécnicos que minimicen el riesgo de utilización negligente de las armas de fuego). Del mismo modo que la libertad de conducir un vehículo puede someterse al requisito previo de acreditar la habilidad del conductor para utilizarlo sin provocar un accidente sobre terceros, la posesión de armas de fuego podría subordinarse a condiciones análogas sin que éstas constituyeran una limitación grave de la libertad personal de nadie sino, más bien, una forma de compatibilizar esa libertad personal con la libertad personal de otras personas (las cuales no tienen por qué someterse a un riesgo incrementado de sufrir un uso negligente de las armas de fuego ajenas).

Propiedad intelectual

Patentes y *copyrights* constituyen limitaciones a la libertad personal y al derecho de propiedad sobre el entorno material: el propietario de una patente o de un *copyright* puede impedir que otras personas actúen de determinadas maneras o que efectúen ciertos usos de sus propiedades materiales. Por eso, la llamada «propiedad intelectual» resulta moralmente problemática para el liberalismo: porque entra en conflicto con otros derechos individuales de carácter fundamental. Una vía de legitimar la propiedad intelectual dentro del liberalismo sería colocándola en la misma categoría que la propiedad no intelectual: del mismo modo que la propiedad de un inmueble limita la «libertad» de los no propietarios para residir en ese inmueble, la propiedad sobre algunas ideas limitaría la libertad de los no propietarios para utilizarlas. El problema con esta analogía es que, como ya explicamos en el capítulo 4, los derechos de propiedad tiene sentido reconocerlos sobre bienes rivales, aquellos que no admiten dos usos simultáneos, por cuanto por definición resulta imprescindible priorizar en cada momento cuál de los distintos usos rivales se le dará al bien. Las ideas, sin embargo, son bienes no rivales (son susceptibles de muchos usos simultáneos), de modo que reconocer derechos de propiedad sobre ellas tiene más que ver con limitar planes vitales ajenos que con habilitar planes vitales propios (Palmer, 1990). En realidad, el único uso no rival que, por definición, no cabe efectuar con las ideas es el de su aprovechamiento en exclusiva. Pero si la propiedad intelectual trata sobre eso, sobre el derecho de aprovechamiento (generalmente económico) en régimen de exclusividad, entonces lo que estamos diciendo es que las patentes son en realidad «derechos de monopolio» (de hecho, el moderno sistema de patentes surgió en Inglaterra en 1624 a través de una ley denominada «ley de monopolios»): y el liberalismo rechaza las restricciones monopolísticas de la libre competencia. Por eso, la mayoría de los autores liberales se han opuesto históricamente a extender los derechos de propiedad al ámbito de las ideas; sin embargo, y pese a que pueda existir dentro del liberalismo una preferencia débil en contra de la llamada «propiedad intelectual», no cabe considerar al liberalismo como radicalmente incompatible con adoptar socialmente una concepción muy extensiva de los derechos de propiedad que incluya también el uso exclusivo de determinadas ideas. Deberá ser cada comunidad política la que especifique el contenido exacto de los derechos individuales y concrete si la propiedad intelectual tiene cabida o no.

Prostitución

Prostituirse supone mantener relaciones sexuales consentidas a cambio de dinero. Decidir mantener relaciones sexuales consentidas —y negarse a mantener relaciones sexuales no consentidas— forma incuestionablemente parte del uso de la libertad personal de cada individuo: y si es legítimo mantener relaciones sexuales consentidas a cambio de nada material también deberá serlo mantener relaciones sexuales consentidas a cambio de dinero. En general, si tenemos derecho a hacer algo gratuitamente también tenemos derecho a hacerlo a cambio de dinero (Brennan y Jaworski, 2015): lo que vicia la legitimidad de una relación sexual no es la presencia de dinero, sino la ausencia de consentimiento. Por consiguiente, y al igual que el sistema penal no se orienta a perseguir toda relación sexual sino sólo las relaciones sexuales no consentidas (las violaciones), el sistema penal tampoco debería orientarse a perseguir todo tipo de prostitución, sino únicamente aquel en el que se esté obligando al hombre o a la mujer a prostituirse: es decir, cuando el prostituto o la prostituta no están actuando libremente. La prostitución voluntaria es compatible con un orden político liberal: en cambio, el sexo no consentido, con o sin dinero de por medio, no lo es.

Redistribución de la renta

La interacción voluntaria de las personas dentro de la sociedad civil y del libre mercado genera una distribución primaria de los recursos en función de los términos pactados en esas interacciones: según los acuerdos contractuales a los que lleguen dos o más personas acerca de sus acciones o de sus propiedades, los recursos se distribuyen de un modo u otro (recordemos el principio de justicia distributiva del liberalismo que ya enunciamos en el capítulo 3: «De cada cual cómo escoja, a cada cual cómo sea escogido»). Y en la medida en que todas las interacciones entre personas hayan sido respetuosas con sus derechos individuales, la distribución primaria de recursos será considerada como justa y compatible con el orden político liberal. Puede haber personas que, en función de sus códigos morales propios, consideren esa distribución primaria de la renta como inadecuada o «injusta», lo que les lleva a defender redistribuciones forzosas de la renta hasta que ésta encaje con sus patrones ideales de distribución de los recursos: pero rectificar forzosamente la distribución primaria de los recursos, derivada de las libres decisiones de las personas, implica utilizar la violencia contra la libertad de algunas personas, motivo por el cual esa redistribución (violenta) de la renta resultará incompatible con un orden político liberal. Múltiples doctrinas políticas han tratado de justificar la legitimidad de esta redistribución coactiva de la renta apelando a muy diversas razones pero, como ya he tratado con detalle en otro libro (Rallo, 2015), al final todas ellas fracasan en tal propósito.

Resistencia frente a la tiranía

La función de una comunidad política es proteger los derechos individuales frente a aquellos que quieran violentarlos. Para ello, la comunidad política cuenta con recursos humanos y con medios materiales para repeler las agresiones que puedan llegar a sufrir sus ciudadanos. Sin embargo, precisamente merced a esos recursos humanos y medios materiales, el propio gobierno de una comunidad política también podría llegar a abusar de sus competencias y ser él quien violente esos derechos individuales: es decir, ese gobierno podría devenir en tiranía. Nótese que la definición de tiranía no depende del mayor o menor respaldo social con el que cuente el gobierno de una comunidad política, sino del tipo de acciones que éste ejecute: las tiranías pueden darse con autocracias (tiranía de uno solo), con oligarquías (tiranía de varios) o con democracias iliberales (tiranía de muchos). Evidentemente, un orden político liberal resulta incompatible con las tiranías, por cuanto éstas se arrogan la legitimidad para conculcar las libertades de todos los individuos. Ahora bien, siendo las tiranías incompatibles con el liberalismo, ¿qué respuesta social es compatible con los principios liberales? En última instancia, la legítima defensa, es decir, la resistencia frente a la opresión (Brennan, 2019). Aplicando coherentemente los principios liberales, aquel gobernante que abuse de su poder deberá ser procesado por un tribunal independiente y, en caso de ser condenado, habrá de reparar el daño causado a sus víctimas (y parte de la condena reparatoria previsiblemente consistirá en la obligación de abandonar el poder). Si el gobernante se niega a ser procesado o a cumplir con la condena decretada, entonces los ciudadanos tendrán el derecho a rebelarse para forzarlo a que se someta a las mismas reglas que el resto de las personas: ningún gobernante —tampoco, obviamente, aquellos que han devenido tiranos— tiene derecho a ubicarse por encima de los principios básicos de convivencia que estructuran el orden político liberal. A todos los efectos, son personas jurídicamente iguales al resto de los ciudadanos, con la única diferencia de que transitoriamente cuentan, *debido a su cargo*, con algunas potestades especiales para cumplir con el objetivo específico que se les ha encomendado: en la medida en que usan tales potestades para otros propósitos distintos a los encomendados, estarán vulnerando los derechos del resto de los individuos y, como cualquier otro ciudadano, deberán reparar el daño así generado.

Restricciones a la competencia

El libre mercado es el sistema económico del liberalismo: un sistema económico que, como hemos expuesto en el capítulo 8, se fundamenta sobre la libre elección de oficio, la propiedad privada de los medios de producción, el libre comercio, la libertad de empresa y la libre competencia. Las restricciones a la competencia son, por tanto, violaciones del libre mercado y, por ende, del orden político liberal: restricciones que generalmente se justifican apelando a un cierto interés general pero que, en realidad, tan sólo persiguen intereses muy particulares (taxis, farmacias, estancos, eléctricas, bancos, etc.). Los límites a la competencia entre oferentes posibilitan el establecimiento de monopolios u oligopolios legales que impongan a los demandantes precios de venta más elevados de los que prevalecerían si la competencia no se hallara restringida; los límites a la competencia entre demandantes posibilitan el establecimiento de monopsonios u oligopsonios legales que impongan a los oferentes precios de compra más bajos de los que prevalecerían si la competencia no se hallara restringida. Vender más caro o comprar más barato restringiendo la libre competencia es incompatible con un orden político liberal debido a que sacrifica las libertades de algunas personas (aquellas que tienen prohibido comprar o vender) para que otras (aquellas que son privilegiadas mediante la restricción de la libertad de sus potenciales competidores) incrementen sus ganancias en el proceso social de cooperación que es el mercado.

Secesión

Los Estados son comunidades políticas que no han surgido del acuerdo voluntario de todos sus integrantes, sino que se han impuesto coactivamente sobre, al menos, algunos de ellos. Este hecho resulta por necesidad moralmente problemático para el liberalismo: si el liberalismo se basa en la libertad personal y en la consecuente libre asociación humana —también en el ámbito político—, que la adscripción a los Estados se determine de manera no voluntaria es algo que idealmente debería ser rectificado. En el capítulo 9, sin embargo, ya hemos explicado que la organización política ideal desde una perspectiva liberal (una comunidad política fruto de la afiliación voluntaria de todos sus ciudadanos) no es necesariamente alcanzable por el problema de los bienes públicos: la existencia de potenciales gorrones que se beneficien del orden público garantizado por una determinada comunidad política sin querer contribuir a su sostenimiento justificaría, a falta de alternativas mejores, que esos *free-riders* se adscribieran obligatoriamente a aquellos Estados de los que se estén beneficiando. Eso no significa, sin embargo, que los Estados sean naturalmente soberanos sobre un territorio y sobre una población que hayan ocupado ilegítimamente (sin el consentimiento de los implicados): es decir, que las personas deban financiar a aquel Estado que las protege no equivale a decir que esas mismas personas no puedan desprenderse de éste para conformar una nueva comunidad política que tome el relevo a la hora de proteger sus derechos. Como ya expusimos en el capítulo 9, el orden político liberal es plenamente compatible con el ejercicio del derecho de secesión de los individuos, que no es más que el derecho de desasociación y reasociación política: tal derecho de secesión es un derecho individual que, no obstante, se ejercerá normalmente de manera grupal (pues las comunidades políticas individuales son difícilmente funcionales), y justamente por ejercerse de manera grupal deberá someterse a una serie de restricciones dirigidas a evitar el menoscabo de los derechos de algunos de los individuos implicados. En particular, el grupo que desee secesionarse: 1) ha de ser lo suficientemente amplio como para asumir las funciones de una comunidad política independiente; 2) ha de permitir que otros subgrupos se secesionen adicionalmente si tal secesión es efectivamente posible; 3) ha de respetar escrupulosamente las libertad de aquellos otros individuos y grupos cuya secesión no sea factible, y 4) no ha de perjudicar gravemente la capacidad del Estado del que se secesiona para mantener el orden público ni desde un punto de vista militar, ni económico ni social (o alternativamente habrá de compensar el daño causado). Si tales requisitos se cumplen —y pueden cumplirse, por ejemplo, a través de un tratado bilateral que imponga determinadas obligaciones jurídicas a la nueva comunidad política— no habrá razones para oponerse a la secesión desde una perspectiva liberal.

Separación Iglesia-Estado

El orden político liberal está conformado por un conjunto de normas que habilitan a los distintos individuos a perseguir su propia concepción de la buena vida: eso significa que el liberalismo protege el derecho de cada individuo a vivir de acuerdo con su propia fe religiosa, *y también* el derecho a vivir al margen de cualquier fe religiosa. Por consiguiente, el Estado no puede convertirse en un instrumento para que un determinado conjunto de creyentes les imponga al resto de la sociedad su particular credo religioso: el Estado ha de mantenerse en un plano de neutralidad frente a las concepciones competitivas de bien común. En consecuencia, Iglesias y Estado han de estar absolutamente separados: ni el Estado ha de imponer directamente unos dogmas religiosos a la población (por ejemplo, «no se puede comer carne en Viernes Santo» o «no se puede trabajar los sábados» o «no pueden usarse anticonceptivos en las relaciones sexuales» o «el matrimonio sólo puede celebrarse entre dos personas de distinto sexo») ni tampoco han de financiarse confesiones religiosas con el dinero del conjunto de los contribuyentes. Aquellas personas que quieran vivir de acuerdo con los preceptos de una determinada Iglesia han de ser totalmente libres de hacerlo —y también, por supuesto, gozan de la libertad de hacer proselitismo sobre sus ideas tratando de atraer a otros a su fe—; asimismo, aquellos individuos que deseen contribuir a sufragar los gastos de una comunidad religiosa también han de tener todo el derecho a destinar su propiedad a tal fin. Pero a nadie hay que imponerle ninguna de estas dos opciones: la libertad personal protege el derecho de una persona a no vivir según creencias ajenas; el derecho de propiedad privada protege los dominios de una persona frente a la rapiña de aquellas agrupaciones (religiosas o no) que quieran apropiarse de ellos; y la libertad de (no) asociación protege el derecho de no integrar aquellos colectivos de los que uno no desea formar parte.

Servicio militar obligatorio

El servicio militar obligatorio constituye una obligación positiva que el Estado les impone a los ciudadanos para desarrollar actividades militares en su favor (habitualmente en tiempo de guerra pero en muchas ocasiones también en tiempo de paz). En principio, podría parecer que el servicio militar obligatorio es radicalmente incompatible con el orden político liberal dado que supone la instrumentación bélica de una persona por parte del Estado. Y en gran medida así es. Sin embargo, conviene matizar esta afirmación: recordemos que la única competencia que puede ejercer válidamente un Estado es el mantenimiento del orden público (siempre que éste se trate de un bien público no suministrable por otros medios) y, para ello cuenta con la potestad de imponer cargas sobre sus ciudadanos, tal como ya estudiamos en el capítulo 9. Esas cargas serán normalmente de naturaleza monetaria (impuestos dirigidos a costear el ejército o los tribunales), pero no sería incompatible con el liberalismo el que esa carga monetaria se sustituyera por prestaciones en especie por parte de los ciudadanos (en este caso, el servicio militar obligatorio). Idealmente, claro, ambas obligaciones deberían ser de tipo alternativo: es decir, cada ciudadano debería tener la opción o de pagar impuestos para sostener el orden público o, alternativamente, de desempeñar tareas militares en pos de la defensa de la comunidad política (si es que sus servicios pudieran resultar efectivamente útiles para mantener el orden público). Como obligación única y no alternativa, el servicio militar obligatorio sí puede representar en la mayoría de sus modalidades un ataque demasiado directo contra la libertad personal y, por tanto, ser reputado incompatible con el liberalismo. Asimismo, y en aras de evitar confusiones, recordemos que el servicio militar obligatorio (ni tampoco el pago de impuestos) jamás sería legítimo para emprender guerras ofensivas de carácter imperialista: el único caso en el que podría resultar relativamente admisible es como contribución alternativa para proteger el orden público frente a agresiones externas.

Servicios públicos

La ausencia de grandes figuras impositivas dentro de un orden político liberal supone que muchos de los servicios que a día de hoy proporciona directa o indirectamente el Estado (sanidad, educación, pensiones, dependencia, infraestructuras, subvenciones culturales, promoción de la I+D, etc.) dejarían de ser suministrados por éste y regresarían a manos de la sociedad civil, ya sea la sociedad civil con ánimo de lucro (sector empresarial) o sin él (comunidades de vecinos, fundaciones, sociedades de ayuda mutua, congregaciones religiosas, asociaciones de padres, etc.). Asimismo, el escrupuloso respeto a la libertad contractual y a la libertad de asociación restringe enormemente la autoridad del Estado para «regular» los pactos a los que privadamente lleguen las partes entre sí, lo que significa que la provisión de esos servicios por parte de la sociedad civil se desarrollaría en un ambiente de «desregulación» (si bien, en realidad, se trataría de una regulación descentralizada, dado que las distintas interacciones sociales se hallarían sometidas a la normativa contenida en los contratos y en los estatutos asociativos suscritos entre las diferentes partes implicadas). Tras varias décadas de organización social estructurada en torno al Estado, muchas personas pueden tener dificultades en visualizar cómo podría desarrollarse la cooperación social a gran escala sin la omnipresente intervención del Estado. No son pocos, de hecho, los que consideran que la sociedad es incapaz de autoorganizarse eficientemente a la hora de suministrar todos estos servicios esenciales debido a la existencia de muy diversos «fallos del mercado»: bienes públicos, externalidades, información asimétrica, poder de mercado, etc. En los capítulos 4 y 6, ya hemos analizado cómo algunos de estos problemas podrían justificar una intervención limitada de la comunidad política en algunos asuntos como la provisión del orden público y la gestión de la contaminación; pero la mayor parte de los temores acerca de la incapacidad de la sociedad civil para organizarse descentralizada y competitivamente son infundados. En otro libro (Rallo, 2013) he explorado con mucho más detalle cómo la sociedad civil sí sería capaz de suministrar una buena sanidad, una buena educación, unas buenas pensiones, una buena asistencia social, unas buenas infraestructuras, una buena promoción cultural y un buen nivel de progreso técnico en ausencia de intervenciones estatales: es decir, pese a la mayoría de las críticas, el libre mercado es capaz de alcanzar, o de aproximarse enormemente, a la eficiencia para asignar recursos *también* en aquellos campos en los que supuestamente los «fallos del mercado» impedirían una coordinación adecuada entre las personas. En todo caso, lo que se plantea en este libro es algo mucho más fundamental: al margen de la eficiencia o ineficiencia de determinadas intervenciones estatales *en el margen*, tales intervenciones estatales son *injustas* porque atentan contra la libertad personal, la propiedad privada, la autonomía contractual, la libertad de asociación y el libre mercado. Si algunas personas desean «maniatar» su libertad de acción para autorizar la intervención centralizada de la comunidad política en sus vidas con el objetivo de avanzar hacia cotas (supuestamente) más elevadas de eficiencia, cada individuo es soberano para hacerlo: sobre lo que cada individuo no es soberano es sobre las vidas ajenas y, por tanto, tampoco debería poder intervenir sobre esas vidas ajenas sin su consentimiento.

Sindicatos

Un sindicato es simplemente una asociación de trabajadores dirigida a defender sus intereses frente a sus empleadores. Dentro de un orden político liberal, el derecho de afiliación sindical se halla totalmente salvaguardado por el principio de libertad de asociación: las personas son libres de asociarse para perseguir cualquier propósito compartido entre todas ellas, incluyendo el propósito de ganar poder negociador frente a los empresarios. De hecho, como ya expusimos en el capítulo 8, la sindicación podría ser una herramienta necesaria para contrarrestar la posición de predominio de la que disfrutan en ocasiones algunos capitalistas en estructuras de mercado monopsonistas u oligopsonistas. Ahora bien, también debemos ser conscientes de que la sindicación dentro estructuras de mercado competitivas puede llevar a que los trabajadores sindicados vean incrementadas sus remuneraciones a costa de reducir las de los trabajadores no sindicados (o de los afiliados a uniones sindicales con menor poder de negociación). Dicho con otras palabras, aunque sindicarse siempre es legítimo, no siempre los sindicatos serán beneficiosos para el conjunto de trabajadores: sólo cuando algunos trabajadores estén percibiendo salarios por debajo de su productividad marginal (debido, como decimos, a la existencia de mercados laborales monopsonísticos u oligopsonísticos) la sindicación será beneficiosa para unos empleados sin ser nociva para otros.

Subvenciones culturales

Resulta perfectamente lícito que una persona dedique su tiempo y sus recursos a impulsar una determinada expresión o campaña cultural, pero no lo es que fuerce a otros ciudadanos a que le entreguen su tiempo y sus recursos a sufragarla, pues en tal caso viola los derechos de libertad y de propiedad ajenos. En ciertos casos, de hecho, la promoción de una determinada expresión cultural podría resultar absolutamente incompatible con la concepción personal de buena sociedad que suscriben algunas personas. Por ejemplo, puede haber individuos que consideren que el arte en general es una forma de embrutecer a la sociedad; o individuos que, si bien abrazan el arte en general, juzguen que el cine es una forma particular de pervertir el concepto mismo de arte; o individuos que, si bien adoran el cine, juzguen que determinado tipo de cine erosiona el buen nombre del séptimo arte; o incluso individuos que no detesten un determinado tipo de cine pero sí su sesgo ideológico o su marchamo nacionalista: forzar a cualquiera de esas personas a subvencionar el arte no sólo les arrebataría ilícitamente su tiempo y sus recursos, sino que las obligaría a sumarse a proyectos culturales que resultan incompatibles con su visión de buena sociedad. Cabría afirmar, sin embargo, que la cultura genera externalidades positivas sobre muchos individuos y que éstos, en consecuencia, podrían tratar de escaquearse de su financiación (frustrando con ello una provisión cultural que les beneficiaria): en ese caso, nos encontraríamos ante un problema de «bienes públicos» que acaso legitimara su financiación vía impuestos. Con todo, este último argumento es muy problemático: primero porque, aun cuando fuera válido, únicamente justificaría los impuestos dirigidos a financiar subvenciones culturales en aquellas personas que, efectivamente, salieran beneficiadas de determinadas manifestaciones culturales; en cambio, aquellos que detestaran tales manifestaciones culturales (o que fueran indiferentes hacia las mismas) en ningún caso deberían sufragarlas vía impuestos. Segundo porque, como ya explicamos en el capítulo 4, la utilización de impuestos para financiar los bienes públicos sólo es justificable cuando, por un lado, el bien público reviste una indubitada importancia para los contribuyentes afectados y, por otro, cuando no existan otras alternativas para su provisión voluntaria. En el caso de las subvenciones culturales, empero, las personas que salgan beneficiadas cuentan con mecanismos muy asequibles para coordinarse a la hora de sufragarlas: por ejemplo, los llamados contratos de provisión asegurada (Tabarrok 1998). Plataformas como Kickstarter o Indiegogo permiten financiar campañas (verbigracia, de carácter cultural) bajo la condición de que los fondos aportados sólo se liberan cuando se alcanza un volumen mínimo de contribuciones globales, lo que consecuentemente empuja a sumarse a ellas a todos aquellos que salen beneficiados de tales campañas, al menos hasta el punto en el que se alcanza el nivel mínimo de fondos para ejecutarlas.

Epílogo

El liberalismo más allá del liberalismo

El liberalismo es una filosofía política con vocación minimalista. No pretende ser una filosofía moral integral que especifique qué está bien y qué está mal en todos los aspectos de nuestras vidas, sino que únicamente aspira a descubrir cuáles son los principios jurídicos imprescindibles para que, dentro de una sociedad, cada persona pueda vivir de acuerdo con su propia concepción de la moralidad. Ésta es la razón por la que algunos insignes pensadores liberales han preferido describir al liberalismo como un sistema ético metanormativo (Rasmussen y Den Uyl, 2005: 78-79) o como un nivel elemental de la ética sobre el cual desarrollar sistemas morales mucho más completos (Nozick, 2001: 280-282): y es que, a diferencia de otros sistemas morales más integrales, el liberalismo no dicta cómo otros han de vivir sus vidas, sino tan sólo cuáles son las restricciones mínimas que cada individuo ha de aceptar para que todas las personas puedan escoger cómo vivir su vida. No establece qué es la virtud o cómo alcanzar la excelencia moral, sino cuál es el marco institucional dentro del que cada individuo puede la virtud y alcanzar su propia excelencia moral (Rasmussen y Den Uyl, 2005: 91-92). O, dicho de otra manera, una sociedad que respete estrictamente los principios liberales, pero que carezca de muchos otros valores o virtudes, podría ser una sociedad disfuncional en lo relativo a muchos parámetros que la mayoría de las personas valoramos como fundamentales en nuestras vidas: el liberalismo no es una receta para el progreso, sino tan sólo para la coexistencia pacífica entre todos y cada uno de los individuos que integran una sociedad.

Y es que, en ausencia de liberalismo, dos doctrinas morales enfrentadas carecerían de criterios para decidir cómo deben resolver sus conflictos. Si, por ejemplo, una persona cree que trabajar los sábados, no rezar cinco veces al día, no formar parte de ninguna asociación filantrópica o leer novelas eróticas constituyen comportamientos «malos», mientras que otra persona considera que son «buenos», en última instancia sólo contarán con dos alternativas: o una persona le impone a la otra por la fuerza su código moral propio o cada una respeta el código moral de la otra parte.

La primera de estas rutas conduce inexorablemente a un conflicto civil de carácter estructural. Si dos personas no se reconocen recíprocamente el derecho a la libertad, cada una de ellas sabe que la otra puede tratar de imponerle sus creencias y su modo de vida tan pronto como disponga de poder militar suficiente: a la postre, *negarse a* reconocer un derecho de libertad a otras personas equivale a sostener implícitamente que uno se cree legitimado a emplear la violencia contra ellas, lo que a su vez incentivaría a cada individuo a usar preventivamente la violencia contra todos los demás que no se comporten según su propio código moral, puesto que, en un mundo sin libertades individuales, cada persona constituye un enemigo y represor potencial de todos los restantes. Las guerras entre religiones o entre cosmovisiones políticas opuestas no sólo se han producido históricamente porque unos colectivos hayan deseado imponerles sus ideas a otros —que también—, sino porque en aquellas sociedades en las que no hay reconocimiento recíproco del derecho de libertad, la mera existencia de religiones o de cosmovisiones políticas alternativas constituye una amenaza potencial para aquellos que abrazan una determinada religión o cosmovisión política.

El liberalismo opta, en cambio, por el segundo de estos caminos: por la articulación metanormativa del respeto mutuo entre personas con códigos morales opuestos —por la libertad individual— como receta para evitar la guerra civil (Alexander, 2017). Las personas somos muy distintas en nuestros intereses, valores, aspiraciones y preocupaciones, de manera que tenderemos a poseer concepciones de la buena vida y de la buena sociedad muy diferentes —y generalmente opuestas— entre sí. ¿Alguien puede imaginar una misma sociedad que fuera simultáneamente compatible con los códigos morales de personas tan distintas como Bill Gates, Fidel Castro, Juan Pablo II, el Marqués de Sade, el ayatolá Jomeini, Hugh Hefner, Albert Einstein, Cristiano Ronaldo, Thomas Jefferson, Maximilien de Robespierre, Ayn Rand, Karl Marx, Amancio Ortega, el Capitán Ludd, Angelina Jolie, Teresa de Calcuta, Donald Trump, Buda, Barack Obama y Ron Paul? (Nozick, 1974: 310). Claramente, las visiones que todos ellos mantienen sobre la buena vida y sobre el bien común son incompatibles entre sí, y lo son no sólo porque algunas de esas personas puedan estar mejor o peor informadas que el resto, sino también porque sus caracteres, preferencias, intereses e inclinaciones son irreductiblemente distintos. Aun cuando los sometiéramos a todos ellos a una idéntica educación acerca de cómo es objetivamente el mundo que les rodea, sus visiones subjetivas acerca de cómo *debería ser* ese mundo continuarían difiriendo y, en consecuencia, seguiría siendo necesario optar o por el conflicto o por el respeto.

El liberalismo escoge el respeto recíproco y, para ello, reflexiona sobre cuáles son los principios éticos mínimos que necesariamente han de configurar un orden político que aspire verdaderamente a permitir la coexistencia de todos los códigos morales heterogéneos que puedan llegar a suscribir los individuos dentro de una sociedad: el liberalismo no postula cuáles han de ser los principios máximos de un orden político, sino cuáles han de ser los mínimos. Dentro de un orden político liberal, las personas pueden, si así lo quieren, hacer mucho más que simplemente respetar los derechos individuales, pero no deberían hacer menos (Lomasky, 2000).

Y precisamente gracias a su carácter metanormativo, el orden político liberal no imposibilita la existencia de otras cosmovisiones ideológicas, sino que se convierte en el receptáculo idóneo para que todas ellas puedan tratar de desarrollarse programáticamente sin anular o aplastar a las restantes. O dicho con otras palabras: aunque, tal como hemos mostrado en el capítulo anterior, el liberalismo resulta incompatible en sus principios metanormativos con el socialismo, con la socialdemocracia, con el conservadurismo o con el republicanismo, un orden político liberal sí permite que, respetando las libertades de cada individuo, las personas se asocien voluntariamente entre sí para constituir comunidades políticas de tipo socialista, socialdemócrata, conservador o republicano. Recordemos que gracias a la propiedad privada y a la libertad contractual, las personas tienen derecho a asociarse políticamente y convenir estatutariamente las reglas por las que desean regirse dentro de ese territorio propio: es decir, el orden político liberal sí habilita a que las personas suscriban el famoso «contrato social» con el que tantos filósofos han pretendido justificar la autoridad política de los Estados actualmente existentes; a lo que, en cambio, no habilita el liberalismo es a que unas personas puedan imponerles a otras sus preferencias ideológicas. De ahí que desde el liberalismo —desde el respeto a la libertad personal y a la libre asociación humana— sí sea posible avanzar hacia el socialismo, la socialdemocracia o el conservadurismo, pero, en cambio, desde el socialismo, la socialdemocracia o el conservadurismo no sea posible avanzar hacia el liberalismo: dentro de un orden político liberal es posible crear comunas socialistas, pero dentro de un orden político socialista no es posible crear compañías capitalistas; dentro de un orden político liberal es posible que un grupo de personas preocupadas por la desigualdad redistribuyan su renta hacia otros individuos, pero no es posible que dentro de un orden político socialdemócrata aquellos contrarios a la redistribución sean eximidos de ella; dentro de un orden político liberal es posible crear comunidades tradicionalistas en las que ciertos comportamientos no estén permitidos, pero dentro de un orden político conservador no es posible cargar contra las tradiciones. Por eso, la infraestructura política mínima dentro de la cual se permite el florecimiento de otros programas ideológicos es el liberalismo, no el socialismo, la socialdemocracia, el conservadurismo u otras filosofías políticas de carácter mucho más integral que el liberalismo.

En suma, desde dentro del liberalismo es posible ir más allá del liberalismo: el orden político liberal es, en última instancia, un marco para las utopías (Nozick, 1974); esto es, un marco institucional en el que cada persona puede perseguir y promover su propia visión de la buena sociedad con la única restricción de respetar las visiones ajenas discordantes. Es un orden político heterogéneo, plural y diverso: un orden político basado en el respeto estructural hacia cada individuo.

Bibliografía

Acton, John Dalberg [lord Acton]. 1887. *Acton-Creighton Correspondence*. Macmillan.

Alexander, Scott. «Against Murderism». *Slate Star Codex,* 21 de junio de 2017. <https://slatestarcodex.com/2017/06/21/against-murderism/>.

Almodovar, Norma Jean. 1999. «For Their Own Good: The Results of the Prostitution Laws as Enforced by Cops, Politician and Judge». *Hastings Women's Law Journal,* 10, n.º 1: 119-133.

American Anti-Imperialist League. 1899. *Platform of the American Anti-imperialist League.* <https://sourcebooks.fordham.edu/mod/1899antiimp.asp>.

An Old Whig. 1787 [1981]. «What Does History Teach?». En: *The Complete Anti-Federalist,* volumen 3, editado por Herbert J. Storing. The University of Chicago Press.

Arrow, Kenneth. 1951. *Social Choice and Individual Values.* Wiley.

Babeuf, François. 1795. *El manifiesto de los plebeyos.* <https://www.marxists.org/espanol/babeuf/el-manifiesto-de-los-plebeyos.pdf>.

Barnett, Randy. 1998. *The Structure of Liberty.* Oxford University Press.

BASTIAT, FRÉDÉRIC. 1845 [1996]. *Economic Sophisms.* Foundation for Economic Education.
— 1849a [2012]. «Protectionism and Communism». En: *The Collected Works of Frédéric Bastiat.* Volumen 2. Liberty Fund.
— 1849b. *Discurso sobre la represión de las organizaciones industriales.* <http://bastiat.org/fr/repression_coalitions.html>.
— 1850 [1996]. *Economic Harmonies.* Foundation for Economic Education.
BELL, THOMAS. 1991/1992. «Polycentric Law». *Humane Studies Review* 7, n.° 1.
BENTHAM, JEREMY. 1776. *A Fragment on Government.* T. Payne.
BERAN, HARRY. 1984. «A Liberal Theory of Secession». *Political Studies* 32, n.° 1: 21-31.
BERLIN, ISAIAH. 1958. *Two Concepts of Liberty.* Clarendon Press.
BOAS, TAYLOR, y JORDAN GANS-MORSE. 2009. «Neoliberalism: From New Liberal Philosophy to Anti-Liberal Slogan». *Studies in Comparative International Development*, 44, n.° 2: 137-161.
BRENNAN, JASON. 2019. *When All Else Fails: The Ethics of Resistance to State Injustice.* Princeton University Press.
BRENNAN, JASON, y PETER JAWORSKI. 2015. *Markets without Limits.* Routledge.
BREUILLY, JOHN. 1993. *Nationalism and the State.* Manchester University Press.
BRISBANE, ALBERT. 1843. *A concise exposition of the doctrine of association.* J. S. Redfield.
BUCHANAN, JAMES. 1975 [2000]. *The Limits of Liberty: Between Anarchy and Leviathan.* Liberty Fund.
BURKE, EDMUND. 1783. *Speech upon the Question for the Speaker's Leaving the Chair, in order for the House to Resolve Itself into a Committee on Mr. Fox's East India Bill.* <https://quod.lib.umich.edu/e/ecco/004807298.0001.000?rgn=main;view=fulltext>.
CALABRESI, GUIDO, y A. DOUGLAS MELAMED. 1972. «Property Rules, Liability Rules, and Inalienability: One View of the Cathedral». *Harvard Law Review*, 85, n.° 6: 1089-1128.
COASE, RONALD. 1960. «The Problem of Social Cost». *Journal of Law and Economics*, 3: 1-44.

COBDEN, RICHARD. 1848 [1870]. Discurso del 27 de enero de 1848. En: *Speeches on Questions of Public Policy*. Vol. 1: 233-241. John Bright and J. E. Thorold Rogers.

DE JOUVENEL, BERTRAND. 1945 [1962]. *On Power*. Beacon Press.

— 1955 [2000]. *La soberanía*. Editorial Comares.

DELONG, BRAD. 1999. *Principles of Neoliberalism*. <http://www.j-bradford-delong.net/Politics/neoliberal_principles.html>.

DICEY, ALBERT VENN. 1905 [1919]. *Lectures on the Relation between Law and Public Opinion during the 19th Century*. Macmillan.

DOUGLASS, FREDERICK. 1847. *Letter to My Old Master*. <https://www.loc.gov/item/mfd.21024/>.

DWORKIN, ANDREA. 1974. *Woman Hating*. A Plume Book.

EKELUND, ROBERT, y ROBERT TOLLISON. 1997. *Politicized Economies: Monarchy, Monopoly, and Mercantilism*. Texas A&M University Economics Series.

EPSTEIN, RICHARD. 1997. *Simple Rules for a Complex World*. Harvard University Press.

— 2005. «One Step Beyond Nozick's Minimal State: The Role of Forced Exchanges in Political Theory». *Social Philosophy and Policy*, 22, n.° 1: 286-313.

ESPLUGAS, ALBERT. 2004. «El liberalismo contra el derecho al aborto: una argumentación liberal pro-vida». *La Ilustración Liberal*: 21-22.

FELDSTEIN, MARTIN, TED HALSTEAD, y GREGORY MANKIW. 2017. «A Conservative Case for Climate Action». *The New York Times*, 8 de febrero de 2017. <https://www.nytimes.com/2017/02/08/opinion/a-conservative-case-for-climate-action.html>.

FESER, EDWARD. 2007. *Locke*. Oneworld Publications.

FLOREZ ESTRADA, ÁLVARO. 1835. *Curso de economía política*, tomo II. Imprenta de Miguel de Burgos.

FRIEDMAN, MILTON. 1980. *Free to Choose*. Harcourt Brace Jovanovich.

GARRISON, WILLIAM LLOYD. 1833. «Declaration of Sentiments of the American Anti-Slavery Society». *The Liberator*.

GAUS, GERALD. 1997. «On the Difficult Virtue of Minding One's

Own Business: Towards the Political Rehabilitation of Ebenezer Scrooge». *The Philosopher*, 5: 24-28.
— 2011. *The Order of Public Reason*. Cambridge University Press.
— 2012. «Property». En: *The Oxford Handbook of Political Philosophy*, de David Estlund. Oxford University Press.
GAYO. 161 [1904]. *Instituciones del derecho romano*. Clarendon Press.
GEORGE, HENRY. 1871. *Our Land and Land Policy*. White & Rauer.
GODWIN, WILLIAM. 1793. *An Enquiry Concerning Political Justice and its Influence on General Virtue and Happiness*. G. G. J. y J. Robinson.
GOODIN, ROBERT. 1995. *Utilitarianism as a Public Philosophy*. Cambridge University Press.
GRIMKÉ, ANGELINA. 1837. *Human Rights Not Founded on Sex*.
HARDIN, GARRETT. 1968. «The Tragedy of the Commons». *Science*, 162, n.° 3859: 1243-1248.
HAYEK, FRIEDRICH. 1944 [2001]. *The Road to Serfdom*. Routledge.
— 1946. «Individualism: True and False». En: *Individualism and Economic Order*, de Friedrich Hayek, 1-32. Chicago University Press.
— 1960 [2011]. *The Constitution of Liberty*. Chicago University Press.
— 1978. *New Studies in Philosophy, J Politics, Economics and the History of Ideas*. Routledge.
HECKSCHER, ELI. 1931 [1935]. *Mercantilism*. The Macmillan Company.
HERBERT, AUBERON. 1885 [1978]. «Lost in the Regions of Phrases». En: *The Right and Wrong of Compulsion by the State and Other Essays*, editado por Eric Mack. Liberty Fund.
HOHFELD, WESLEY NEWCOMB. 1913. «Some Fundamental Legal Conceptions as Applied in Judicial Reasoning». *Yale Law Journal* 23.
HOPPE, HANS HERMAN. 1993 [2006]. *The Economics and Ethics of Private Property*. Ludwig von Mises Institute.
HUEMER, MICHAEL. 2003. «Is There a Right to Own a Gun?». *Social Theory and Practice*, 29, n.° 2: 297-324.

— 2004. «America's Unjust Drug War». En: *The New Prohibition,* editado por Bill Master. Accurate Press.
— 2005. *Ethical Intuitionism.* Palgrave Macmillan.
— 2010. «Is There a Right to Emmigrate?». *Social Theory and Practice,* 36, n.° 3: 429-461.
— 2013. *The Problem of Political Authority.* Palgrave Macmillan.
— 2018. «Dialogues on Ethical Vegetarianism». *Between the Species,* 22, n.° 1.

HUMBOLDT, WILHELM. 1792 [1854]. *The Sphere and Duties of Government.* John Chapman.

JASAY, ANTHONY DE. 1985 [1998]. *The State.* Liberty Fund.

JEFFERSON, THOMAS. 1781. *Notes on the State of Virginia.* Prichard and Hall.
— 1802. *Letter to the Danbury Baptists.* <https://www.loc.gov/loc/lcib/9806/danpre.html>.
— 1808. *Eighth State of the Union Address.* <https://en.wikisource.org/wiki/Thomas_Jefferson%27s_Eighth_State_of_the_Union_Address>.
— 1816. *Letter to Pierre Samuel Du Pont de Nemours.* <https://founders.archives.gov/documents/Jefferson/03-09-02-0471>.

KANT, IMMANUEL. 1785 [1898]. *Critique of Practical Reason.* Longman Greens.

KINSELLA, STEPHAN. 2008. *Against Intellectual Property.* Ludwig von Mises Institute.

KIRK, RUSSELL. 1981. «Libertarians: the Chirping Sectaries». *Modern Age,* 25, n.° 4.
— 2006. *The Essential Russell Kirk.* Intercollegiate Studies Institute.

KOPEL, DAVID. 2013. *The Truth about Gun Control.* Encounter Books.

KUEHNELT-LEDDIHN, ERIK. 1952. *Liberty or Equality: The Challenge of our Time.* The Caxton Printers.

KUKATHAS, CHANDRAN. 2003. *Liberal Archipelago: A Theory of Diversity and Freedom.* Oxford University Press.

KUKATHAS, CHANDRAN, y PHILIP PETTIT. 1991. *Rawls: A Theory of Justice and its Critics.* Stanford University Press.

KUYPER, ABRAHAM. 1898. *Lectures of Calvinism.* Wm. B. Eerdmans Publishing Company.

LEOPOLD, ALDO. 1949. *A Sand County Almanac*. Oxford University Press.

LOCKE, JOHN. 1689a. *A Letter Concerning Toleration*. Awnsham Churchill.

— 1689b. *Second Treatise of Government*. Awnsham Churchill.

— 1690. *A Second Letter Concerning Toleration*. Awnsham Churchill.

LOMASKY, LOREN. 1987. *Persons, Rights, and the Moral Community*. Oxford University Press.

— 2000. «Liberty and Welfare Goods: Reflections on Clashing Liberalisms». *The Journal of Ethics*, 4, n.° 1/2: 99-113.

LOMASKY, LOREN, y FERNANDO TESÓN. 2015. *Justice at a Distance*. Cambridge University Press.

LONG, RODERICK. 1995. «The Libertarian Case Against Intellectual Property Right». *Formulations*, 3, n.° 1.

MACHAN, TIBOR. 1991. «Why the Welfare State is Inmoral». Foundation for Economic Education. <https://fee.org/articles/why-the-welfare-state-is-immoral/>.

— 1998. *Classical Individualism: The Supreme Importance of Each Human Being*. Routledge.

— 2002. «Anarchism and Minarchism: A Rapprochement». *Journal des Économistes et des Études Humaines*, 12, n.° 4.

— 2005. «The Case for Libertarianism: Sovereign Individuals». En: *Libertarianism: For and Against*, de Craig Duncan y Tibor Machan, 3-44. Rowman & Littlefield Publishers.

MACK, ERIC. 1986. «The Ethics of Taxation: Right versus Public Goods». En: *Taxation and the Deficit Economy*, de Dwight Lee. Pacific Research Institute.

— 1995. «The Self-Ownership Proviso: A New and Improved Lockean Proviso». *Social Philosophy & Policy*, 12, n.° 1: 186-218.

MADISON, JAMES. 1788a [2001]. «Federalist N.° 47». En: *The Federalist*. Liberty Fund.

— 1788b [2001]. «Federalist N.° 48». En: *The Federalist*. Liberty Fund.

— 1792. «Property». *National Gazette*, 29 de marzo de 1792.

MAGNESS, PHILLIP. 2018. «The Pejorative Origins of the Term Neoliberalism». American Institute for Economic Research,

10 de diciembre de 2018: <https://www.aier.org/article/pejorative-origins-term-%E2%80%9Cneoliberalism%E2%80%9D>.

Mariana, Juan de. 1599 [1845]. *Del rey y de la institución de la dignidad real.* Imprenta de la Sociedad Literaria y Tipográfica.

Marx, Karl. 1843 [1970]. *Critique of Hegel's Philosophy of Right.* Cambridge University Press.

— 1875. *Critique of the Gotha Programme.* <https://www.marxists.org/archive/marx/works/1875/gotha/index.htm>.

Marx, Karl, y Friedrich Engels. 1848 [2000]. *El manifiesto comunista.* Ediciones elaleph.com.

McElroy, Wendy. 1992. *What Does Affirmative Action Affirm?* <https://fee.org/articles/what-does-affirmative-action-affirm/>.

McKean, Margaret. 2000. «Common Property: What Is It, What Is It Good for, and What Makes It Work?». En: *People and Forests*, de Clark C. Gibson, Margaret A. McKean y Elinor Ostrom. The Mit Press.

Mill, John Stuart. 1859 [2001]. *On Liberty.* Batoche Books.

— 1869. *The Subjection of Women.* Longsman, Green, Reader, and Dyer.

Mises, Ludwig von. 1922 [1951]. *Socialism.* Yale University Press.

— 1927 [1985]. *Liberalism in the Classical Tradition.* The Foundation for Economic Education.

— 1949 [1998]. *Human Action.* Ludwig von Mises Institute.

Mussolini, Benito. 1932 [1933]. «The Political and Social Doctrine of Fascism». *The Political Quarterly*, 4, n.° 3: 341-356.

Narveson, Jan. 1988 [2001]. *The Libertarian Idea.* Broadview Press.

Nozick, Robert. 1974. *Anarchy, State, and Utopia.* Basic Book.

— 1976. «Free Enterprise in America». *Encyclopedia Britannica*, Annual Supplement.

— 2001. *Invariances.* Harvard University Press.

Oosterhuis, Harry, y Hubert Kennedy. 1992. *Homosexuality and Male Bonding in Pre-Nazi Germany.* Routledge.

Ostrom, Elinor. 1990. *Governing the Commons.* Cambridge University Press.

OTIS, JAMES. 1764 [2015]. «The Rights of the British Colonies Asserted and Proved». En: *The Collected Political Writings of James Otis*. Liberty Fund.

PAINE, THOMAS. 1776. *Common Sense*. R. Bell.

PALMER, TOM. 1990. «Are Patents and Copyrights Morally Justified? The Philosophy of Property Rights and Ideal Objects». *Harvard Journal of Law & Public Policy*, 13, n.° 3: 817-865.

PETTIT, PHILIP. 1997. *Republicanism: A Theory of Freedom and Government*. Oxford University Press.

POPPER, KARL RAIMUND. 1945. *The Open Society and Its Enemies*. Routledge.

QUERALT, JAHEL. 2018. «Are Economic Liberties Basic Rights?». En: *The Routledge Handbook of Libertarianism*, editado por Jason Brennan, Bas van der Vossen y David Schmidtz. Routledge.

RAICO, RALPH. 1976. *Gay Rights: A Libertarian Approach*. Libertarian Party.

RALLO, JUAN RAMÓN. 2013. *Crónicas de la Gran Recesión*. Unión editorial.

— 2015. *Contra la renta básica*. Deusto.

RAND, AYN. 1964. *The Virtue of Selfishness*. New American Library.

— 1966 [1967]. *Capitalism: The Unknown Ideal*. Signet.

— 1979. *The Ayn Rand Letter* IV/2/3.

RASMUSSEN, DOUGLAS, y DOUGLAS DEN UYL. 2005. *Norms of Liberty*. The Pennsylvania State University Press.

RAWLS, JOHN. 1971. *A Theory of Justice*. Belknap Press.

— 1988. «The Priority of Right and Ideas of the Good». *Philosophy & Public Affairs*, 17, n.° 4: 251-276.

REISMAN, GEORGE. 1998. *Capitalism*. Jameson Books.

ROBESPIERRE, MAXIMILIEN. 1794 [2017]. «On the Principles of Political Morality that Should Guide the National Convention in the Domestic Administration of the Republic». En: *Virtue and Terror*, editado por Slavoj Žižek. Verso.

RODRIK, DANI. 2013. «The New Mercantilist Challenge». *Project Syndicate*, 9 de enero de 2013.

ROTHBARD, MURRAY. 1956. «Toward a Reconstruction of Utility and Welfare Economics». En: *On Freedom and Free Enterprise: The Economics of Free Enterprise*, editado por May Sennholz. D. Van Nostrand.

— 1971. «The Left and Right within Libertarianism». *WIN: Peace and Freedom through Nonviolent Action*, 1 de marzo de 1971. <https://mises.org/library/left-and-right-within-libertarianism>.

— 1973 [2006]. *For a New Liberty: The Libertarian Manifesto*. Ludwig von Mises Institute.

— 1982a [1998]. *The Ethics of Liberty*. New York University Press.

— 1982b. «Law, Property Rights, and Air Pollution». *Cato Journal*, 2, n.° 1: 55-99.

— 1994. «Nations by consent: decomposing the nation-state». *Journal of Libertarian Studies*, 11, n.° 1: 1-10.

ROUSSEAU, JEAN-JACQUES. 1762 [1998]. *The Social Contract*. Wordsworth Editions.

RÜSTOW, ALEXANDER. 1950. *Das Versagen des Wirtschaftsliberalismus*. H. Küpper.

SCHMIDTZ, DAVID. 1994. «The Institution of Property». *Social Philosophy & Policy*, 11, n.° 2: 42-62.

SEN, AMARTYA. 2009. *The Idea of Justice*. Harvard University Press.

SIMMONS, ALAN JOHN. 2001. «Philosophical Anarchism». En *Justification and Legitimaty*, de Alan John Simmons. Cambridge University Press.

SIMPSON, THOMAS. 2017. «The Impossibility of Republican Freedom». *Philosophy & Public Affairs*, 45, n.° 1: 27-53.

SMITH, ADAM. 1776 [1904]. *The Wealth of Nations*. Methuen.

SMITH, KARL. 2017. «Neoliberalism in the 21st Century». Niskanen Center, 25 de julio de 2017. <https://niskanencenter.org/blog/neoliberalism-21st-century/>.

SPENCER, HERBERT. 1851. *Social Statistics*. John Chapman.

— 1902. *Facts and Comments*. D. Appleton and Company.

SPOONER, LYSANDER. 1858 [2018]. «A Plan for the Abolition of Slavery». En: *The Collected Works of Lysander Spooner*, volumen 3. Liberty Fund.

— 1860 [2018]. «The Unconstitutionality of Slavery». En *The*

Collected Works of Lysander Spooner, volumen 3. Liberty Fund.

— 1867 [2018]. «No Treason: The Constitution of No Authority». En: *The Collected Works of Lysander Spooner*, volumen 4. Liberty Fund.

— 1875 [2018]. «Vices are Not Crimes: A Vindication of Moral Liberty». En: *The Collected Works of Lysander Spooner*, volumen 5. Liberty Fund.

— 1880 [2018]. «N.° 1. Revolution: The only Remedy for the Oppressed Classes of Ireland, England, and Other Parts of the British Empire». En: *The Collected Works of Lysander Spooner*, volumen 5. Liberty Fund.

STRIGL, RICHARD. 1934 [2000]. *Capital and Production*. Ludwig von Mises Institute.

SUMNER, WILLIAM GRAHAM. 1883 [1974]. *What Social Classes Owe to Each Other*. The Caxton Printers.

— 1899. *The Conquest of the United States by Spain*. D. Estes.

SZASZ, THOMAS. 1990. *The Untamed Tongue*. Open Court Publishing Company.

TABARROK, ALEX. 1998. «The private provision of public goods via dominant assurance contract». *Public Choice* 96: 345–362.

THE FEDERAL FARMER. 1787. *Letter N.° 2*. 9 de octubre de 1787. <http://teachingamericanhistory.org/library/document/federal-farmer-ii/>.

TILLY, CHARLES. 1985. «War Making and State Making as Organized Crime». En: *Bringing the State Back*, de P. Evans, D. Rueschemeyer y T. Skocpol. Cambridge University Press.

TOCQUEVILLE, ALEXIS DE. 1835 [2012]. *Democracy in America*, volumen 1. Liberty Fund.

TOMASI, JOHN. 2012. *Free Market Fairness*. Princeton University Press.

WEALTH-X. 2018. World Ultra Wealth Report 2018. <https://www.wealthmanagement.com/sites/wealthmanagement.com/files/wealth-x-wealth-report.pdf>.

WHITE, LAWRENCE. 1999. *The Theory of Monetary Institutions*. Wiley.

Williams, Elisha. 1744. *The Essential Rights and Liberties of Protestants.* <https://www.consource.org/document/the-essential-rights-and-liberties-of-protestants-by-elisha-williams-1744-3-30/>.

Wollstonecraft, Mary. 1792. *A Vindication of the Rights of Woman.* J. Johnson.

Yeager, Leland B. 2001. *Ethics as Social Science: The Moral Philosophy of Social Cooperation.* Edward Elgar.

Zwolinski, Matt. 2008. «The Separateness of Persons and Liberal Theory». *Journal of Value Inquiry*, 42, n.° 2: 147-165.